克魯曼談未來經濟

CONTENTS 目錄

推薦序
暗夜明燈

管中閔

本書的作者克魯曼教授是一位盛名久著的經濟學者。美國經濟學會每兩年就會自四十歲以下、對經濟學術研究有重大貢獻的學者中，遴選一位授予著名的克拉克獎章（John Bates Clark Medal）。該獎章是美國經濟學界的一項重大榮譽，自一九四七年以來（除了一九五三年從缺），總共已有二十八名得主，其中十位後來更分別獲得諾貝爾經濟獎。因此，克拉克獎章在美國亦有小諾貝爾獎之稱，而本書作者正是一九九一年克拉克獎章的得主。

克魯曼早期有關匯率制度崩潰以及通貨危機的研究，早已成爲學界相關領域中必讀的經典論文。但使他在學界以外聲名大噪的原因，則是早於一九九〇年代初，他對「東亞經濟奇蹟」的延續性提出質疑。他認爲許多東亞國家經濟快速發展的主因，來自大量的資本投入，而非技術創新與生產力的提高，因此資本的運用效率遞減，終將使得成長無以爲繼。這個論點在東亞國家一片榮景時，顯得極不合時宜；許多人更認爲他具有白種人的優越感，所以輕視亞洲的經濟成就。但是一九九七年爆發的亞洲金融風暴，證明了這些國家的經濟結構果然極爲脆弱，而且在匯率的投機攻擊下，竟然全無招架之力。至此，許多人不得不佩服他的先見之明。

正因如此，作者於二〇〇〇年開始爲極具影響力的《紐約時報》撰寫的專欄，立刻成爲許多知識份子注目的焦點，而此專欄的文章也是本書的核心。全書由不同的議題構成，針對美國經濟的各種現象和問題，加以評論。他文中沒有搬弄艱深的經濟理論與模型，也鮮少使用晦澀難懂的經濟術語，但是清楚地說明了他自由派的想法。這些看法，絕不是完全尊重市場的自由放任思想，而是對政府的積極角色有所期待。所以，他對美國政府的濫用權力、政商勾結與誤導民衆（你覺得這些字眼熟悉嗎？），尤其不假詞色。

自一九九六年起，美國的股票市場經歷了長達五年的驚人漲勢。但是從作者筆下，我們了解到這種不理性繁榮的背後，其實大多源自不合理的企業分紅制度，以及政府在法令與管理上的縱容（或包庇）所造成，因此不免成爲一場泡沫。作者也嚴詞譴責美國政府在聯邦預算與社會安全制度上，爲了欺騙民衆而玩弄的數字遊戲（他諷稱爲 fuzzy math）；他更爲美國政治與經濟上，逐漸呈現的兩極化倍感憂心。（如果不注意，你或許會錯以爲它說的是台灣。）他認爲執政的布希政府，利用九一一恐怖攻擊後的環境與民氣，一方面將之轉化爲自己的政治利益，另一方面則趁機實行有利大企業與富有階級的政策，卻從許多美國人長久追求的價值上退卻。如此一來，不僅造成所得分配更加不均、低收入人民的福利更受剝削，甚至國家在諸多議題上更行分裂。（這是多麼清楚的自由派觀點啊！）此外，他還以加州的能源危機，以及其他國家遭受的投機攻擊爲例，說明了不受適當管制的市場未必是最佳選擇，反而可能造成一個地區或國家的重大災難。

如同作者自己所說的，「這不是一本令人賞心悅目的書」；作者的憂心忡忡溢於言表，他的一些自由派觀點也可能使人不快。但是，如果你也具有或接近自由派的想法，我相信你會擊掌叫好。即使你不是一位自由派人士，甚至並不清楚自由派到底意所何指，這些文章正好提供了解自由派想法的機會。你也會從書中

描繪的一些美國社會、經濟與政治的現象中，看到與我們極爲相似的場景；作者的分析亦提供我們穿透層層迷霧與政客讕言，進而透視密室的最佳輔助工具。

作者在最後悼念著名經濟學家托賓（James Tobin，一九五五年克拉克獎章得主、一九八一年諾貝爾經濟獎得主，也是甘乃迪政府的經濟政策顧問）的短文中，對托賓的逝去深致惋惜之意。他認爲，那也標誌著一個時代的過去。在他所描繪的美好時代中，「當年對於經濟的議論，比現代來得精采和誠實多了」。身爲傑出的經濟學家，他不僅得以在學術上贏得尊敬，也得以在不受干擾與扭曲下，影響國家的政策。美國仍然是一個幸運的國家；即使沒有托賓，美國還有克魯曼，以及許多令人尊敬的經濟學家，爲他們在紛擾的暗夜中扮演著明燈。

（本文作者爲中央研究院經濟研究所研究員兼所長）

推薦序
克魯曼和張五常的揮灑

熊秉元

克魯曼和張五常（Steven Cheung）這兩人之間，是很有趣的對照。他們最大的共同點，是兩人都是著名的經濟學者，都在報紙上寫專欄，也都有廣大的讀者群。除此之外，在大同之下，他們還有許多曲折微妙的小異。

張五常一九三五年出生，在香港長大。他由美國加州洛杉磯分校得到博士學位後，到芝加哥大學作博士後研究；在芝加哥的幾年裡，他認識了史蒂格勒（G. Stigler）、弗里德曼（M. Friedman）、寇斯（R. Coase）、貝克（G. Becker）和諾斯（D. North）等人；這些人後來都成了諾貝爾獎得主；可見芝加哥大學經濟系人文薈萃，而張五常也因緣際會，優遊其中。

張五常後來轉往位在西雅圖的華盛頓大學任教。一九八一年，香港中文大學經濟系的講座教授出缺；在諸多競爭者裡，他脫穎而出。兩年後，他應《信報》之邀，開始寫專欄。專欄一炮而紅，文章結集出書之後，也都高列暢銷排行榜。後來他轉往《壹週刊》，繼續揮灑，至今筆耕不輟。不過，張五常回到香港之後，學術上的研究幾乎完全停頓；除了寫專欄文章之外，他開始投注心力到古董和書法等方面。相形之下，克魯曼動筆寫專欄之後，學術研究並沒有因而中斷。

克魯曼可以說是典型的少年得志。他出生於一九五三年，二十四歲就拿到MIT的博士學位；短短幾年後，就因爲學術上優異的表現，升爲正教授。而且，他還得過美國經濟學會頒贈的克拉克獎。這個獎兩年頒一次，表揚四十歲以下的傑出經濟學者。

一九九九年十一月起，他應《紐約時報》之邀，開始寫專欄，很受讀者歡迎。《紐約時報》的網站上，每天都列出當天被下載或轉寄次數最多的二十五篇報導或評論；克魯曼的文章就常出現在這個人氣排行榜上。他的文章結集出書後，也經常擠身各主要暢銷書排行榜。然而，克魯曼一邊寫評論，一邊還活躍在學術的戰場裡。學術研究和時事評論需要不同的才具和技巧；要在這兩個領域裡表現出色，確實不容易。

在取材方面，張五常的筆下包羅萬象，無奇不有。他在大年除夕賣金橘的故事，廣爲人知；他曾比較大鄧（鄧小平）和小鄧（鄧麗君），名爲「鄧家天下」；他曾把作學問比喻爲釣魚，有些人喜歡在池子裡釣小魚，他卻喜歡在海裡釣大魚。他多次提到，早在中國大陸開放門戶之前，他就獨排眾議，預測中國會「走資」；後來的發展果然不出他所料。無論如何，張五常專業的是經濟學，可是他臧否置喙的，卻早已超出經濟學的範圍。雖然他沒有明講，可是他的自我定位，其實是傳統文化裡的智識分子——以自己的知識智慧，廣抒己見，提供社會大眾參考。這和克魯曼的取捨，又是大相逕庭。

克魯曼也談政治問題，而且經常談。他對小布希毫不留情地一路窮追猛打，路人皆知。不過，從「公司治理」（corporate governance）的角度來看，政府組織就是一個大型公司，而國家領導人就是公司總裁（執行長是較時髦的稱呼）；因此，克魯曼論斷布希，並沒有踰越他的專業。而且，事實上在他的專欄裡，絕大部分都是不折不扣的經濟文章。

大致上來說，克魯曼關心的主題，主要是「美國經濟」和「國際經濟」這兩大類。在亞洲金融危機之前，他就鐵口直斷：東南亞各國的金融體系裡，通常有糾纏不清的人脈和金脈。透過人際關係撐起的繁榮，往往只是假象。後來果然爆發金融危機，克魯曼預言成眞，一戰成名。恩隆（Enron）事件之後，克魯曼把重點轉向美國經濟。他不遺餘力地指出，恩隆只是冰山的一角；沒有爆發出來的，情況更糟。

他認爲這些問題的根源，主要和管理階層的薪酬制度有關。一九八〇年左右開始，爲了提高工作誘因，執行長的薪水和公司的股價連動；而具體的作法，就是讓執行長享有優渥的股票選擇權（stock options）。結果，執行長們爲了自身的利益，就以搶短線的方式炒高公司的股價；他們無所不用其極，採取欺矇騙詐的作法，普遍的成爲假股價眞圖利。資料顯示，在一九八〇年，美國大型企業執行長的薪水，是非主管勞工薪水的四十五倍；到了一九九五年，差距成爲一百六十倍；兩年之後的一九九七年，是三百零五倍；僅僅三年後，企業的獲利並沒有增加，但是差距已經擴大爲四百五十八倍。似乎，在廿一世紀初，社會主義已經式微；但是，在資本主義的天堂裡，也還是有天使般的問題。這一波問題方興未艾，克魯曼的專欄，顯然會有源源不斷的題材。

對於讀者來說，看張五常和克魯曼的文章，是不太一樣的閱讀經驗。張五常宣稱，自己已多年不看書。但是，他年輕時，可是下過苦功夫；而且，他才華橫溢，人生經驗又極其豐富奇特。因此，一旦發而爲文，總有他特殊的張氏觀點，雖然張氏觀點和經濟學沒有必然的關係；讀者感受到的，是一位「智者」，以他的才情智慧，刻畫人生百態，還偶爾指引迷津。

相形之下，克魯曼筆下的天地，完全是一番不同的景象。至少到目前爲止，克魯曼謹守專業，只議論

經濟以及經濟所觸及的問題。隨著經濟化和自由化的腳步，現代社會裡經濟力量的重要性與日俱增。美國剛好又是資本主義的長城，是世界經濟活動的重心，也是引領風騷（不論好壞）的先驅。克魯曼身處其中，以冷靜的眼光、鋒利的筆桿，見證經濟起伏的脈搏，並且褒貶是非。讀者感受到的，是一位「識者」，以他的專業學養，論斷經濟活動的意義和走向。

在現代社會裡，張五常和克魯曼的專欄，提供讀者不同的養分。張五常的文章，滿足了讀者智識上的好奇；克魯曼的文章，則是添增一個現代公民對經濟活動、乃至於大勢所趨的了解。張五常和克魯曼的專欄文章，確實有重大的貢獻。當然，他們的成就，也不禁令人好奇：在其他學科裡，是不是也有他們的張五常和克魯曼？

（本文作者爲台灣大學經濟系教授、香港城市大學經濟及金融系高級研究員）

序言

隱喻有時候不太可靠，但是對於位在曼哈頓的「國債鐘」而言，倒是非常貼切。

這座鐘是一位熱心公益的生意人於一九八九年設立的，目的是要讓政治人物羞愧，進而採取負責任的態度。美國國債不斷增加，因爲聯邦政府每年都入不敷出，只好舉債因應。但一九九〇年代末期，發生了一件有意思的事：隨著股市大漲，政府稅收激增，不但讓龐大的預算赤字銷聲匿跡，後來甚至出現歷年來最高的預算剩餘。二〇〇〇年九月，國債鐘的主人拔下了插頭。

二〇〇二年七月，美國再度深陷赤字，國債鐘再度啓動。

美國聯邦政府宣告戰勝預算赤字後不久，赤字很快重現，除此之外，近代美國史還有其他可觀之處。預算以外，還有許多代表美國福祉的指標。一九九〇年代初期，我們在經濟、社會及政治上都是一個令人垂頭喪氣的國家，當時有本暢銷書的書名就是《美國：出了什麼差錯》（*America: What Went Wrong*）。一九九〇年代末期之前，我們似乎已經否極泰來：經濟情勢一片大好、就業機會到處皆是、全國增加幾百萬名有錢人；預算赤字不見了，取而代之的是創紀錄的預算剩餘；一九六〇年代以來的犯罪潮也戛然而止，許多大城市不可思議地，竟然比幾十年前更安全。未來幾乎註定是一片光明璀璨。

但好景不常。二〇〇三年的經濟結構似乎再度崩解，或許政治體系及社會也隨之瓦解。全國陷入焦慮不安；各樣民意調查都顯示，大部分民衆覺得國家正朝向錯誤的方向前進。

首先，本書依照年代順序，描述那段由盛而衰的歲月：當一九九〇年代末期，令人飄飄然的樂觀氣氛，被令人悶悶不樂的陰鬱所取代之際。本書也企圖解釋轉變的過程和原因：一個事事積極向上的國家，落魄的速度怎麼會這麼快？我們的領導人爲什麼會做出錯誤的決策？因爲其中大部分牽涉到領導階層，民間部門和「權力走廊」也都出了一些糟糕到難以置信的領導者，尤其是針對布希的控訴。白宮資深記者湯瑪斯（Helen Thomas）就說，布希是「美國史上最差勁的總統」。我對此有所保留，畢竟他有種頑強的競爭力。但以往一些實在差勁的總統，無論是能力不足或行事不端，他們對美國或者全球的傷害，遠低於當今的影響。

本書的大部分內容，都是本人從二〇〇〇年一月到二〇〇三年一月，在《紐約時報》撰寫的專欄。我希望專欄集結成冊後，讀者會覺得更勝於單篇文章的總和，因爲這些文章有個主軸貫穿其中。我將簡短說明撰寫這專欄的緣起，但在說明之前，必須先交代一下背景。

鬱悶的年代

一九九〇年代末期，情勢似乎一片大好：工作機會激增、股市大漲、政府預算出現盈餘，甚至犯罪率也大幅下降。前幾年那種陰沈鬱悶的氣氛，逐漸淡出記憶。到了二〇〇〇年，很少人還記得一九九二年充斥全國的驚恐氣氛，然而這股氣氛卻是接下來事件的重要背景。

如果你認爲，一國的偉大是以軍事的勝利作爲依據（這種人現在正領導著這個國家），一九九二年瀰漫

全美的那股敗落氣氛，可能令你相當不解。當時美國的軍事力量在全球屬一屬二，共產主義已經瓦解。很多人擔心波斯灣戰爭會演變成另一個越戰，結果反而成了展示美國軍事實力的絕佳機會。我們早就是全球唯一的超級強權。

但面子不代表裡子。當時流行一句話：「冷戰結束，日本贏了。」反映了停滯的美國與步步高升的日本。無論你是否支持這種說法，當時全美都誤以爲：美國是日本不公平競爭下的受害者（其實不是）。

日本雖然不是部分人士認定的惡棍，畢竟他們很快便遭遇經濟低迷，足以讓所有人引以爲戒，但當時的美國，卻不折不扣地經歷了一場經濟磨難。誠然，統計學家在一九九二年已經宣布，一九九○年到一九九一年的經濟衰退已經結束。但一九九一年到一九九二年間的經濟復甦，仍然未能創造就業的復甦；也就是國內生產毛額雖然成長，失業率卻也持續攀高。

對普通美國老百姓來說，經濟卻是持續衰退中。勞工保得住工作已屬萬幸。一般勞工的實質工資，已經持續下滑或原地踏步快二十年了；包括汽車及鋼鐵等傳統產業，向來是普通勞工賺取不錯薪資的部門，似乎也在穩定走下坡中。窮人不減反增，一二○％以上的孩童生活在貧窮線下，也是一九六四年以來最高的比率。

大衆文化也反映出深沈的幻滅感。一九九○年代初期，幾部大戲包括：一位被資遣的勞工在城市裡大發雷霆的《城市英雄》、關於犯罪禍害的《大峽谷》，還有《旭日東昇》，都在描述走下坡的美國和後來居上的日本。

至於新科技的承諾呢？一九九○年代初期，這個承諾似乎跳票。沒錯，我們身邊四處可見到新科技，

但效果似乎並不理想。越來越多勞工配備電腦，每個辦公室都有傳眞機，行動電話和電子郵件也越來越普遍，但似乎都無益於就業機會或更高的生活水準。有位重量級的經濟學家——後來成爲知名的美國必勝主義份子，私下告訴我，他認爲高科技只是「高」屁倒灶。

最重要的是，美國人被公、私部門的領袖所矇蔽。每家機場內的書店都堆了許多封面是日本武士的書籍，保證傳授讀者日式管理的秘密；重點不在於日本人了解如何管理現代企業，而在於管理美國企業的人，似乎全是門外漢。最先進的精巧器具似乎都來自日本，不僅「美國製」的產品不再是品質保證，許多消費者甚至不再相信國產品。大型企業的執行長被描述成笨頭笨腦、坐領高薪的泛泛之輩，老布希率領汽車業的高階主管到日本爭取經濟特權時，更成了大笑柄。

信任感的流失也擴及政治人物。一九九二年的總統大選中，最不可思議的不是老布希落選，而是非主流候選人裴洛，竟然拿下一九%的選票。第三政黨在美國從來不曾茁壯過，裴洛的得票率亦表示，許多選民對傳統政治領袖投下了不信任票。

總之，當時不是美國的太平盛世，許多觀察家更認爲接下來只會每況愈下。可是接下來八年，美國在經濟及社會上都能反敗爲勝。

美好的年代

大家花了一段時間才察覺到，眞的否極泰來了。你可能會說，悲觀早就成了國人的習慣。直到一九九五年至一九九六年的冬季，除了失業率穩定下滑，報紙仍充斥裁員及企業減肥的悚目標題。一九九六年總統

大選期間，杜爾的經濟學家怪罪柯林頓政府的經濟復甦蹣跚無力。黨派色彩較淡的經濟學家看得比較清楚，但他們以往被騙過太多次，不敢冒然宣布經濟復甦。最後證據確鑿：美國經濟終於脫疲翻醒，美國社會似乎也開始走上正軌。

以我們當前處於大夢初醒的狀態，很容易把柯林頓執政期間的好事都斥爲幻象。事實上，一九九○年代末期那種不可救藥的樂觀心態，才是超越現實。美國眞正的成就其實令人嘆服。

首先也是最重要的，就是大部分美國人的日子越過越好。一九九○年代末期，工作機會遍地都是，超過幾十年來的水準。從一九九二年到二○○○年間，美國企業新增三千兩百萬個工作，失業率降到三十年來的最低點。全然就業除了代表工作之外，也是深陷困苦的家庭脫離貧窮的機會。貧窮率大幅下滑，打破一九六○年代以來的紀錄；犯罪率等社會指標也因此大爲改善。到了一九九○年代末期，紐約市竟然和一九六○年代中期一樣安全。

工作機會的成長率已經夠爲驚人的了，但生產力（每位勞工的產值）的成長幅度更爲驚人。一九七○年代及一九八○年代，生產力每年成長一％，可說是美國經濟上最大的敗筆。生產力接近零成長，也是美國普通家庭的生活水準難以提升的最重要原因。生產力無法成長的經濟，工資就無法長期增加。但在一九九○年代，生產力大幅翻揚，到了一九九○年代末，生產力的成長幅度更打破美國歷年來的最高紀錄，工資也不再停滯不前。

生產力爲什麼突然大幅成長？主要原因可能是資訊科技漸趨成熟，電腦和網路終於展現眞正的能耐，然而企業領袖卻攬下大部分功勞。隨著日本式微，美國企業重拾信心，美國企業家也成了英雄。那是一個企

業執行長就是超級明星的年代。這些超級明星領走天文數字的薪資，有何不可？美國在建立制度上的觀念，似乎就是超大誘因就能創造超大成果。

此外，還有股票市場。一九九二年底，道瓊指數爲三千五百點；到了二〇〇〇年，指數超越一萬點。但投資傳統企業的人，卻覺得自己還是輸家，錯失了眞正的飆股；畢竟，科技類股讓許多人一夜致富。當時股民暴發的速度絕無僅有，甚至超越一九二九年。還有人信誓旦旦地保證，行情還會再漲，三萬六千點的道瓊指數指日可待。

有人天生不相信股市，筆者就是其中之一。（我起初也懷疑美國的生產力奇蹟，到了二〇〇〇年才眞正相信，但還是覺得股市漲得太離譜。）我們這些會追蹤及研究外國經濟變化的人，也有點擔心股市又受地心引力的牽絆。一九九〇年代末期的美國經濟和十年前日本的泡沫經濟，有許多不可否認的雷同之處。日本股市泡沫幻滅後，原本直上青天的日本經濟，從此墜入無底深淵。

縱使泡沫幻滅，一九九〇年代還有讓我們樂觀的理由。日本的問題因爲領導無方而治絲益棼，所幸美國的財經領導人皆格外出色。

柯林頓執政初期，不是每個人都看出這點。當時，我本人對新總統的財經團隊批評甚力，當時財政部長魯賓（Robert Rubin）還未大權在握。但到了一九九〇年代末期，「魯賓經濟學」（Rubinomics）已經穩居上風。首先，柯林頓勇於加稅，以助弭平預算赤字，此舉實在非常勇敢。他的前任總統老布希因爲加稅而飽受抨擊（雷根也未徹底執行減稅政策）；保守派預測，柯林頓的加稅勢必重創經濟，但他卻選擇爲所應爲，結果景氣蒸蒸日上，聯邦政府甚至出現預算盈餘。

此外，華府在處理危機時，也展現彈性和效率。一九九五年墨西哥披索重挫，柯林頓政府再度勇於面對右派的嚴厲攻擊，出手援助鄰邦。接踵而來的是亞洲金融風暴。一九九八年秋季，危機登陸美國，俄羅斯債務危機導致長期資本管理公司（LTCM）這個避險基金瓦解。一時之間，金融市場風聲鶴唳，借貸活動幾乎停頓。我出席一場會議時，聯邦準備理事會的一位官員向我們簡報當時的情況。有人問他政府有何對策時，他回答：「禱告吧！」但魯賓和聯準會的主席葛林史班（Alan Greenspan），卻能沈著以對——還記得財政部長受人愛戴的場景嗎？然後金融市場恢復正常。一九九九年初，《時代》雜誌的封面就登出葛林史班、魯賓及財政部次長桑莫斯（Larry Summers）的合照，並且喻爲「救世三人組」。雖然有點老生常談，但也很有道理。

新千禧年之初，美國的財經領導團隊既成熟又有技巧，必要時會爲所當爲。他們堅守負責任的財政政策，果決又有效地採取行動，防範一九九○年代初期失業型復甦的歷史重演，遑論讓美國陷入日式經濟停滯。縱使像我們這種自認是悲觀人士的人，骨子裡也是樂觀派。我們認爲，看好股市的投資人可能會被當頭棒喝，但最後結局一定是皆大歡喜。

美國：出了什麼差錯

以挖苦爲主的《洋蔥》（*Onion*）周刊，自許是「美國最佳的新聞來源」，最近幾年也名符其實。二○○一年一月十八日，一篇嘲弄布希口誤的報導指出，總統當選人布希宣稱：「我們長久以來和平與繁榮的全國夢魘，已然結束。」布希倒是一語成讖。

好年冬哪裡去了？對許多人來說，最大的情緒轉折點是二〇〇一年九月十一日——一夕之間，他們的安全美夢完全破碎。個人的轉折點卻更晚、但更全面。

我沒有對恐怖攻擊輕描淡寫的意思。然而，持續關心中東事務的人都知道，美國一直是恐怖份子的目標。讀者可能記得，一九九五年奧克拉荷馬州聯邦大樓爆炸案發生時，許多人都認爲回教徒一定涉案。多年來，恐怖份子專家一再警告我們，美國本土總有一天會遭到重大攻擊；但九一一這起謀殺事件的規模之大，實在令人震驚。我們知道有人處心積慮想傷害我們，而他們終於得逞，其實也算不上什麼意外。眞正的意外是美國公、私部門領導階層的失敗。

有些人知道一九九〇年代景氣過熱，但他們人單勢孤，外界對他們的示警充耳不聞。景氣過熱的程度和力度，遠超過所有人的理解。多頭市場鼓勵及隱瞞企業胡作非爲的程度，令人髮指，但當我們發現時，爲時已晚。誰會想到在商學院被奉爲典範的知名大企業，竟然和老鼠會相去不遠。

更頭痛的是，我們赫然發現，政治體系不如想像中成熟；我們一向認定政治領袖會爲此負責，後來才發現那是偶然的例外。二〇〇〇年總統大選中，布希提出的稅務方案及社會安全計劃，完全植基在誇大不實的數字。媒體卻專注在人格的高下，也不肯解讀整個議題。同時，葛林史班也讓我們失望：民主黨執政時，他堅決支持量入爲出的財政紀律；白宮主人換人後，面對日益升高的預算赤字，他卻爲不負責任的減稅案辯護及背書。

此外，新政府不像前任政府，既未展現長期的責任感，也不見短期的彈性。布希原先提出的經濟計劃中，包含長期減稅方案的部分，將分年逐步實施。然而二〇〇二年時，這項計劃顯然反向而行。布希和他父

親一樣，任內都遇上「失業型復甦」；也就是經濟雖然持續成長，卻不足以提供新的就業機會，因此多數人的生活水準不升反降。美國經濟需要的是短期刺激，而非長期減稅。財政狀況快速惡化，代表政府已經擔不起長期減稅方案。但布希的幕僚卻固執己見，即使這項方案是在一九九九年時，股市泡沫的高峰期間擬定的，他們還是認爲這是解決當前經濟困境的良藥。二〇〇三年初，當政者終於了解，原先的計劃不夠；所謂新的「刺激景氣」方案，其實全盤照抄原先的計劃，對拉抬當前景氣幾乎毫無著墨。他們只會提出一大堆長期減稅的措施，而且主要針對有錢人。

更糟糕的是，除了不當的經濟理念外，美國政治也出現重大轉變，而這也是本書前言的主題。

爲什麼是我

筆者從二〇〇〇年一月開始，在《紐約時報》撰寫專欄。當時本人和時報都不知道這個專欄的風貌。

我從當時到現在都是經濟學教授，主要研究的領域是國際金融危機。一九九〇年代的大部分時間，都在追踪及解讀海外的財經風暴。我把自己的部分論文稱爲「天書」級經濟學，深奧難解，主要刊登在專業雜誌上；但我也會針對比較廣泛的讀者，撰寫全球經濟議題。一九九八年，我分別在《財星雜誌》（*Fortune*）及《石板》（*Slate*）網路雜誌撰寫專欄，部分文章也收錄在本書中。

一九九九年夏季，《紐約時報》希望我爲該報的專欄撰寫文章。《紐約時報》社論版當時的主編雷恩斯（Howell Raines）認爲，在美國財經事務日益重要之際，《紐約時報》必須擴大專欄版的焦點，從以往外交事務和國內政治，跨入財經領域。他們希望我能撰寫有關新經濟、全球化的衝擊，以及其他國家不當的政

策等議題。我原本沒打算花很多時間來討論國內政治，況且大家都認爲，美國的政策會保持理性和負責。

我已經竭盡所能地，將專欄鎖定在財經議題上。書中部分文章純粹爲經濟評論，不涉及一點政治。但後來的發展卻無法避免觸及政治議題。我發現，自己越來越愛向當權者大發忠言逆耳之詞。

爲什麼是我？

近來，我經常被人批評爲口無遮攔的自由派，甚至是社會主義份子。但是幾年前，眞正的自由派卻討厭我；有家雜誌甚至推出封面故事，主題就是批評我親資本家的觀點；反全球化的大將奈達（Ralph Nader），甚至怒氣沖沖地寫了一封信給我，反駁我對他的批評。如果我變得較常批評右派，那是因爲現在是右派執政，而且做得很差，比如除了政策不當且不負責任外，領導人也欺騙大眾。

我早在其他媒體大師之前，就開始揭發布希囂張的騙人技倆。我爲什麼能見人所未見？理由之一，我是受過專業訓練的經濟學家，而不只是有聞必錄的報導。我並不會不顧事實眞相，便完全採信政治人物互相衝突的評論。我不但會自行計算經濟數據，必要時，也會針對專欄的主題，請教相關的經濟學家。我很快就發現，我們在美國面對的是世界級的說謊專家。我並非孤軍奮戰；最近幾年我發現一件事，財經記者一定認得出僞造的數據。政治記者在慶幸領導人的品格端正之際，財經記者經常揭發他們膽大妄爲的騙術。可惜財經記者的報導視野較窄，很少觸及政治評論。我在《紐約時報》專欄的寫作角度較寬，因此能夠吸引更多的目光。

我也願意從另類角度來觀察事物，而且知者必言，因爲我社會化的程度較低。評論圈的人多半住在華府，參加一樣的晚宴，這種社會化原本就容易造成人云亦云；記者的觀感大致有一共同主軸。在九一一事件

前，其主軸是布希總統人雖然笨，但還算誠實；九一一後，這主軸就變成布希是意志堅強的英雄、有決心、道德感十足、是「拯救世界的德州游騎兵」。雖然反向證據多如牛毛，但外界視而不見。

但我不屬於這個族群，我的工作地點是新澤西州中部，一直過著大學教授的日子，因此，從來不曾被這種共同主軸收編。此外，我也不是好欺負的人。大部分記者的法寶都是內線消息，可能是高層人士的透露，或是貼身專訪當權人士。然而如此一來，反而讓他們受制於人。他們可能受到的威脅利誘，包括對方不再提供消息或特殊的消息管道。我幾乎完全依賴公開的數據和分析，所以不必向高層官員示好，也不用像大部分的記者一樣，那麼依賴消息來源。

不管是什麼理由，過去三年來我所提供的觀點，截然不同於大部分的主流大師。本書中的一篇專欄名稱為〈另類眞相〉，大概可說是我的主軸。當多數大師還在慶幸我們領導人宏大的願景、技能及道德感時，我看到混亂、效率不彰及欺矇。我的觀點並不討好，尤其是在九一一事件後的幾個月。但我說對了嗎？看看這本書，你自己告訴我。

關於本書

我不希望這本書只是依照前後順序編排的專欄集結。當然，每篇專欄都是在特定的時間撰寫。我對一些議題的看法也會與時俱進，配合新出現的事實。這些專欄依照主題分類，各有專章；我也寫了前言，提供一些政治背景，而各個主題之前也有一段說明，以提供更廣泛的觀點。

這些專欄從美國股市泡沫的緣起與幻滅開始，進而討論後續發展。你可從字裡行間看出，我一向對股

市心存疑慮，接下來你就曉得，我的疑慮其實還不夠。我以往鑽研海外金融危機的經驗，讓我對美國股市泡沫一旦幻滅後，可能引發的嚴重後遺症心有準備，但我再度低估其中的風險。大眾都被矇在鼓裡的是，美國企業制度已經腐敗到了極點。我和其他人一樣，只能重新開始研究。

接下來的主題是聯邦預算和社會安全制度的命運，其實就是在預言未來的負債。我一開始就很清楚，布希總統的計劃不合理。他和他幕僚在一些重要數據上都說謊，也未告知大眾他們的計劃會侵蝕聯邦政府的預算盈餘。後來果然不出我所料，只是速度和強度超過我的預期。我撰寫本文時，布希政府坦承，上台之初的兩千三百億美元預算盈餘，變成三千億美元的預算赤字，而且大家都知道這個數字被低估。

爲什麼會發生這種過失？我在第三篇脫離經濟學的單純和簡單，試圖了解美國政治出了什麼差錯。我現在才知道，無論自由派或保守陣營，許多有理性的人還是摸不著頭緒；正如我在專欄中所解釋的，政界的眞實面貌遠比我們想像的更爲兇殘及醜陋。

過去幾年的發展，不僅動搖我對美國政治制度的信心，更提醒我了解到：自由市場的本質雖佳，有時仍可能變成罪大惡極之事。第四篇說明了過去幾年來，一些震撼人心的市場系統危機——從加州能源危機到阿根廷債務危機。

當然，除了經濟學的世界以外，還有其他事件比美國的起伏更重要。本書提供更寬廣的觀照，帶讀者一探全球經濟，以及了解全球經濟的工具。

我很遺憾地說，這不是一本令人賞心悅目的書。書中內容包括經濟挫敗、領導無方、當權者的謊言；但也不必失望，畢竟美國經歷的都不是絕症。治療的第一步就是了解哪裡出了問題，以及是怎麼出問題的。

前言
革命的力量

過去三年來，發生太多事情：股市下滑及企業醜聞、能源危機及環保政策大倒退、預算赤字及經濟衰退、恐怖主義及盟邦關係緊張，現在又是打仗。我以往都是從經濟的角度，針對上述議題來寫專欄。但正如我在序中所解釋的，撰寫經濟議題越來越需要涉及政治議題。美國近年來各樣發展的背後，都有一個政治故事，亦即國內極端政治運動的崛起及其日增的主導力。

我說的當然是美國的極右陣營。這股勢力如今控制白宮、國會、大部分司法體系和不少媒體。在這股勢力的主導下，一切都變得不一樣了，以往一些有關政治和政策的原則不再適用。筆者希望藉由這個前言，說明這股勢力的崛起和隨之而來的轉變。

政治大變遷

多數人是經過一段時間後，才慢慢了解國內政壇已有巨變。許多人認爲，誰是二〇〇〇年總統大選的贏家並不重要。布希執政的頭兩年，許多大師還認定，新政府極端保守的傾向只是權宜的策略，在鞏固權力基礎後，他會回到中間路線；一般大衆更不了解政治領袖極端的程度。舉一個很醒目的例子：二〇〇一年秋

天，共和黨提出追溯既往的企業減稅法案——法案內容請見第十章的〈獨眼人〉，然後請焦點團體回應。但是在他們解釋了政策內容後，成員仍然不相信共和黨會這麼做。

由於筆者在序中提過的原因，我比許多人更早了解美國正經歷的一些根本改變。身爲專業經濟學家，筆者能夠了解官方目標和現實的脫節。由於我並非主流媒體人士，因此不算華府文化的一分子。這種文化不太容易證明，政治領袖在公開揭櫫的目標背後，還有不爲人知的動機。如今看著種種後遺症，我才發現，自己其實也不了解其中的嚴重性。

舉一個最直接的例子：二〇〇一年時，連許多自由派人士都認爲，不必對布希財經政策的不負責任大驚小怪。他們說，減稅不是好政策，也沒那麼重要。到了二〇〇三年，布希政府不僅在預算赤字方面，創下歷年來最高紀錄，更在對外戰爭期間，提出龐大的減稅案，這才讓我們嘆爲觀止。眾議院多數黨領袖狄雷（Tom DeLay）宣稱，戰爭期間萬事莫如減稅急。

再舉一個例子：凡是認爲共和黨會利用九一一事件攫取政治利益的人，都會被戴上破壞國家團結的帽子。事實上，二〇〇二年期中選舉時，共和黨支持者曾刊登廣告，將民主黨籍參議員戴斯柯（Tom Daschle）和海珊劃上等號。

爲什麼大部分的人遲遲無法看清眞相？在本書付梓前，我發現一本幾乎可以百分之百解釋當前情勢的書。它不是自由派人士寫的新書，主題也不是當代的美國；它是一本由季辛吉（Henry Kissinger）所寫的、關於十九世紀外交的舊書。

革命力量

將時光拉回一九五七年，當時的季辛吉是一位聰明年輕、打倒偶像的哈佛學者，後來先成爲在政壇呼風喚雨的人物，然後又扮演裙帶資本家，還出版了自己的博士論文——《復辟的世界》（*A World Restored*）。外人絕對不會認爲，奧地利外交家梅特涅（Prince von Metternich）和英國外相卡斯爾雷（Lord Castlereagh）的外交作爲，和二十一世紀的美國政治有任何牽連。但看了這本書的前三頁，讓我冷汗直流，因爲和美國當前局勢太相像了。

季辛吉在這幾頁中，描述一個原本穩定的外交體系，卻面臨了「革命的力量」。這股力量不接納現有體系的合法性。該書主題是滑鐵盧戰役後的歐洲重建。季辛吉所謂的革命力量，應該是羅貝斯比耶（Robespierre）恐怖統治及拿破崙下的法國。關於外交斡旋的失敗，與無法有效面對一九三〇年代的極權國家，他雖然沒有明講，卻很清楚地將兩者相提並論（註：相提並論並不代表道義相當）。個人認爲美國當下的右派，就是季辛吉心目中的革命力量。它控制了行政部門、國會兩院、大部分司法體系以及不少媒體。換句話說，這個運動的領袖並不接受當前政治制度的合法性。

我是否誇大上述之案例？其實有充分的證據顯示，所謂美國治國派的核心價值就是：一些根深蒂固的政治及社會機制，根本不該存在。因此，也不接受其他美國人視爲理所當然的原則。例如，我們所了解的福利國家——新政（New Deal）提出的社會安全制度及失業保險、大社會（Great Society）方案下的老人醫療保險。傳統基金會是布希政府的經濟智囊，然而，只要看看基金會發表的文獻，就可發現其意識形態的極

端：傳統基金會不僅希望縮減新政和大社會等方案，更將這些方案視爲違背基本原則。

再談外交政策。自從第二次世界大戰以來，美國的外交政策就以國際組織爲中心，也對外表態說，美國不是老式的帝國強權，不會恣意妄爲來動用武力。力主對伊拉克開戰的新保守主義派學者，其外交政策的主軸就是全盤否定上述原則。國防部一個顧問委員會的主席伯爾（Richard Perle）就駁斥：「想透過國際組織主持的國際法以獲得安全的自由派，根本是一廂情願。」他們會毫不猶豫地動用武力。美國企業研究所（American Enterprise Institute）的雷登（Michael Ledeen），也是接近布希政府的重量級謀士。他宣稱：「我們就是好戰民族，我們熱愛戰爭。」對伊拉克用兵是一系列小型戰爭的先導計劃，這念頭起初只是左派人士的幻想，但許多接近布希政府的人士都表明，他們認爲美伊戰爭只是開端。國務院高階官員波爾頓（John Bolton）就告訴以色列官員說，繼伊拉克之後，美國會「對付」敘利亞、伊朗、及北韓。

還有更多內幕。政教分離一向是美國憲法的基本原則。但眾議院多數黨領袖狄雷告訴他的選民說，他擔任公職的目標是推動「聖經的世界觀」。由於柯林頓未能認定他的看法，他一直緊咬柯林頓不放。他也反對學校進化論，甚至認爲這是學校發生槍擊案的元兇。

治國者是否接受民主程序的合法性，也不無疑問。《華爾街日報》吉葛特（Paul Gigot）讚揚的一場「中產階級暴動」，暴亂的示威群眾打斷邁阿密重新計票的工作。後來才發現，這些群眾並非憤怒的市民，而是收了鈔票的政治長工。同時，根據布希總統的好朋友、現任商務部長伊凡斯（Don Evans）的說法，布希認定自己受到神召來領導這個國家。這或許是二○○○年總統大選雖然引起極大爭議，贏家似乎絲毫不覺得該有所警惕或汗顏之處。有位學生請教最高法院法官史卡利亞（Antonin Scalia）：若是由最高法院決定布希

勝選，是否會讓他覺得痛苦不堪？他是否擔心由此引發的後遺症？他的回答是：「不會，感覺太棒了。」

假設你很嚴肅地看待我所描述的景象，就會得出一個結論：如今在美國當家作主的人，不喜歡現在的美國。綜合他們的論點，他們的目標應該是建立以下這種國家：基本上，在國內並沒有社會安全網；在海外，主要依賴軍事力量貫徹其意志；學校不教進化論，只教宗教；選舉可能也只是形式。有人認眞看待現在當權的極右派言論，並且認定他們眞的會試圖實現激進的目標，但這些人往往被視為言過其實。依照固有的看法，這些宣傳言論都應該打折扣：右派的目標可能沒這麼宏大。是嗎？

回到季辛吉的論文。他敘述列強面對革命力量時，其張皇失措的反應，和美國政界及媒體面對布希政府過去兩年來激進主義的反應，如出一轍：

在一段看似永恆的平靜歲月催眠下，他們幾乎不太相信以革命力量打破現有框架的主張。捍衛現狀的陣營，開始把革命力量的抗議視為戰術。他們認定後者其實接受現有的合法性，但為了爭取談判籌碼而誇大本身的不滿；彷彿一些有限的讓步即可撫慰他們的委屈。提醒危機即在眼前的人，被歸類為杞人憂天；至於勸告大家適應現況的人，則是及行事通達及穩健……但革命力量的本質，在於具備對本身信念的勇氣，願意、甚至熱衷於實踐其原則。

如之前提過的，這段文字讓我冷汗直流，因為它精確地道出布希政府推動激進政策的慌亂，以及所受的檢驗和反對又極少的現況。我再以兩個例子進一步說明：二〇〇一年的減稅及二〇〇三年的美伊戰爭。

減稅和戰爭

表面上，戰爭和經濟政策少有相似之處；正常情形下，兩者在政治領域的效用大有不同。但布希在推銷減稅案及對伊開戰兩件事上，卻極爲類似。

本書的第五、六章，說明了二○○一年減稅案的背景；在此先預告一下。總統參選人布希於一九九九年就提出減稅的原始方案；除了鞏固右派陣營外，也藉此壓制共和黨另外一位參選人——富比士（Steve Forbes）在黨內初選的挑戰。熟悉近代政治史的人都知道，富比士代表了共和黨內，無論經濟情勢好壞都要爲富人減稅的陣營。共和黨國會領袖從一九九○年代以來，每年都提出龐大的減稅案，不管景氣好壞、預算剩餘或赤字。明眼人看出布希已經加入這個陣營，因此他的目標非常激進。《紐約時報》的艾特曼（Dan Altman）指出，綜觀布希政府的減稅方案即可得知，這些方案已達成極右派長期以來的目標：終結所有資本利得稅。美國的稅制變成只對薪資課稅；或者可以說成，辛苦勞動的所得必須課稅，投機炒作的所得卻不必。

重點在於，右派在課稅這個議題上，照季辛吉的說法：「打破現有的框架」，例如美國原先的稅制。但美國政界及媒體卻不相信，布希眞的有意這麼做。布希政策背後的謀士，擺明就是要走激進主義的路線，溫和派卻安慰自己說，布希的目標有限，只要少許勝利就會偃旗息鼓。此外，溫和派不相信布希計劃激進的目標。布希政策雖然不變，卻不斷修正其理論根據，溫和派居然也照單全收。起初，減稅只是將過多的預算剩餘，還給老百姓；許多民主黨參議員基於這個原因，才投票支持二○○一年的減稅案。後來，預算剩餘消失，減稅的目的在於提供短期的經濟刺激。然後，一旦發現無法達到這個目標時，減稅就是爲了要提振長期

經濟。到了現在，許多出自好意的政治人物和記者，都很難面對這個事實。

至於戰爭呢？

研究外交政策論辯的人都知道，右翼有個重要支派非要在中東開戰；就像同一陣營內，有一支派非要減稅一樣。早在一九九二年，當時的國防部次長伍佛維茨（Paul Wolfowitz），便試圖要將所謂的「布希主義」，列爲官方的國防政策。他在報告中呼籲：干預伊拉克事務，並且推動對其他國家先發制人的攻擊合法化。當時的國防部長錢尼（Dick Cheney）最早支持這個觀點，後來在外界抗議下才不再堅持。但他和許多目前擔任要職的人士，持續在一九九○年代鼓吹對伊拉克開戰，並且將先發制人的攻擊視爲正規政策。

根據上述背景，我們可以很明確地指出，攻打伊拉克和減稅一樣，都不是政府被動的因應現況（例如九一一事件），而是早就存在且異常激進的議程。和減稅案另一個類似之處是政界和媒體並不相信，右翼陣營眞的會追求本身揭櫫的目標。然而，多數人卻相信布希政府提出不斷改變的理由。比如對伊拉克的用兵，起初的理由是海珊和蓋達組織結盟。在遍尋不著證據後，又指控海珊擁有核子武器。（布希政府刻意模糊焦點，將化學武器涵蓋在「大規模毀滅武器」之內，但毒氣並不屬於此範疇，向來也不是美國的主要威脅。美國人擔心的是核子蕈狀雲。）許多溫和派因此相信，應該對伊拉克開戰，國會也因此放行。

最後，伊拉克擁有核子武器的說法不攻自破，原本的兩大證據也相繼破功：一是關於伊拉克採購鋁管，原來是一場誤會，這些管子不可能用來濃縮鈾；另外，有文件顯示伊拉克向尼日買鈾，後來也發現是僞造的。這時布希又改弦易轍，宣稱如果伊拉克建立民主政府，可以帶動這地區的民主化浪潮——目標很理想，也再度吸引許多立意良善的溫和派支持。預料會在伊拉克臨時政府內擔任高官的伍爾西（James

Woolsey），一直到了戰爭末期才宣稱，對伊拉克用兵會掀起「第四次世界大戰」（冷戰算是第三次），屆時敘利亞及伊朗勢必會捲入這場衝突。

這已成爲布希政府的行事模式；事實上，能源政策也差不多如此，加上環保政策、醫療保健政府、教育政府等。布希政府的官員在制定這些政策時，其觀點一向非常激進，由此可知布希政府本身設定了激進的目標。然而，行政部門總是能夠掛羊頭賣狗肉，因此騙得到那些溫和派。他們提出一些說法，把政策包裝得沒那麼激進。溫和人士也往往會讓步；一方面淡化政策的激進性，一方面也不再緊咬著行政部門的食言而肥。季辛吉說得對：習於安定的人面對革命力量時，無法相信當下發生的事，也就無力反制。

此刻我得承認，我也不甚了解爲何走到這地步：我們的政治及社會體制，爲什麼會面對如此激烈的挑戰。有錢人在一九九〇年代撈了不少錢，爲什麼這種事事不滿的心態，不太像所得重新分配？企業的業務蒸蒸日上，爲什麼還要對溫和的環保政策趕盡殺絕？各種教派也都相當興旺，爲什麼還要攻擊政教分離的原則？美國的權力和影響力直抵前所未有的巔峰，爲什麼還要千方百計地摧毀我們和盟邦的關係，而投入軍事冒險呢？總之，右派人士越來越擺明著：就是要這麼做。我們這些不同意上述目標的人，又該如何回應呢？

報導的原則

此刻的第一步，就是了解現實狀況。身爲兼職記者，我是從報導原則的角度來思考：如何呈現這個故事。但任何關心及想了解背後意義的老百姓，也適用這些原則。

●別以爲政策提案和檯面上的目標息息相關

和革命力量打交道時，記住一點：它了解自己的需要；也會爲了達成目標而見人說人話、見鬼說鬼話。因此，別以爲它會言行合一。我會在第七章說明，布希在推動社會安全制度的民營化時，對外說明的目的是爲了強化這套制度的財務健全，但實際上一點關係都沒有，反而可能使問題更爲惡化。布希政府二〇〇三年初提出的減稅方案，號稱可加速經濟成長。但國會預算署（負責人幾個月前才從行政部門轉任）在評估減稅方案的經濟效益時，發現其助益不大。此外，大部分獨立的分析師都認爲，出兵伊拉克後，美國受到恐怖主義攻擊的風險不降反增。

新聞記者很難面對大言不慚的假話；基於天性和訓練，記者都傾向於正反並陳，很難相信重要的政治人物會對本身提案的內容說謊。我在專欄中曾經開玩笑說，如果布希說地球是平的，新聞分析的標題恐怕是「地球的形狀：不同的觀點」。我聽說，有些記者對這個玩笑不太高興，認爲我在調侃他們。

面對普通的政治團體，當然應該假設他們提出的政策或有對錯，但都是基於誠信。可是和革命團體打交道時，由於他們不承認現有制度的合法性，上述假設就不成立。革命團體才不管遊戲規則，也不在乎掛羊頭賣狗肉。《華爾街日報》的威索爾（David Wessel）在文章中提到，一位白宮助理在公開時說一套，私底下說的又是另一套。威索爾抗議後，這位助理回答：「我爲什麼說謊？因爲我本來就該這麼做。對媒體說謊，不會讓任何人的良心不安。」

●自己做功課以發掘他們眞正的目的

二〇〇三年初的減稅案，在於逐步取消資本利得稅，但第一年注入經濟的資金相當有限，因此無論從左派或右派的經濟理論來看，短期內都無法創造就業機會。但行政官員卻將這項方案包裝成創造工作的策略。他們是否收到錯誤的訊息？絕對不是。無論這些官員說什麼，他們的目的都不在經濟成長上。

此外，他們眞正的目的也不難猜出。前文曾經提到，長久以來，激進的保守陣營一直呼籲：取消所有的資本稅，這也是布希政府的提案會達成的效果。因此，解讀這項政策的方法，就是在他們向社會大眾推銷提案前，了解設計人的希望。

這是掌握現實狀況的基本原則：做點功課，看穿這些人眞正想要什麼。我說的不是什麼深藏不露的動機；他們眞正的目的通常是在公領域，只要聽聽這些人在推銷給公眾前，說了什麼就行了。如果你發現主管林務政策的官員，先前是伐木業的公關代表，就應該猜得出所謂的「健康森林」方案，其目的不在防止森林大火，而是伐木公司可以砍伐更多的樹木。如果你發現眾議院的多數黨領袖宣稱，他從事公職的目的是促進「聖經全球觀」，你就可以推測出，「信仰爲主」的方案並非在於更有效率地提供社會服務。如果你發現一手主導伊拉克戰爭的人，十年來一直想推翻海珊，你就該知道，這場戰爭和九一一事件毫無關係。

在此重申，新聞記者很難處理這個問題。他們可不希望外界以爲，他們是散播陰謀論的瘋子。但揭露右派人士的眞正目標，並非瘋狂行徑；反之，假裝其中沒有陰謀才是不切實際，更何況這個陰謀背後的組織及目標相當明顯。

●別以爲政治常規在此適用

華府爆發醜聞已成定例。某位官員傳出一些不當行徑後，經由媒體炒作，這位官員被迫辭職，日子再度恢復平靜。

布希政府好幾位官員都出了狀況，外界也以爲這個模式依然適用——結果不然。煤業公關代表葛瑞爾斯（Stephen Griles）被任命爲內政部次長，卻替原東家干預一件能源鑽探的糾紛；他仍然在位。懷特（Thomas White）原本是恩龍公司的高階主管，之後獲聘爲陸軍部長；雖然爆出虛報獲利的醜聞，他仍然不動如山。國防政策顧問委員會主席伯爾，涉及一些商業交易，令人強烈質疑利益衝突，但他只是象徵性地由主席降爲委員，並未去職。外界對總統及副總統的經商背景也有質疑，兩人卻沈默以對。

政治常規爲什麼不適用？因爲革命力量根本不承認現有體制的合法性，也就不覺得應該遵守這些規定。現任政府官員是否涉及醜聞？沒關係：福斯新聞（Fox News）、《華盛頓時報》（*The Washington Times*）及《紐約郵報》（*The New York Post*）不會跟進報導眞相，他們反而會騷擾有意報導的媒體。是否有人抱怨國土安全的事務？只要多多發佈恐怖攻擊的預警，就可以擺脫這些抱怨。理智的人可能會認爲：他們不會這麼做的！正常的行政部門是不會，但我們不是和一個正常的政權打交道，我們面對的是革命力量。

●革命力量面對批評的反應就是攻擊

革命力量不承認現有體制的合法性，因此也不承認其他人有批評其作爲的權力。任何提出質疑的人，

都要小心會遭到毫不留情的反擊。

二○○三年四月發生一件絕佳的例子。民主黨總統候選人中，呼聲頗高的凱利（John Kerry）告訴群眾：「美國現在需要的不是更換海珊及伊拉克政府，而是本身需要改朝換代。」依照政治文宣的正常標準——包括戰時，這番談話並不離譜。例如，一九四四年總統大選期間，正值第二次世界大戰打得火熱之際，數以百萬計的美國大兵在多個戰場爲國效命。當時，杜威在競選活動中直指現任總統羅斯福是「疲倦的老人」。據我所知，沒人認爲杜威叛國。畢竟，如果不能批評現任政府，那還談什麼自由選舉。我們捍衛的難道不就是自由嗎？甚至在戰時都要容忍他人批評的傳統，一直延續下來。例如，美國一九九九年在科索沃的行動中，當時的總統柯林頓就遭到狄雷嚴厲的批評。狄雷認爲他枉顧平民死傷，敦促他立即停止用兵。雖然引起一些人的注意，但狄雷的政治生涯並未受創。

如今，革命力量入主白宮，遊戲規則不同於以往。共和黨全國委員會主席表示：「凱利參議員在美國參戰期間，膽敢建議撤換三軍統帥，他已經逾越分際。」數十位共和黨政治人物立刻蜂擁而上，質疑凱利不愛國（凱利還是越戰老兵）。

凱利只是眾多案例之一。質疑或批評現任政府的人都被妖魔化，他們的操守受到質疑，甚至葬送他們的事業。我在前文提及，共和黨刊登廣告，指控民主黨參議院領袖戴斯柯和海珊互通款曲，也質疑克里蘭德（Max Cleland）參議員不愛國；後者在越戰失去三隻手腳。

這些反應都是預期得到的。布希政府無法容忍異議，已經到了惡名昭彰的地步，甚至那些大致屬於同一陣營的人，也受到同樣的待遇。《華盛頓郵報》指出：共和黨國會議員和遊說團體說，布希政府對待朋友

和盟邦的手法極爲激烈，且報復心甚強。從某種程度來說，這反映了布希家族的價值觀，但革命力量的反應也大致如此。再回顧一下季辛吉的話：「革命力量的特色並非它覺得受到威脅……而是任何事情都無法確保它不受威脅。只有絕對的安全——徹底摧毀反對者，才足以保證。」

●別以爲革命力量的目標有限

布希政府於二○○一年提出減稅案時，許多溫和派人士都淡化其重要性。他們宣稱，該案只是修正一九九○年代的加稅；他們雖然不贊同，但也不反對布希政府遂其所願。後來發現，用來佐證減稅的預算，預估得太過樂觀。溫和派敦促政府三思，也認定布希會聽從並提出妥協的方案。結果，行政部門提出幅度更大的減稅案。支持第一次減稅案的參議員，得花費很多口舌才能解釋清楚，爲什麼會反對第二次的減稅案。

現在，終於有些受到尊敬的人士相信，布希政府的眞正目的就是要廢除資本利得稅；如果無法消滅稅制的累進制度，也要大幅削減；溫和派人士當初的姑息，挪開了通往這個目標的一大障礙。另外我也不確定，廢除資本利得稅及薪資改採單一稅率，就是布希政府的終極目標。有人想到可能開徵人頭稅嗎？

同理，不少溫和派支持對伊拉克開戰，畢竟面對危險、殘暴的獨裁者時，必須以特案處理。但是我們越來越清楚，布希政府的核心理念在於：對伊拉克作戰只是「布希主義」的第一步，美國將積極投射國力到全球大部分的地區。溫和派在這點做了讓步後，也很難解釋他們爲什麼不支持美國推翻其他獨裁者，繼而邁向美國統治下的和平。

右派陣營的目標一定有限。美國未來的稅制可能會變成：窮人稅負佔其所得的比重，高於富人；但應

該不致於淪落到：富人的稅金低於窮人——或許也可能如此？伊拉克之後，可能是敘利亞及伊朗，但應該不會以武力威脅民主國家——或許也可能如此？我不知道右派陣營的目標將止於何處，但我知道，有限度的讓步絕對無法讓他們滿足。一些權威人士預測，布希政府會在各項議題上逐漸讓步，結果都猜錯了。讓我再次重申季辛吉的論點：「革命力量的本質在於具備對本身信念的勇氣，願意、甚至熱衷於實踐其原則。」

這就是現況。我懷疑發生了這麼多事情後，許多讀者恐怕還是覺得是我大驚小怪。就像季辛吉所寫的：提醒危機即在眼前的人，會被歸類爲杞人憂天；至於勸告大家適應現況的人，則是行事通達及穩健。但到目前爲止，杞人一直都說中了。怎麼辦？

大轉變

越來越多人開始了解問題的嚴重性。哥倫比亞廣播公司（CBS）《六十分鐘》節目的盧尼（Andy Rooney）說得最好：「唯一眞正的好消息，應該是美國史上這段黑暗期結束了。」

如何才能讓這個好消息提前降臨？若要期待轉變，就得相信多數美國人並不支持右派陣營的主張；美國的全部民衆比現在的掌權者更大度、更有雅量，也不那麼窮兵黷武。右派陣營成功模糊了本身的目標，更以愛國主義包裝；但我相信，大部分的美國人都強烈反對國家現行的方向。

我有個願景，也許只是一個希望：希望國家能夠大轉變；美國人能夠從現實狀況中了解，自己的善意和愛國心遭到濫用，繼而斷然阻擋這股摧毀美國最優良傳統的力量。至於這個時刻會在什麼時候及如何來到，我也不清楚。我所淸楚的是：除非所有人都能看淸及宣揚眞相，否則這樣的時刻不會到來。

第一篇

泡沫危機

PAUL
KRUGMAN

還記得昔日情景嗎？經營的鐵律似乎已失效。聰明絕頂的年輕大學生退學後，立刻成為千萬富翁。名不見經傳的公司突然間價值兩百億美元，再利用超高價值的股票，入主一些百年老店。擁有股票的人彷彿中了樂透，尤其是科技股。手中無股票的人，難免心中有些失落，甚至自慚形穢。「你在多頭市場時做了些什麼，老爹？」同在《紐約時報》撰寫專欄的陶德（Maureen Down）問我。

有人會告訴你，一九九〇年代的股票狂潮是當前所有危機的溫床，我們現在只是在為那段泡沫歲月支付代價。這種說法有一定的道理，但還有其他原因。本書接下來會告訴讀者：政經兩極化的情形日益嚴重、右派陣營的影響力日盛等長期趨勢，也是目前困局的背景之一。特殊事件也扮演要角，尤其是九一一這種會被有心人利用的重大危機。出了這麼多的差錯，也反映出白宮主人的人格特質。然而，如果不回顧一九九〇年代的錯覺和極端，就無從了解我們當前的處境。本書第一篇所談的，就是非理性繁榮和其後遺症。

令人不解的是，當道瓊指數及那斯達克指數分別突破一萬點及五千點時，為什麼很少人會向大眾示警。股價遠遠超出合理範圍的跡象相當明顯：包括本益比等評估股價的標準，早就超過危險區域。股市走大多頭行情的那幾年，不是沒有人質疑：筆者就是其中之一。但穿著昂貴西裝的聰明人，發明各式各樣的說法，為多頭市場找出理由。第一章包括我在為《紐約時報》撰寫專欄前，企圖對這些多頭人士澆冷水的文章，並且說明了一些理性人士，為什麼也會陷入股市狂潮中。

美國經濟危機的前兆

質疑股價超漲的人，不僅擔心投資人會在股市回歸現實時，大賠其錢；他們也擔心屆時股市下挫後，會傷害到實質經濟。歷史上不乏一些悽慘的教訓：一九二〇年代的股市泡沫後，就是一九二九年的股市崩盤，接著是經濟大蕭條。所幸美國自一九三〇年代以來，就未再經歷重大的金融危機，但其他國家卻在近年來遭遇多次劫難，我都相當熟悉。

身為經濟學家，我有點像是慫恿車禍傷患興訟的律師；我的研究重心就是放在印尼到日本等，這些可能發生危機的經濟體上。因此，我早在美國泡沫幻滅前就了解，一九三〇年代發生的危機再也正常不過了：在多頭市場之後，如果失掉對財經方面的信心，經常會造成實質的經濟危機。許多經濟學家篤定，美國不會這麼倒楣，美國經濟對類似症狀有免疫力；我不以為然。第二章將論及海外的經濟危機，以及對美國的教訓。

美國如何因應泡沫年代的結束？連悲觀人士都預期，美國的財經領袖，尤其是帶有傳奇色彩的聯邦準備理事會主席葛林史班，會在股市回歸正常時，解決隨之而來的經濟衝擊。身為具有國際觀的經濟學家，我太熟悉日本的經驗：一九八〇年代全球經濟火車頭，竟然也發生史上最大的金融泡沫之一。日本的經驗對我們是一個教訓，別以為結局一定是皆大歡喜。日本股市步入空頭市場後，經濟也開始停滯不前，直至今日。縱使一個領導團隊經驗豐富、且高度先進的國家，都可能一敗塗地。美國也不例外，至少經歷到一些日式的經濟萎靡。第三章以編年的方式，說明了美國如何陷入

經濟衰退，以及復甦的蹣跚無力。通常是以「失業型復甦」代表經濟成長的力道太弱，不足以降低失業率；但我一直認為「成長型衰退」更能達意。我也依照先後次序，說明了對美國經濟政策日益升高的不信任感。葛林史班雖然出手，但事後證明不夠有力，而布希政府更堅持問題沒那麼嚴重。

企業老鼠會

一九九〇年代以後，美國經濟之所以陷入泥淖，部分原因是除了股價超漲外，還有許多病灶。在股價不斷創新高的時候，沒人注意；等到狂歡結束的第二天早上，我們可以清楚地看到，進入新的千禧年之後，美國資本主義的本質已經腐敗到了極點。關於這點，我也和其他人一樣，都是後知後覺。多頭市場期間，早就有人寫信給我說，一些大企業在做假帳。很遺憾的是，我當時並未追究此事。等到恩龍公司——當時最知名的企業，被喻為現代企業的典範——東窗事發，我立刻想到：如果連這種知名企業都可能是老鼠會，那麼美國其他企業的帳目，清清白白的機率應該不大。事實上，大家很快就發現，泡沫歲月是企業相繼從事不法勾當的成因和後果。

第四章延續了這個議題，同時說明企業不法勾當的動機和技巧，以及許多人不願聽的故事，包括當前的政治領袖，其本身就是問題所在的程度。事實上，布希和錢尼透過類似的模式致富，只是規模較小，但仍無異於恩龍及其他爆發醜聞的企業高階主管。在我們需要另外一位羅斯福的時候，領導國家的人卻是問題的一部分，這才是美國更大的問題。本書稍後會再論及這個部分。

第一章

非理性繁榮

THE GREAT UNRAVELING

1. 超遜投資人的七個習慣

我和其他人一樣，喜歡效率金融市場理論。墨頓（Robert Merton）及修斯（Myron Scholes）最近因爲將效率市場理論，應用在如何訂出複雜的衍生性金融商品價格上，而獲得諾貝爾經濟學獎，但我並不羨慕他們。除非你過去五個月都待在西藏寺廟裡，否則一定知道股市最近有點怪怪的。直到六月，東南亞的「奇蹟」經濟體都還沒出差錯，投資人在當地股市高高興興地投下數十億美元。到了十月，這些投資人已經全面撤離；畢竟，全世界都看到這些經濟體的腐敗及管理不當。國際貨幣基金（ＩＭＦ）及世界銀行於九月在香港舉行年會時，大家都還在讚揚地主的經濟政策，不但成功地隔絕來自東南亞的金融風暴向北蔓延，也在主權移交給中國大陸之際，維持經濟繁榮。一個月後，香港不僅土崩瓦解，甚至拖累到巴西和其他國家。

市場究竟要往何處去？我最近有機會傾聽市場的聲音，至少是大部分的市場，因爲我出席一場基金經理人的會議。他們管理的資產高達數千億美元，因此當他們發言時，我只能洗耳恭聽。我想知道，這些智慧高人一等的男男女女如果不夠聰明，又怎能如此有錢？爲什麼會做出如此愚蠢的事。以下就是我學到的教訓：導致這世界絕非由效率市場理論所主導的七個習慣。

一，短線心態。少數人試圖在會議中討論長線議題，例如未來五年美國企業的盈餘成長。但是多數人

認爲這種議題太過學術——別急，所有經濟學家都會告訴你，縱使短線投資人也應該注意長線。今年的股價應該視今年的盈餘水準而定，再加上投資人預期的明年股價；明年的股價則應該視明年的盈餘水準而定，再加上投資人預期的後年股價……因此，今天的股價其實應該反映未來的盈餘前景。然而，市場人士可能聽不進這些。

二，心存貪念。許多人大談他們早在股市大幅回檔前，就預期股價「崩盤」，以及他們準備賺最後一波多頭行情才出場。他們或許說對了，但如果你眞的認定股市超漲，那麼對於自己避開空頭市場的能力，又該有幾分把握呢？想多賺幾個百分點，結果反而可能因小失大。

三，認定別人比我笨。幾位基金經理人指出，亞洲市場已經超賣，但除非這些市場止跌回升，否則不該買入；也有人認爲，美國股市才超漲，但他們要等到股市起跌之後才準備賣股票。我不禁要問，如果你看出股市將反轉，難道其他人看不出來嗎？他們內心似乎相信，這套操作策略很安全，因爲總有人比較遲鈍，直到爲時已晚之際才注意到市場反轉。

四，從衆心理。你可能以爲，投資人會有興趣聽聽反向市場理論，其實不然。有人認爲美國瀕臨嚴重的通貨膨脹問題、日本即將迅速復甦、歐洲貨幣聯盟終將失敗，對傳統想法而言，都是一大挑戰。但是，這些少數反向思考的人遭到衆人的嘲笑。這群基金經理人顯然只希望強化傳統想法，而非挑戰它。

五，過度以偏概全。這些經理人嚴厲指責日本企業缺乏競爭力、嚴重管理不善、未能專注在財務上，但絕非所有的日本企業皆如此；能在一美元兌八十日圓的匯價下照常出口的企業，肯定有一些絕招。才不過幾年前，日本的管理技術曾經被幾百本專書和文章奉爲圭臬。事實上，日本企業以往沒那麼優秀，如今也沒

外界認定的那麼差勁。

六，趕流行。我原本以爲會在會議中，聽到新的經濟典範——新科技和全球化將取代舊有的規則、過去六年的零通膨成長將無限持續、我們即將經歷二十年的經濟榮景等。這些說法基本上都是胡說八道，但我就像電影《魔法奇兵》（*Buffy the Vampire Slayer*）所說的「事發五分鐘前」，就知道它是胡說八道。如今，規則再度改變：我們瀕臨全球通貨緊縮；過去，聯邦準備理事會雖曾一手帶動經濟復甦，但現在恐怕也無能爲力。看到沒有，這是「新新經濟」。

七，反正燒的是別人的鈔票。會議中，這些人既然這麼聰明，爲什麼又會做出這麼愚蠢的事？我猜想，部分原因是他們只是上班族，而非雇主；他們是爲自己賺錢、爲自己的事業打拚。在這種背景下，很難看得長遠。長期來說，縱使你還健在，恐怕也不在同一家公司了。代客管理資產的人很難獨立行事；衆人皆錯而我也錯，可能就不算太錯。也許沒有年終獎金，但不致於丟了工作。反之，如果衆人皆對而你獨錯……因此，大家都專注在短線的數據上，希望趕上流行，也採信一些當下流行的經濟理論。

會中的那些論調讓我非常緊張。畢竟，這些人可以注入大把資金到某個國家的金融市場，然後突然全數抽走，造成起伏極大的榮枯週期。我雖然不信他們也能在美國，幹出這樣的勾當來；因爲我相信葛林史班，但我也沒十足的把握。

我確信的是，痛斥投機客邪惡陰謀的亞洲領袖罵錯了。我在上述會議中看到的那批人，並非一群掠食其他動物的投機惡狼，他們只是極端危險的金融綿羊。

一九九七年十二月二十九日的《財星雜誌》

2. 冰河時代來了

我越看美國股市這波離奇的漲勢，就越認定美國正面對如長毛象的心理問題。我用長毛象來形容，並非指問題的「龐大」（或許也有），而是指問題如同「大象」。容我解釋。

如果讀者了解心理學的最新趨勢，就該知道佛洛依德已經退流行了，而達爾文學派正當紅。「進化心理學」的基本概念是人類大腦的主要功能，在於幫助我們因應環境；可惜，人腦準備適應的環境，是早已居住兩百萬年的地球，而非幾百年建立的文明。學者指出，我們全都是迷失在大都會裡的獵人和農人，因而衍生出我們許多壞習慣。我們喜歡甜食，因爲原來的世界沒有冰淇淋；我們喜歡八卦，因爲原來的世界沒有小報；我們的情緒可隨音樂起伏，因爲原來的世界沒有席琳狄翁（Celine Dion）。我們的投資本能原本是用來獵殺長毛象的，而非資本利得。

穴熊族和穴兔族

把時光回溯到進化心理學者所謂的「祖傳適應環境」。假設有兩個族群：穴熊族和穴牛族，隔鄰而居，但彼此的狩獵策略不同。穴熊族習慣獵殺兔子——很保險，因爲每天一定找得到兔子，但兔子畢竟只是兔

子，沒什麼太大的想像空間。穴牛族只獵長毛象——風險較大，因爲不知道何時或是能否獵到一頭；不過一旦獵到，報酬相當豐厚。

假設過去一、兩年內，穴牛族的成績很好，幾乎每周都能獵到一頭長毛象。過了一段時間以後，穴熊族基於本能自然會妒嫉，並且開始有樣學樣。我說出自本能的原因在於祖傳環境下，這種轉變非常恰當。造成長毛象衆多的因素，看來會持續下去——氣候理想，有利牧草生長，遷移模式造成大量長毛象移入本區，因此理應模仿過去一向成功的策略。

如果把這兩個族群換到現代的金融世界中，至少依照金融理論而言，他們的本能可能就完全不管用了。效率市場理論告訴我們，一家企業的所有相關消息，應該已經反映在目前的股價上，因此未來股價的波動，應該無法預測爲隨機漫步。過去，有人可能賺到大筆資本利得，但你不見得就要認定，他們未來還能如法泡製。根據這個理論，理性的投資人不該眷戀過去：如果你的鄰居去年在股票上獲利甚豐，你卻只是緊抱現金，現在也不一定就要轉進股票。但不管基於什麼理由，股市接連幾個月上漲，你那個受過企管碩士訓練的理性可能會說：「天啊！這些股票的本益比非常不合理。」還停留在史前時代的內心卻狂喊：「我要吃長毛象肉！」我們很難克制這些本能。

獵不到長毛象的獵人

這些本能甚至會自我強化，至少會維持一陣子。畢竟，模仿穴牛族的人數越多，每位獵人平均分配到的長毛象就越少；現代多頭的人數越多，創造出來的資本利得就越少——只要多頭市場不死。證券經紀人往

往會告訴你，雖然企業盈餘消息普普通通，但過去幾個月以來，股市一直走高，因爲更多錯失這波行情的投資人會進場買股票，而新進的投資人遲早全部都會在場內；接下來呢？

好吧！好吧！我知道，這種情形不會出現。老練的投資人會看長線，避開股市多空的週期。也許股市之所以漲到目前的水準，是因爲聰明且有遠見的人已經看出，新經濟能夠不斷創造更多獲利，而共同基金的崛起，消除了傳統的投資風險。但我還是認爲，由於股市近來的漲幅，長線投資人已經瀕臨絕種。讀者聽到有關股價爲何持續大漲的理由，應該只是合理化的藉口，而非嚴肅的理論。

整個情勢讓我不寒而慄。也許是我不懂，我是一個頭腦簡單的尼安德塔人，完全不懂這個新紀元。但如果你問我，我會說，冰河時代快來了。

一九九八年五月二十五日《財星雜誌》

3. 老鼠會典範

龐齊（Charles Ponzi）不是頭一個從事老鼠會的人，但他的名字和「淨化」莎士比亞作品的包德勒（Thomas Bowdler），以及杯葛運動的發起人——波耶卡特（Captain Boycott）一樣，都被後世一再濫用。以他爲名的老鼠會，利用後進投資人的錢付給原有的投資人，造成投資績效優厚的假象，到現在仍然能夠得逞。席勒（Robert Shiller）的新書《葛林史班的非理性繁榮》（*Irrational Exuberance*，時報出版），針對如何炮製老鼠會，提供了一個簡單的入門介紹：第一步是提出一個看似可行、但異常複雜的賺錢機會，讓外人很難評估。龐齊提出的賺錢機會是國際回郵券。最近的案例是阿爾巴尼亞的詐騙集團，說服投資人說洗錢業務穩賺不賠。

吸金秘法

接下來，就是時機和名氣問題了。詐騙集團必須先吸引第一批投資人，人數多到能夠引人注目，但又不致於太多；然後再吸引第二批更多的投資人，後者投入的資金正好可以支付第一批投資人，接著是第三批人數更多的投資人，以此類推。如果一切運作順利，他們就會散播早期投資人如何發大財的故事，吸引更多

人加入，公司持續賺錢，原本質疑的人自然會消聲匿跡。

美國的管理當局很清楚，這種勾當往往能夠得逞，因此竭盡所能地希望在騙局開始前，就能破獲他們。因此，本地讀者可能認爲老鼠會只是歷史，然而，席勒並不是對這段歷史有興趣，而是利用老鼠會作爲解讀更重要之事物的模型。

假設有一套非常驚人的新科技剛剛問世，再假設有人成立一些公司，希望運用這套新科技在未來賺大錢，但是很難驗證。他們目前小有盈餘，縱使獲利不差，仍然需要籌措資金來購買設備、併購其他公司等。隨著技術突破的證據越來越明顯，公司的股價持續攀升，早期投資人的資本利得也越來越龐大，因而吸引了更多投資人，造成股價進一步上漲。

如果這種模式持續下去──沒有理由認定這種模式不能持續幾年，原本懷疑的人反而像傻瓜，空頭自然會進入冬眠。大家（幾乎所有人）都是一片赤誠；但事實上，這只是沒有龐齊的老鼠會，沒有騙子的騙局。

股市狂飆真假

根據席勒新書的書名，你大概能了解書中的大意。他強力證明近年來狂飆的股市，只是一個龐大且意外的老鼠會，最後的結局將會非常悽慘。該書雖然鎖定大盤（大部分都以標準普爾五百種指數爲例），但是對照高科技類股更貼切。我希望許多人會讀這本書，但我猜想，不會有很多人被他說服。

空頭陣營面臨誠信問題。不久前，許多人不僅懷疑科技類股的前景，甚至質疑科技本身的重要性（我也得認罪）。每次一有生產力及盈餘大幅成長的新統計，便凸顯出他們所犯的錯誤。根據邏輯，我們雖然可

以承認科技革命的現實，但也不得不說許多科技股的股價太離譜。只是，誰聽得進去？

此外，精明的投資人遵守史特勞斯（Levi Strauss）的策略：讓別人也染上淘金熱，我們再賣雜貨給他們。因此販售網路基礎設備的公司股價，可能並未被高估，但網站類股的股價就難說了。

看著那些錯失那斯達克指數初期漲勢的人，試圖搶搭這波浪潮，你不禁要捫心自問：八十年後的人說到「貝索斯化」（bezosified）或「奎爾化」（qualcommed）時，恐怕不知道這些名詞的由來？

二〇〇〇年三月十二日

4. 成敗都是道瓊指數

席勒是他同輩中，花最多力氣記錄金融市場中較不理性之一面的經濟學家。在他的新書《葛林史班的非理性繁榮》，一開頭就提及美林公司一年前刊登的全版廣告，當時道瓊指數突破一萬點。「縱使像我們這種節制、注重長線的人，如今只能坐在一旁發出『哇！』的讚嘆。」廣告文案如是說。廣告搭配的股價走勢圖，下了一個「人類成就」的標題。

然而到今天爲止，在可能升息的隱憂下，今年的投資人似乎經歷更多的「哦！」，而非「哇！」。道瓊指數周五再度走過一萬點，只不過這次是向下走。我們是否很快會再看到，另外一張下了「人類失敗」標題的走勢圖？

好吧！好吧！道瓊指數比起一九九六年十二月的水準，高出五〇%以上，當時是葛林史班希望壓抑我們過度樂觀的氣氛，卻未成功。其他股價指數仍然奮勇上攻：標準普爾五百種股價指數，遠高於一年前的水準，那斯達克指數（高科技類股爲主的股價指數）儼然是「新經濟」非官方的指標，而且持續創新高。

道瓊指數之真義

但指數分道揚鑣非常正常。雖然街頭巷尾都在討論葛林史班下一個動作，但市場眞正提出的問題是，誰能掌握未來？道瓊指數赫赫有名，讓我們忘記這會是個問題。包陶（Steve Bodow）一九九七年在《石板》雜誌寫了一篇玩笑文章〈道德經〉，其中一個公案是：

> 道瓊指數並不存在，但萬物都在其中
> 好吧！只有三十檔股票存在其中
> 但指數似乎不止代表這些股票而已

大家提及道瓊指數時，眞正的意思其實是「大致的股價」，我自己就是如此。許多人提及道瓊指數時，彷彿指數成分股代表美國企業未來的盈餘。但道瓊指數沒那麼偉大；如果你買進道瓊指數，只是可以參與分配成分股未來的盈餘而已。

其中的差別不小。你如果看好道瓊指數，不僅得認定美國資本主義的未來，還有榮景可期，更認定今天的大企業能夠參與這個榮景；不只是未來幾年，而是更遙遠的未來。我指的可是眞正的遙遠。舉個極端的例子，去年暢銷書《道瓊指數三萬六千點》（*Dow 36,000*）的計算公式預估，道瓊指數成分股的盈餘成長率，未來會和整體企業盈餘的成長率並駕齊驅；兩位作者——葛拉斯曼（James Glassman）及哈塞特（Kevin

Hassett）預期的合理指數，半數是來自二〇七〇年以來的預估盈餘。

未來的微軟

你難道相信道瓊指數成分股的盈餘，七十年後佔整體企業盈餘的比重，仍然和現在一樣？此處說的成分股，不是屆時的成分股，而是目前的成分股。一手拉抬那斯達克指數的投資人顯然不相信，更遑論那些參加首度公開上市（IPO）的投資人。他們認爲，目前一些名不見經傳的網站，很可能是未來的微軟公司；今天的奇異公司、甚至是今天的微軟，可能是明天的施樂百、銳跑。如果眞的看多道瓊指數，你一定得相信新經濟屬於傳統企業；若要肯定科技類股的股價，你一定得相信，未來屬於新興企業。然而，這兩種想法都不對。

兩種想法都可能錯誤。席勒相信，整個股市是一個灌了水的投機泡沫，而非只有道瓊指數。我心有同感，但並未全盤接收這種說法。金融泡沫的社會及心理標記很容易辨識，就像我家附近披薩店內的電視機，已經鎖定在CNBC財經台，而非ESPN體育台。但科技進步的步調，也一樣顯而易見。我不太確定那斯達克指數現在的價位是合理的，但也不確定它是離譜的。

總之，道瓊指數下跌並不代表總體經濟也走下坡。只要美國人仍能充分就業，而且通貨膨脹維持在低檔，我要呼籲：讓道瓊指數跌到該跌的位置吧！

二〇〇〇年二月二十七日

5. 錢白花了

經濟學家考慮太多了，因此通常不是厲害的投機客。有位虛構但知名的教授，不願相信可從地上撿起百元大鈔，他認爲如果地上有鈔票，別人早就撿走了。

在交易大廳裡過於小心，可能是負債，但是這個特質在其他地方，卻是資產。目光銳利的人，有時候的確可以見人所未見，看出零風險的厚利——路上的百元大鈔。但聰明人知道，這種千載難逢的機會不會經常出現，他絕對不會把這筆所得列爲家用，或者用來挽救社會安全制度的計劃。

長期來說，股票的確是非常好的投資工具。賓州大學的席格爾（Jeremy Siegel）在其巨著《可長線投資的股票》（*Stocks for the Long Run*）中指出，如果有人願意在二十世紀買進資產，並且抱牢很長的一段時間，那麼股票的報酬幾乎一定高於債券，而且股票所享有的較高報酬，並非風險較高的緣故；股票就是比較好的投資工具，如此而已。顯然，人行道上的確有張百元大鈔（其實是幾十億張），但沒人肯撿起來。

許多人誤解上述論點；它並非保證股票永遠是很好的投資，只是從歷史經驗可知，股價通常被低估。投資人如果了解其中的風險很低，可能不願支付那麼高的代價，參與分配這些公司的盈餘。

誰撿起了百元大鈔

進入二十一世紀前，發生了一件好玩的事：本益比（每一美元企業盈餘的價格）大幅攀升。席格爾教授研究的期間，平均本益比爲十五倍，股市投資人的平均實質報酬率爲七％。如今，美股本益比平均約爲三〇％。這就是所謂的非理性繁榮嗎？還是投資人終於接納席格爾的教訓？無論何者，那張百元大鈔已經有人撿起來了。如果股市投資人現在得支付以往兩倍的價格，才能參與分配盈餘；如果未來企業盈餘成長幅度和以往一樣，這些投資人未來的投資報酬率，應該只有歷史水準的一半。

但是，許多提出改革社會安全制度方案的人，其中包括布希的謀士，卻認定股市就是答案，甚至以爲股市的投資報酬率會持續在七％。如果有人質疑說：現在購買美國企業，必須比以往付出更高的代價。他們只會重申：根據歷史經驗，股票是很好的投資工具。換句話說，昨天在地上的百元大鈔，現在一定也還在，對不對？

所謂頂尖的經濟學家，竟然這麼容易被一個天眞的謬見所騙，究竟是一廂情願凌駕專業分析，還是偷偷摸摸地屈從政治目的？布希最近的發言證明，美國傳統的詭詐不時在發揮效用。

神奇的投資

布希在五月十五日的演說中，呼籲聽衆：「想一想以下這個單純的事實：縱使一位勞工只選擇世上最安全的投資工具——經通貨膨脹調整的美國政府公債，他或她的投資報酬率，應該也是社會安全的兩倍。」

這實在太神奇了。如果你知道社會安全體系的投資標的，全都是美國政府公債，你恐怕會覺得布希的說法更離奇了。但他們的解釋是（縱使布希不懂，他的謀士應該很清楚）今天的勞工不僅要支付自己未來的退休費用，也要負擔今天的退休人士。如果你認為這只是細微末節，勞工如果獲准投資美國公債以外的工具，如何因應當前的給付就是次要問題了。我向你保證，我也能提出一個毫無痛苦的計劃，以便挽救社會安全體系，只要我認定這個體系的大部分給付，都會神奇地消失。

也許「神奇」這個詞用錯了。那麼用「巫毒」呢？

二〇〇〇年五月二十八日

6. 創造及毀滅

別輕舉妄動！向來極度看好科技類股的市場大師葛拉瑪（James J. Cramer），上周坦承自己對科技類股已經徹底醒悟。他詳細說明自己對戴爾、微軟、英特爾及思科等科技股「四大天王」的失望。

熊彼得的復仇

同一周，美國《商業周刊》網路版也登出一篇文章，其中提到「新經濟的四大天王」之一——思科，再度上榜，但其他三大天王分別是甲骨文、ＥＭＣ及昇陽。多數人恐怕都不知道這些公司的業務內容（我也有點模糊），但有趣的是，葛拉瑪列出的公司主要和個人電腦有關，而第二份名單內的企業，都是從事電腦網路業務。由此可以解讀出，不只葛拉瑪失去信心，整體投資人都失去信心，也造成那斯達克指數自夏季高點，摔落了二○%以上。不妨視此爲經濟學大師熊彼得（Joseph Schumpeter）的復仇。

奧地利經濟學家熊彼得，在兩次大戰之間移居哈佛，近年來成爲經濟學新興的代表人物；這主要得歸功於他早年的研究。他在一次大戰前撰文指出，科技不斷的變化是資本主義的要義之一，這在經濟學界算是第一人。他近年來的聲名大噪，主要得拜他的名言「創造性毀滅」。

有人認爲，商界人士是基於不正確的理由，才喜歡這句話，因爲這句話爲他們的作爲，增添了不該得的光彩，或許這句話可以解釋市場經常造成的苦難和不公（熊彼得是富比世等右派雜誌最喜歡的作家。）這句話雖然常受誤用，仍然不失爲絕妙好辭：新科技確實會同時具有毀滅和創造的特質，尤其是每種新科技會毀滅、或至少降低舊技術的價值，以及原先的市場地位。

投資人及市場大師，眞的認同這句話的意義嗎？幾個月前，他們顯然無法認同。他們對所有創造的部分興高采烈，卻忘記毀滅的部分。也許他們認爲，只有傳統產業才會面臨毀滅。

光芒不再的新高科技類股

高科技類股的本益比有時偏高，因爲投資人從微軟和英特爾的教訓中，學到很多：高科技市場的特性是贏家全拿；能夠在新科技取得領先地位的公司，可能會把這項優勢延伸爲持久且暴利的獨佔事業。投資人當然願意付出高價，以便投資下一個微軟。

今年春季以來，高科技類股頻頻下挫，因爲投資人開始認淸，不是每個高科技公司都會成爲下一個微軟，主宰一個無人能賺錢的市場也不算獎賞。但是已經全拿的贏家——在重要市場取得優越地位、且因此獲利豐厚的企業，仍可繼續享有高本益比。

部分新經濟企業的財報令人失望，投資人這時才恍然大悟，創造性毀滅不會只發生在恐龍級企業。在光纖或無線網路等領域掌握優勢的小公司，很可能就是下一個英特爾，而英特爾也可能成爲下一個ＩＢＭ，後者主導的科技領域，在新科技成爲主角後價值頓失。

這些和目前的科技類股重挫有何關係？正反兩面都成立。首先，市場反應過度，一些舊的新經濟企業財報不佳，投資人卻一竿子打翻一船人，也不看好新的新經濟企業。

另外，高科技公司不死的神話幻滅後，投資人面對短期展望非常耀眼的公司，也不會隨便給予過高的本益比。科技發展的腳步令人屏息凝神，雖然大企業足以藉此崛起與勝出，但這些公司的風光恐怕也如電光石火、稍縱即逝。

二〇〇〇年十月八日

7. 披薩原則

討論股市時很難理性：希望和恐懼、貪心和羨慕等情緒，總是橫梗其間。

如今更難，因爲政治已經介入。部分思想家認爲，愛資本主義就是愛它的股票，無論股價多少；此外，股票高報酬的承諾，在今天的意義就像拉佛曲線（Laffer Curve）二十年前的功用一樣。它能幫助政治人物，尤其是想民營化社會安全體系的政治人物，提出像糖球一樣的美麗願景，以及可以不勞而獲的願景。

但是，股價前景引起極大的爭議，正反雙方陷入激辯。

去年多頭陣營主導輿論，最近卻常聽到許多言之有物的空頭言論，例如《非理性繁榮》作者席勒、《爲華爾街打分數》（*Valuing Wall Street*）的兩位作者史密德（Robert Smithers）及萊特（Stephen Wright）。他們的論點直截了當：從歷史標準來看，目前股價都太離譜。一般企業的平均本益比是歷史平均水準的兩倍；Q比率（企業總市值與總資產重置成本的比率）也一樣。以往本益比或Q比率偏高，通常是資產虧損的前兆。因此，讀者應該認眞看待這個觀點。

非理性悲觀

我們是否可以鑑往知來?多頭也有一些言之有物的大將,例如《長線投資》的作者席格爾。他們認為,股票歷來都是高報酬、低風險的投資工具。事實上,股票是不錯的投資,許多人應該願意支付更高的價格來購買股票。股價如果比歷史標準高出許多,可能並不代表非理性繁榮的程度升高,而是非理性悲觀的程度下降。大家也該認眞看待這個觀點。

但上述多頭的觀點也受到限制。股票的長期報酬率與「盈餘殖利率」,大致差不多;盈餘殖利率就是本益比的倒數。縱使你認定股票的風險並不特別大,這也只是證明股價高,但盈餘殖利率以及股票的長期報酬率,並未高於債券等安全資產的報酬率;其實我們已經達到。因此,這些多頭陣營也無法證明,股價仍然大幅低估,或今天這些高價股未來的投資報酬率,能夠媲美數十年前一些股價低估的股票。

狂熱的多頭

我強調此節之目的是,你如果不懂,可能會因此把言之有物的多頭和第三種陣營,混為一談——狂熱的多頭?他們可能同時具備這兩種信念。

會出現這種混亂,其實是狂熱多頭一手造成的。例如,去年《道瓊指數三萬六千點》的作者宣稱,他們的想法是根據席格爾的研究,而且一般認為,他們的確是以席格爾為本。但同理,鳳梨—軟糖—臘腸披薩的食譜,也是以披薩麵糰為本;麵糰是關鍵原料,但並非唯一的關鍵原料,同時也是非常令人質疑的原料。

無論多頭或空頭，只要言之有物，都應該受到認眞看待；但對狂熱多頭則不必。

這段話似乎互相矛盾，而且不甚公平。有人一直憤怒地指責我前後立場不一，因爲我向來對狂熱多頭的批評不遺餘力，但同時又對席格爾教授讚譽有加。換句話說，「去年你嘲笑鳳梨—軟糖—臘腸披薩，現在又說你其實喜歡披薩。哈！你改變立場了！」

我現在解釋一下股價的披薩理論。我喜歡披薩，你也一樣，但你應該知道，從歷史標準來看股價高估的股市，並不喜歡披薩。縱使你喜歡披薩，也不必非得吃下別人硬塞給你的臘腸。

二〇〇〇年七月九日

8. 道氏壞事

一九九九年底，布希首度宣布他的減稅方案，我在一家供應啤酒和披薩的小店吃午飯。這種小吃店通常會在吧台的後方，放置一台讓客人收看ESPN的電視，。但當天的電視並未轉到ESPN，大家看的是CNBC財經台。我心想：「這可糟了。」後來果眞如此。

道瓊指數首度在一九九九年，超越萬點大關，二○○○年初短暫跌破一萬點，但這應該算是假跌破，因爲投資人棄道瓊而轉戰那斯達克指數，算是非理性繁榮的副作用。反之，上周的下跌走勢則是貨眞價實的泡沫幻滅：市場全面下跌，讓道瓊指數跌破一萬點。股市泡沫終於徹底結束，只留下一地的杯盤狼藉！

股市泡沫直接帶來的經濟效應，已然衆所週知。這波股市大多頭行情，和「新經濟」的憧憬息息相關；企業瘋狂投資，在資訊科技砸下大筆鈔票。當然，許多企業現在了解當初是過度投資。產能過剩的陰影，會讓企業投資持續低迷好幾年。

這不是好消息。而且股市泡沫直接造成的經濟後遺症，只是一半的症狀。這場泡沫對美國政治也造成可怕的結果。畢竟，布希在股市泡沫幻滅前提出減稅案，絕非巧合。股市熱潮和減稅熱潮有密不可分的關係，兩者相生相連。

股市泡沫造成政策可行

一方面，一九九○年代末期的右派媒體，一直在爲股市上漲搖旗吶喊，尤其是《華爾街日報》的言論版，極度喜歡炮製一些股價理論，只要這些理論看多。還記得道瓊指數三萬六千點嗎？如果有人指出，這些理論建構在模糊的數學上，股市不可能永遠創造高報酬，這種人一定會被打成左派；畢竟，股市是資本主義最精純的展現，懷疑股市的人一定是反資本主義，對不對？

但最重要的原因卻是：股市泡沫造就出一個環境，讓一些不負責任的政策提案，突然變得可行。

值得一提的是，美國前幾年龐大的預算剩餘，是大多頭股市行情的結果。美國稅率從一九九四年到二○○○年間不動如山，而稅收佔國內生產毛額的比重，卻大幅上升，主要原因是資本利得稅激增。這個結果造成美國政府手頭寬裕、預算應該可以支應大幅減稅的假象。布希提出減稅案的時機，正是這股氣氛攀抵高峰的時候。

經濟巨災

但是，紙包不住火。眞相雖然及時出現，未釀成社會安全體系的重大危機。布希其他的政策方案，也是建構在泡沫經濟的假象上，卻未能避免毀滅性的減稅案。

當然，讀者可能奇怪，布希爲什麼一意孤行？他爲什麼覺得一九九九年在股市大多頭期間提出的減稅案，一定適用二○○一年泡沫幻滅後的經濟。在行政部門安撫國會的同時，他的幕僚一定知道，稅收直線下

滑。

我們從這任政府學到一件事，布希政府永遠以不變應萬變，唯一改變的是推銷政策的手法。減稅案被包裝成打擊經濟衰退的措施，但減稅和提振景氣根本格格不入。布希政府也未放棄社會安全體系的民營化。現在，布希政府再也不能利用股市大好的願景來吸引老百姓，只能想像一些未來的危機來嚇唬人民。

總之，巨災已經釀成。股市泡沫不僅造成不當的政治決策，也造成不良的財經決策。我們在未來好多年裡，都得爲此付出代價。

二〇〇一年九月二日

第二章

海外凶兆

THE GREAT UNRAVELING

9. 亞洲：出了什麼差錯

關於亞洲爆發的金融危機，我內心其實有一部分感到慶幸、甚至快樂，因爲金融危機是我的專業領域之一。我二十多年前寫的第一篇經濟報告，標題正是〈國際收支危機的模型〉。我有點像是追著龍捲風的狂熱份子，正好遇上一個超級龍捲風。我和其他人一樣，爲流連在拖車篷的窮人感到不幸，但是，有機會觀察到這個世紀奇景，心中不只是波濤洶湧而已。我甚至爲自己這種複雜兩極的心情，找到一個藉口：出狀況總比一切順利來得好，因爲這更能讓我們了解到，世界經濟究竟是如何運作的。從這次危機學到的教訓，也許能夠幫助我們避免、或至少更能因應下次危機。

我們到底能從亞洲金融風暴學到什麼？投機客攻擊一國貨幣並非新鮮事，我們早在幾年前就曾示警，東南亞國家將面臨這種風險。但這次金融風暴的規模和深度，卻讓所有人嚇了一跳；這次巨災證明了，以往經濟理論想像不到的金融危險，的確存在。

没有結局的話劇

我們現在很清楚亞洲的經歷。你可以把這段經歷視爲一齣兩幕的話劇：第一幕是一些瘋狂行徑，第二

幕則是後果。沒人知道這齣戲距離尾聲還有多久？這齣戲是否快要結束，還是以悲劇收場？

第一幕是有關金融泡沫。我們現在知道，危機的緣起是銀行不當的作爲。所有目前陷入危機的國家，公私之間的分際都不明顯；部長的姪子或總統的兒子可以開銀行，向國內外籌措資金，因爲銀行背後有政府高官在支撐，因此大家都相信，他們投入的資金是安全的。政府擔保銀行存款，是舉世皆然的作法，但這些擔保通常是有條件的。銀行所有權人必須達到資本方面的規定（把很大的一筆自有資金暴露在風險下），只從事穩當的投資等。但在亞洲國家有太多人只享特權、未盡責任，開銀行最後變成「穩賺不賠」的生意。此外，銀行放款給一些高度投機的不動產生意，或者企圖心太高的企業擴張計劃。外國投資人很容易上當，急於把資金投入遙遠但不甚了解的國家，更助長金融泡沫的規模。同時，這個泡沫靠本身的力量越滾越大：那些不負責任的放款造成不動產和股票市場的榮景，進一步美化銀行及其客戶的帳目。

亞洲很快進入第二幕：泡沫的幻滅。泡沫破滅只是遲早的問題。亞洲市場終於發現，對資產過度樂觀的評價，在這個不完美的世界中顯得不切實際。亞洲的大型企業集團，也企圖在每個國家投入各式各樣的事業，比起西方同業好不到哪裡去。後來泡沫提前幻滅，因爲投機泡沫在悲觀氣氛互相感染下，顯得脆弱不堪：只要數量可觀的投資人開始擔心泡沫幻滅，泡沫就眞的會幻滅。

亞洲陷入沈淪的旋渦。緊張的投資人開始從銀行撤資，資產價格崩跌。資產價格崩跌後，政府能否力保其他存放款的安全，也越來越引人質疑，資金因此加速外逃。外國投資人跟著逃離，導致貨幣貶值。在泰國銖或印尼盾的貶值下，銀行及企業的資產進一步縮水，但他們的負債卻是以美元計價。

金融話劇的最後一幕

這波沈淪的始作俑者是什麼?誰在乎!只要各項條件配合，星火就可以燎原。近因也許是半導體市場低迷，美元兌日圓升值，但縱使不是這些因素觸動扳機，也有其他的導火線。

亞洲的金融內爆當然會拖累實質經濟走下坡。部分原因是資產價值縮水，讓老百姓覺得自己變窮了，進而壓抑消費需求；另一部分原因則是股價低、利率高，這也壓抑了投資。此外，還有供給面的問題。銀行遭到擠兌是風暴的起點，運作正常的銀行體系，仍然是經濟引擎不可或缺的潤滑劑。部分亞洲國家的銀行體系，實質上已經癱瘓，經濟引擎自然會出現停止運轉的現象；出口企業也許還能賺錢，但由於缺乏信用支援，終會受到牽制。這種場面雖然很難堪，但也值得探究。

會變本加厲嗎?如果這齣戲還有第三幕，應該會牽扯到經濟與政治的互動：經濟危機會造成政局動盪，政局動盪會刺激資本外流，進一步惡化原來的經濟危機，結果就是陷入萬劫不復的地步。到目前爲止，印尼陷入這種惡性循環的跡象並不多，連最敏感的觀察家也認爲，全面崩潰的風險應該是誇張的說法。

我希望他們的判斷正確。對追蹤經濟風暴的人來說，亞洲金融危機可以稱得上是完整案例。但如果你眞正關心那些生計、甚至生命受到威脅的人，便只能祈禱這場風暴快點結束。

一九九八年三月二日《財星雜誌》

10. 爲什麼德國無法競爭

前陣子，一份僞造的歐洲執委會文件，透過電子郵件在網路上流傳。這份備忘錄宣稱，一旦歐洲共同貨幣問世，下一步勢必是採納共同的語言。根據實務考量，歐洲的共同語言應該是英語，頂多稍加改良。因此備忘錄建議，應該把英語中的「C」改爲「K」，減少一種衝突來源，也爲了避免作者把動詞放在句末。這份英文備忘錄最後變成德文。

這個笑話的重點在於：假設新歐洲會由德國主導。德國不僅是歐盟中，人口最多的國家，傳統上也是經濟最強盛的國家。從一九八〇年代初期以來，鄰邦一向以德國的貨幣政策馬首是瞻；荷蘭、比利時，甚至法國的中央銀行，基本上都依照德國聯邦銀行的貨幣決策爲依歸。但如果我們稍不注意，德國不再是歐洲的火車頭，反而成爲歐洲最大的痛腳。

歐洲經濟的新病人

德國何時成爲歐洲的經濟病人？還記得一九五〇及一九六〇年代的人都知道，「德國」這個詞後面通常接著「經濟奇蹟」。依照國際標準，德國直到一九九〇年代初期還表現不錯，但最近幾乎所有來自德國的

消息，都是負面的。

有人把這些問題歸咎於現任的施洛德（Gerhard Schroder）政府，後者偶爾會搬出傳統社會主義的老調，扼殺了企業信心。但德國經濟早在施洛德當選前，便展露出疲態；他只不過雪上加霜而已。

其他人把問題怪到柏林圍牆倒塌後的兩德統一。兩德統一後，一些始料未及的效應，的確把德國變成沒有縱情享樂的義大利。義大利有南北差距的問題，義北生產力高，南部則不發達；德國則是西部生產力高，東部老是得伸手要錢；對義南及德東地區的援助，不僅促使預算緊縮，連帶造成社會緊張。至於接受援助的地區，則形成一種依賴的文化。

有人把問題追溯到更久遠之前。德國經濟學家蓋爾施（Herbert Giersch）二十年前提出「歐洲硬化症」這個觀念，說明過度管制和社會福利太過慷慨，往往造成效率低落及難以創造就業機會。他說這句話時，心中尤其想到德國。

但這種論調似乎只是從左派和右派的角度，將德國和英語系國家的經濟強弱，做一對比：自由市場相對於政府的強力干預。雖然有一定的道理，但只要和德國經濟學家和官員談過話的人都知道，德國人比美國人更保守，也就更反對政府的積極介入。德國人也許不認爲，應該讓雜貨店主自行決定營業時間，但他們仍然相信健全的貨幣及預算政策，也痛恨政府應該降息或採取更恐怖的手段——貶值本身的貨幣，以便打擊失業。

康德對抗詹姆斯

我的看法如下：美國經濟目前似乎一片榮景，德國似乎陷入困境，但兩者眞正的差別不在於政治層面，而在於意識形態；不是馬克斯對抗亞當斯密，而是康德的「定然律令」對抗詹姆斯的務實主義。德國人眞正要的是一套明確的原則：明確界定眞相本質的規矩、道德的基礎。商店什麼時候可以開門營業，德國馬克就應該值多少。相較之下，美國人在意識形態及個人方面都馬馬虎虎：只要差不多管用就行了。如果有人晚上十一點還想逛街買東西，沒問題；如果美元有時值八十日圓、有時值一百五十日圓，那也沒關係。

但美國的方式不見得永遠管用；甚至到了今天，底特律也無法、或不願依照德國的標準來生產豪華汽車；美國鐵路公司（Amtrak）也無法、或不願發表德國人視爲理所當然的精確行車時間表。美國在出口方面仍然很糟糕。德國產品的精良品質、工藝技術的精妙，雖然勞工成本在全球數一數二，卻依然是全球強力的出口國。德國在一九七〇年代及一九八〇年代對抗通貨膨脹的成績，也優於美國。

但世界改變了，如今強調彈性重於紀律。由於技術及市場不斷在變，不見得任何事一定要做到完美無暇；在通貨緊縮比通貨膨脹更威脅到人類的環境中，過度強調健全的貨幣政策，可能反倒是長久經濟衰退的元兇。

德國固然陷入困境，連帶也拖累歐洲的統一大業。因爲德國理應是新歐洲的經濟火車頭；如果連德國都陷入泥淖，整列火車或許都走錯了方向，不是嗎？

一九九九年七月十九日的《財星雜誌》

11. 我們不是日本

在史努比漫畫中，最愛折磨布朗的露西如果告訴前者，等一下一定會讓他踢足球，接下來的結果不問可知。如果胡狼堅稱，這次一定追得上嗶嗶鳥，大家也都會知道結果。因此，日本官員如果說，這次日本眞的會邁向復甦之路……

最新的經濟指標證實，日本經濟再度舉步蹣跚：企業信心低迷、消費者支出下滑、失業率上升、通貨緊縮惡化。今年初還在兩萬點以上的日經指數，目前在一萬四千點左右震盪。

對日本來說，這些都不是新聞。但在美國經濟深陷幾年來最低迷之際，在驚慌失措的分析師及私心自用的政治人物宣稱：局勢已到了天塌下來般嚴重後，美國的故事爲什麼會非常不一樣，也許値得一提。

便宜的經濟成藥

一般來說——日本算是極大的例外，經濟衰退對大型的現代經濟體而言，並不構成嚴重的問題。並非造成經濟衰退的力量已消失（長期經濟擴張後，有人往往會愚蠢地宣布：景氣週期已結束），而是經濟衰退通常只需要便宜的成藥，就可以有效地治療：削減利率幾個百分點、提供充裕的流動性，早上再打電話給我。

或者更精確地說，半年或一年後，再打電話給我。事實證明，聯邦準備理事會只需削減利率，就能說服企業及消費者多花錢，但降息和支出的增加之間，有一段很長的時間差。因此，這是我們對經濟衰退無法免疫的原因：聯邦準備理事會有時會判斷錯誤，未能發現景氣走弱，因此無法及時避免經濟衰退；一九九○年就是如此，如今可能歷史重演。

聯準會升息的次數太多；一九九九年底及二○○○年初，爲了冷卻過熱的經濟，聯準會升息是理所必然。但五月最後一次升息零點五個百分點似乎過當。當然，我是事後諸葛；當時看來的確應該升息。

聯準會近期內幾乎確定會改弦易轍、降低利率，但可能得一段時日後才能見效。同時，景氣會減緩，接下來幾季恐怕都下滑，符合經濟衰退的技術定義。但應該只是暫時的萎縮，這是美國與日本的不同之處。

適合美國經濟的偏方

日本的確天塌下來了。因爲利率已經非常接近零（還不算零，因爲日本央行八月愚蠢地升息），景氣低迷是因爲日本基本的經濟政策不管用，現在想採取大動作也爲時已晚。反之，美國不時會出現景氣趨緩，這並不代表經濟政策有根本的瑕疵，所以除了降息之外，也不需要其他的因應措施。

我們有什麼該怕的呢？無法完全排除的最大夢魘，應該是我們比預期中，更接近步上日本的後塵。我們才經歷美式的「泡沫經濟」，接下來可能會發現，降息已經無力回天。所幸，目前這種可能性不高。

我擔心的不是可能發生的經濟衰退，而是政治人物面對經濟衰退時，可能採取的對策。他們是否會利用溫和且容易治癒的小病爲藉口，強迫美國服下一帖昂貴且危險的偏方？我指的當然是減稅，不但解決不了

景氣短期減緩的問題，還會拖累長期的財政健康。

我們不必恐懼經濟衰退；縱使經濟眞的衰退，聯準會也能輕鬆解決。我們需要恐懼的是恐懼本身：可能爆發經濟衰退的陰影，或許會讓我們驚慌失措，繼而做出未來幾年會後悔不已的事。

二〇〇〇年十二月二十七日

12. 摸黑一躍

過去幾天，我接觸幾位日本企業的高階主管及官員，從某種角度來說，我倒希望能針對他們道出更多負面的訊息。如果這些高階主管與現代企業的現實明顯脫節，如果這些官員既固執又愚蠢，我們輕易就能把日本的經濟困局，歸咎於社會及政治制度的嚴重瑕疵——美國不會出現這種問題。

但與我晤談的人士，大致都算消息靈通，而且通情達理。事實上，我認爲比起日本景氣火紅時，這些日本人現在更理性了。十五年前，外人幾乎無法和日本人理性地討論事情，甚至民間的經濟學家也拒絕批評政府的政策，再爛的政策都一樣。現在比較可能出現眞正的互動。

但我對日本的情勢，還是有一種不祥的感覺。

如果善意和熱誠就足以解決總體經濟的問題，經濟似乎即將復甦。小泉首相挾著超人氣的支持進入政府，倚仗民氣推出大膽的「結構改革」。即使他公開警告說：改革要有所進展前，日本人可能要過幾年的苦日子；他的聲望仍然居高不下。

日本經濟的兩大弊端

可是一旦問及「結構改革」的眞正內涵時，不僅又引人質疑。

目前，這個名詞似乎代表兩件事：強迫銀行打消壞帳，並且縮減多年來，用以增加就業機會的公共工程規模。兩項作法都沒有錯。日本銀行遲早必須誠實地處理他們的帳目；日本的公共工程不僅效率低落，更是大規模貪污舞弊的淵藪。

但是，問題在於：日本經濟明顯且立即的危險，並非效率不彰，而是需求不足。換句話說，日本眼下的問題不是未能發揮資源至最大的效果，而是未能運用本身擁有的資源。小泉的改革很可能促使眼下的問題更爲惡化。永遠無法償還債務的公司，如果被銀行取消贖回抵押品的權力，以及如果政府不再興建不必要的水壩和道路，直接的後果就是失業率攀升。景氣好的時候，因爲企業破產或者公共工程取消而釋出的勞動人力，很快會在他處找到工作；但在景氣持續低迷的國家，這些勞工會一直失業，而失業勞工會縮衣節食，經濟也就更加低迷。

復甦的前景何在？我這麼問竹中平藏，他是知名教授（學而優則仕，在美國相當普遍，但在日本則前所未聞）以及小泉政府經濟方案的設計者。他並沒有含糊其詞，反而承認他的方案是「供給面」，也就是提高日本經濟的效率。但日本經濟眼下的問題卻在「需求面」——日本人的花費太少。即使如此，他相信改革最後仍然有助於需求面。消費者一旦體認到，經濟的長期展望有利可圖，自然會敞開荷包。他也指出，進一步的結構改革主要是解除管制和民營化，會啓動新的商機、刺激投資。

改革後就破產

或許如此。但這套計劃就像摸黑一躍，只因爲可能奏效而採取的激烈措施，而非縝密考慮後的確實可行方案。

如果配合日本銀行的大膽行動，可大幅提高這項方案的成功機率，日本銀行將主導貨幣政策。但日本銀行的官員態度，正好和小泉南轅北轍；他們似乎不願採取可能奏效的方案，只因爲擔心這些方案最後還是不管用。

小泉會成功嗎？我衷心希望如此，但正如我所說的，我對日本的情勢還是有一種不祥的感覺。小泉政府秘而不宣的口號是「不改革、就破產」，但眞正的結果很可能是「改革後就破產」。

二〇〇一年七月八日

第三章

葛林史班經濟學

THE GREAT UNRAVELING

13. 別問葛林史班

台上，歌舞昇平、花團錦簇；台下，布希的主要經濟顧問卻說錯話。周三，《金融時報》登出一篇專訪稿，聯邦準備理事會卸任官員林賽（Lawrence Lindsey）在訪談中，暢談他和葛林史班的私交，並且宣稱葛林史班支持布希的經濟方案。第二天，林賽的態度卻一百八十度大轉變；不但改口宣稱，自己從未與葛林史班討論過布希的經濟方案，更進一步強力陳述：「葛林史班主席不該爲各種稅務計劃背書，也不該爲任何候選人背書。」

高盛等證券公司的分析師警告，布希的減稅方案可能會拉高利率，林賽或許是受到這些論調的攪擾，才一時失言。但我們希望從現在開始，共和黨團隊會捍衛各項施政方案的優點，例如，從解釋社會安全計劃的眞正意義開始，而不要因爲葛林史班認可，就向外界拍胸脯，保證一切都沒問題。關於上述這件事，除了林賽說錯話之外，還有其他意涵。我的看法是：葛林史班最近針對太多議題發表意見了。

葛林史班所擔任的職務，必須謹言慎行，因爲在民主政體中，他的職務竟能享有一定程度的自主權，相當特殊。國會或總統都不能對葛林史班下達命令，他本身大權在握。

聯準會的立場

聯準會主席享有此一特殊職權，其來有自。貨幣政策對政治人物的誘惑極大，例如，在選舉前拉抬景氣。爲了保護政治人物不受此誘惑，部分中央銀行必須聽命於財政部的國家，比如英國及日本，都選擇設立獨立的貨幣政策委員會（經過慘痛的教訓）。

沒有一個國家的中央銀行像聯準會一樣，能夠徹底證明本身的超然獨立。葛林史班很幸運，在他主持聯準會期間，美國經濟的運作一切順利，但他也沒有辜負自己的運氣；他帶動了經濟成長，卻未引爆通貨膨脹。此外，他更兩度（一九八七年及一九九八年）在經濟危機將爆未爆之際，力挽狂瀾，穩定金融市場。難怪外界在許多議題上會聽取他的意見。

但問題在於：如果要規避政治控制，聯準會本身就必須超越政治之上，這全是爲了自己的緣故。聯準會未來幾年很可能會鑄下大錯；或許是在葛林史班任內，或者是他的繼任者。如果外界認定聯準會遵守本身的分際，大家就會原諒它。但如果聯準會主席被外界認定也是政治人物，試圖影響不屬於他職掌內的政策，就很難回答外界「誰選出聯準會主席」的疑問了。

撈過界的葛林史班

我看到葛林史班參與一些顯然不屬於他職掌的議題時，不禁捏了一把冷汗。例如，他何必在作證時，支持與中國大陸的貿易關係正常化？我在這個議題上與他立場一致，但貿易政策和貨幣政策八竿子打不著，

他不該介入。

甚至針對林賽失言而發表意見，也不適當。根據葛林史班發言人的說法，他「傾向支持高預算剩餘，或者持續增加的預算剩餘」但「如果政治上無法維持日益增加的預算剩餘，他寧願這些預算剩餘分配到減稅，而非政府支出。」我猜想，上半句話沒有問題，因爲貨幣和財政政策互爲表裡，聯準會主席希望政府實施健全的財政政策，絕對合法。但如何運用預算剩餘，該減稅或提供福利?廢除不動產稅或提供老人藥品保險?卻是全體選民的事情，不是非民選貨幣決策官僚所能置喙的。

葛林史班若是成爲老百姓，應該也可以針對這些議題，公開發表意見。但只要他還是聯準會主席，就得謹言：他得避免讓人誤認他撈過界。

二○○○年八月六日

14. 十一次降息還沒有完

很難堪，卻是千眞萬確：一個月前，貝克研究中心頒贈葛林史班恩龍獎。我不是說其中有任何不當，這只是再度證明，一家破產的能源公司，竟然能讓美國執政精英如此狼狽。

葛林史班還有第十一章（譯註：美國企業可依破產法第十一章申請保護，暗喻葛林史班的信用問題）的問題。聯準會已經十一度降息，卻毫無成效。怎麼回事？答案之一可能是，貨幣「傳送機制」出了問題，也就是聯準會的動作和實質經濟之間的聯繫管道。但是讓聯準會自廢武功的人之一，竟然就是葛林史班。

聯準會直接主導經濟的權力，其實沒外界想像的那麼大。大家都說，聯準會控制利率，但實際上它只控制一種利率，隔夜聯邦基金市場。這個利率在經濟事務上的重要性不大。

聯邦基金利率下滑，通常會間接影響一些頗重要的金融變數；例如，造成股價走高、美元下跌，最重要的是，長期利率會走低。高盛公司的經濟學家，將這些變數列入所謂的「金融情勢指數」，在預測未來經濟表現上非常準確。

自欺欺人的樂觀

根據以往的經驗，聯準會自元月以來的大幅降息動作，應該讓高盛的指數下降約五點，足以造成二〇〇二年景氣大幅攀升。但事實上，這個指數只下降約半點，主要是因爲長期利率幾乎未跌。換句話說，聯準會幾乎在做白工。爲什麼？

部分原因是自欺欺人的樂觀心態。債券交易員仍然相信，葛林史班就是魔術師，很快就能帶起一波景氣，然後會再升息，以冷卻投資過剩的經濟。這種信念讓長期利率居高不下，反而扼殺短期內景氣翻揚的機會。

接下來是聯邦政府預算。幾個月前，我們還聽到聯邦政府預估預算剩餘相當龐大；布希政府堅信，手頭的現金足以大幅減稅、增加支出，並且償還聯邦負債。但財政部長歐尼爾（Paul O'Neill）於周二時，卻要求國會提高聯邦政府舉債上限；他原本預期最快要到二〇〇八年才需要提高舉債上限。

江郎才盡的葛林史班

聯邦政府預算從剩餘迅速變成赤字，是否會對長期利率造成衝擊？當然。幾個月前，大家都認定聯邦政府能夠償債，大幅削減債券的供給；如今看來，聯邦政府還要舉更多的債。此舉絕對不利債券價格，其意義和提高長期利率一樣。因此聯邦財政快速惡化，成爲葛林史班的問題之一。

葛林史班這才發現，自己扭轉經濟的能力，遠低於外界預期。但他自己得負擔部分責任，因爲他把本

身有利的條件，反而轉變成障礙。大家別忘記，他元月時爲了支持大幅減稅，敦促國會要避免他所謂的重大風險：預算剩餘過大，太快償還聯邦負債。

葛林史班現在如果出面說些實話，打消外界認定景氣即將翻轉的自欺想法，或許還有幫助。如果他能承認，今年元月對國會的建議不當，那就更好了；政府財政或許終將回歸健全。雖然葛林史班願意在對布希政府有利時，干預財政政策，如今預算剩餘的預估出了大錯，他卻選擇靜默不語。

或許葛林史班得到恩龍獎是實至名歸。

二〇〇一年十二月十四日

15. 華爾街耳語

商務部週五宣布，二○○二年第一季的經濟成長率爲五・八％，道瓊指數立刻跌到一萬點以下，股市的表現是九一一事件以來，最差的一週。股市昨天再度收黑。

怎麼回事？也許美國即將攻打伊拉克，因此造成市場疑慮，大家都認爲攻伊只是政府的煙霧，但沒人十拿九穩。也許我們應該不管道瓊指數；有句老話說，過去五次經濟衰退，股市預測出其中的九次。但如果仔細觀察經濟成長率，其實滿令人失望的。五・八％的經濟成長率，怎麼會令人失望？忍耐一下，我得舉一個教科書的例子，才不會讓你太難受。

假設一家生產小器具的公司，每個月通常可以賣出一百個單位。公司希望庫存維持在一個月的銷貨，也就是一百個單位。基於一些理由，每個月銷貨降到九十個，然而，公司一直到一個月後才發現這個事實。

庫存反彈的假象

公司生產一百個產品，但只賣出九十個，於是那個月的月底庫存變成一百一十個，而公司希望庫存降爲九十個。爲了快速打消多餘的庫存，公司下個月的產量降爲七十個，然後再回升到九十個。但除非銷貨增

加，否則產量絕對不會回到原始水準。

公司如此，總體經濟也是如此。需求下滑，庫存自然增加，企業爲了打消庫存，就會大幅削減產量。最後，多餘庫存消化完畢後，就會出現「庫存反彈」。但這種反彈不一定代表眞正的復甦，而是必須增加對終端客戶的銷貨才行。

五・八%的經濟成長中，一半以上是庫存反彈。最終銷貨只成長二・六%，比前季減緩；甚至連這麼低的成長，恐怕都難以爲繼：房屋營建激增，部分原因是天氣異常暖和，但住宅市場已有冷卻的跡象。同時，在產能過剩及獲利不振下，企業投資實質上是衰退的。簡單來說，經濟數據並未顯示經濟即將大幅翻揚。

原本不値得大驚小怪，但由於大部分的景氣專家，對經濟前景一勁地叫好，才造成意外。《霸榮週刊》（Barron's）的總編輯艾伯森（Alan Abelson）指出：「根據年初公認的觀點，我們目前的處境……並非我們應處的情況。經濟上，完全風暴之後都是完全復甦。」

順應大衆的景氣觀點

我本來不了解這些公認的觀點從何而來。華爾街的經濟學家保證，企業投資即將大幅成長，但實際負責投資決策的企業領袖，一直比這些預測專家更悲觀。他們懂什麼？

然而，景氣經濟學家受到極大的壓力，必須順應多頭的觀點。

質疑經濟奇蹟的人，不僅受到嘲笑，甚至被人排斥。摩根士丹利公司的羅許（Stephen S. Roach），早在

那斯達克指數五千點時，就持懷疑的態度，現在更是少數勇於對抗主流見解的景氣經濟學家，他發給我的電子郵件上，就註明是「來自曠野」。

當然，預測景氣會好轉的預言家，也可能一言中的，但景氣也可能蹣跚停滯。目前最可能的情況是，未來幾季恐怕是「失業型復甦」；國內生產毛額雖然成長，但失業率居高不下。畢竟，經濟成長率至少得在三・五%以上，失業率才能止升，而經濟成長率低於這個水準的機率，至少就佔了一半。

好玩的是，這些頭腦清楚的人——如聯準會的經濟學家，早就預測美國會出現失業型復甦。但超樂觀的觀點，爲什麼會在華爾街這麼流行，甚至或多或少變成一種義務？企業還充斥著泡沫幻滅後的斷垣殘壁之際，爲什麼狂熱的樂觀氣氛再度成爲標準配備？誇大似乎永遠不會退流行。

二〇〇二年四月三十日

16. 與空頭共存

《道瓊指數三萬六千點》——還記得嗎？本書的作者似乎在書名上，多寫了一個數字。我們希望只是多一個「三」，而不是多一個「零」。

多頭市場肯定已經結束。事實上，標準普爾五百種指數（比濫用的道瓊指數更管用）如果經過通貨膨脹調整，就已經低於一九九六年的水準；當年，葛林史班發表了著名的「非理性繁榮」演說。

這些該負責的官員：葛林史班、布希及財政部長，該有什麼作為呢？

第一步應該是，別再試圖藉著讚揚經濟基本面，唱高股市。因為這種作法反而凸顯官員的狗急跳牆。另外一個原因是，和企業盈餘相比，股價仍然偏高；最重要的是，經濟基本面並沒那麼好。外界對公司治理的疑慮不降反升，各州及地方政府面臨嚴重的財政危機。甚至在股市重挫前，經濟數據已經預告：景氣不會突然翻揚，而是會出現「失業型復甦」，也就是經濟成長率不足以壓低失業率。

降息救經濟

葛林史班最近作證時準備的報告預測，今年失業率不會大幅下降，明年下降的幅度也有限。面對跌跌

不休的股市，我們得擔心連這樣子的預測，恐怕都太樂觀。

經濟展望如此不定，葛林史班是否該認眞考慮再度降息？是的，現行利率已經非常低。但如果我們從日本學到一個教訓：應該面對通貨緊縮的風險；雖然並非是最可能的情形，但比起幾個月前，風險大了一些，而「節省貨幣政策上的彈藥」便毫無意義。打擊通貨緊縮的時機，就是要在老百姓還未產生通貨緊縮的預期心理之前。

是的，聯準會擔心再度降息會讓金融市場恐慌。但現在的金融市場已經恐慌了，再壞也不過如此了。

政府的其他部門呢？企業改革是重點；如果不能向投資人保證，他們會獲得公平的待遇，他們絕對會把資金抱回家。但改革也無法讓經濟立即有起色；因爲一旦失去信任，短期內很難恢復。政府還能做什麼呢？

別管政治，先客觀地觀察現況。一方面，拜多頭市場結束之賜，聯邦預算長期展望極度惡化，已經超越最悲觀者的預期。我們預期會出現十年的預算赤字，且終將衝擊社會安全體系和老人醫療保健。

暫緩減稅計劃

另一方面，經濟復甦仍然搖擺不定，政府不能緊縮財政政策，聯邦政府現在應該注入更多的資金到經濟體系上。

面對這個兩難的局面，答案顯然是放鬆管制；一旦景氣全面復甦，隨時開始緊縮。例如，布希政府可以迅速金援財力困窘的州政府，避免草率削減必要的施政計劃。同時，爲了平息外界對長期財政健全的疑

慮，布希也應該暫緩已經完成立法的減稅計劃，畢竟，當時以爲政府預算會出現剩餘。政府在採取這些負責任的作法後，華府自然會發生一些不可能的事情。

換個角度來看：布希政府的經濟方案從一九九九年秋天，就未曾大幅修改，當時是爲了打敗同黨參選人富比世的挑戰。布希宣布大幅減稅案時，《道瓊指數三萬六千點》登上暢銷書排行榜。然而，經濟環境已經截然改觀，經濟方案卻絲毫未變。

我們的經濟的確出了問題，但絕對不是大災難。該出面解決問題的人嚴重僵化，才讓我不寒而慄。

二〇〇二年七月二十三日

17. 布希的二度衰退

如果把美國當前經濟的故事，拍成一部電影，應該類似《北京五十五天》（*55 Days at Peking*）。一群普通人——美國消費者，被一群橫衝直撞的遊牧民族圍困，這就是經濟衰退。讓大家跌破眼鏡的是，他們竟然能夠固守陣地。但他們不可能永遠守得住。援軍——激增的企業投資，又能否及時到位？

這種電影的劇本，通常拉高緊張氣氛。在四面楚歌的陣地上，擊退一波接一波的攻擊，而援軍也一再延後到來。網路泡沫幻滅後，消費者持續花錢；恐怖份子攻擊後，他們還繼續花錢。他們善用低利率的優勢，重新抵押住宅，借來的款項再拿去消費。

企業投資即將復甦的預言，卻一再落空。大部分企業不急於立刻敞開荷包。可能已經開始投資的企業，又因股價重挫、債券利差擴大及企業醜聞層出不窮而叫停。援軍能否及時趕到?恐怕未必。這部電影恐怕不是《北京五十五天》，而是《奪橋遺恨》（*A Bridge Too Far*）。

非理性繁榮後的宿醉

幾個月前，大部分景氣經濟學家對「二度衰退」的說法，全都嗤之以鼻，但還是有一些打破傳統的

人，最著名的就是摩根士丹利公司的羅許。我在本欄多次提到，「二度衰退」論者的論點有很多可取之處。他們的說法現在看來，比以往更爲可信。

基本關鍵在於二〇〇一年的經濟衰退，並非傳統的戰後衰退，起自於聯準會爲打擊通貨膨脹而升息；等到聯準會降息後，住宅及消費者支出立即回升，衰退也宣告結束。反之，這是一場戰前衰退，非理性繁榮之後的宿醉。爲了對抗這場衰退，聯準會需要住宅市場興旺，以彌補低迷不振的企業投資。太平洋投資管理公司（PIMCO）的麥古利（Paul McCulley）指出，葛林史班需要一個住宅泡沫，以取代那斯達克市場泡沫。

根據葛林史班最近樂觀的證辭判斷，他認爲自己可以扭轉乾坤。但聯準會主席的水晶球，最近似乎朦朧陰暗；記得他敦促國會同意減稅，以免預算剩餘太多的風險嗎？冷靜觀察最近的經濟數據，似乎也沒有什麼值得高興的。

表面上，經濟成長率從第一季的五％，大幅降到第二季的一％，頗令人沮喪，但實際的情況更糟。縱使在第一季，投資和消費者支出這兩項也很低迷；大部分的成長來自於企業打消庫存。第二季更只有庫存在唱獨角戲，最終需求不增反減。最近一些有預警效果的徵兆也不甚理想，例如購物中心的來客數。

雖然利空消息不斷，大部分評論人士仍然樂觀以對，例如葛林史班。你也應該安心嗎？

粉飾太平的政府官員

要知道，景氣預測人員面對龐大壓力，必須扮演啦啦隊：「對於我提出二度衰退的言論，竟然還能引

起外界的怨恨，實在令我非常驚訝。」羅許昨天在cbsmarketwatch.com撰文指出。但是我們千萬別忘記，華爾街代表發行股票相關業者的利益。

讀者需要了解在粉飾太平方面，政府官員也參了一腳。行政部門需要經濟復甦，因爲在赤字暴增下，唯一可以支持減稅的理由，就是假裝這是經濟所需。葛林史班也需要景氣復甦，才能規避外界對他涉及製造股市泡沫的疑慮。

撇開一廂情願的想法不談，我就是不懂，他們憑什麼如此樂觀。究竟是誰準備要大幅增加支出？目前判斷這次復甦是否會走走停停，應該比預測復甦力道是否會加強，來得容易多了。我雖然喜歡喜劇收場的電影，但除非故事主軸有道理，否則電影就不眞實了。

二〇〇二年八月二日

18. 小心缺口

從泡沫幻滅以來，日本經濟萎縮的程度是多少？這是一個腦筋急轉彎；日本經濟並沒有萎縮。過去十年來，日本的經濟只有兩年陷入負成長，平均每年仍然成長一%。

但日本的經濟卻是不折不扣的蕭條。因爲經濟成長率太低，經濟體的產能和實際產量之間的差距越來越大。「產出缺口」轉變成失業率攀升及通貨緊縮惡化。低成長的問題幾乎和實質產出減少一樣嚴重。

接下來不是腦筋急轉彎：上述分析也適用於美國嗎？

美國經濟的「潛在產出」——完全就業下的產能，近來每年成長三・五%，主要得歸功於一九九〇年代中期，生產力的大幅成長。但幾周以來發表的修正數據顯示，過去八季以來，實質成長低於潛在產出已經達到七季。

泡沫歲月的後遺症

傳統觀念是去年的經濟衰退又短又淺，復甦就接踵而來。然而，產出缺口卻告訴我們截然不同的故事：兩年前，我們陷入經濟低潮，現在還沒結束。有關二度衰退的爭議就像一條紅鯡魚，眞正的問題在於：

國內生產毛額何時才能加快成長、縮小產出缺口。目前毫無跡象。

經濟低潮的成因顯而易見：泡沫歲月遺留太多產能、太多負債及一長串的企業醜聞。我們怎能期待景氣迅速且輕鬆復甦。

有些讀者可能猜到我想說什麼。一九九〇年代下半期美國股市泡沫的規模，和一九八〇年代下半期的日本泡沫一樣大。美國兩年的經濟低潮期，是否會拉長到五年或十年，就像日本一樣？

許多人異口同聲地發出怒吼：「我們不是日本！」我一半的時間都支持這個論調，視我早餐吃米飯還是醃黃瓜而定。但容我和大家分享一些令人不愉快的想法。

我四年前開始鑽研日本問題，當時我列舉一些理由，說明日本長遠十年的經濟停滯，不會在美國重演。以下是這些理由：

一，聯準會還有充裕的空間可以降息，應該足以因應萬一的情況。

二，美國長期預算結構強健，萬一降息不足以應變，其實還有充裕的空間，可以利用財政政策來刺激景氣。

三，亞洲對企業部門喪失信心，美國的公司治理絕佳，不必擔心此點。

四，美國股市可能是一個泡沫，但美國沒有房地產泡沫。

如今我得剔除前三項理由，也開始擔心第四項。

房地產泡沫化

越來越多人以泡沫形容美國的住宅市場。經濟政策研究中心（Center of Economic Policy Research）的貝克（Dean Baker）說，住宅泡沫的確存在。住宅價格的漲幅，遠遠超過租金成長幅度，顯示民衆購買住宅是基於投機，而非居住；而且支持高房價的論點，越來越雷同那斯達克指數五千點的論點。

如果美國眞的有住宅泡沫，而且萬一破滅，我們和日本就越來越同病相憐了。

聯準會最近分析日本的經濟時指出，日本在一九九〇年代初期犯下的大錯，「不是決策官員未能預測通貨緊縮，畢竟大部分預測人士都未料及，而是他們未能透過進一步放寬貨幣政策，針對下檔風險提出充分的保險。」說得白話一些，就是：「如果你認定可能爆發通貨緊縮，現在就要注入資金到經濟體系，別擔心衝過頭。」

但聯準會周二卻未降息。爲什麼？

有些經濟學家自去年開始，私下稱呼聯準會主席爲「葛林史班桑」（Greenspan-san）。隨著大家對經濟復甦越來越樂觀，這個笑話逐漸被人淡忘。不過，這也許是個不錯的綽號。

二〇〇二年八月十六日

19. 推卸責任

在共產主義崩解的前幾年，我看到一個有關最佳化經濟計劃的會議。蘇聯代表宣稱，他所屬的計劃單位總能在即時狀況下竭盡所能，因此蘇聯的經濟計劃一定是最理想的。

來自蘇聯「國家計劃委員會」（Gosplan）的官員，應該和葛林史班惺惺相惜。美國股市在葛林史班的監督下，竟然形成泡沫，葛林史班卻不肯承擔責任。「他的政策沒有錯，」他說：「因爲他也已經竭盡所能。」

葛林史班上周在傑克森洞穴發表重要演說時，提出兩個理由：第一，縱使在一九九九年股市狂飆期間，外界也不甚清楚股市有何不妥。「在泡沫的幻滅證實泡沫的確存在前，很難斬釘截鐵地確認股市出現泡沫。」第二，他宣稱聯準會反正也無能爲力。「有沒有一項政策，至少可以限制泡沫的規模，並因此縮小日後毀滅性崩跌的嚴重性？……答案顯然是否定的。」

誰能解決股市泡沫

認爲葛林史班這篇談話在規避問題的，不只我一個。《金融時報》在社論中指出，決策官員永遠是在

資訊有限的情況下，作成決策；「中央銀行的舉證責任，不該是百分之百的確定。」社論也提醒讀者，葛林史班如今宣稱，他在股市泡沫期間雖有疑慮，但無能爲力，可是當時許多人認爲他在扮演啦啦隊。「聯準會主席……透過他越來越樂觀的觀察，或許助長一九九○年代末繁榮期待的爆發。」

此外，有證據顯示，葛林史班當時知之甚詳。一九九六年九月，葛林史班在聯邦公開市場委員會上告訴同僚：「我發現股市目前存在泡沫問題，」他提出一個解決之道：「我們的確可以提高融資保證金的成數。我保證，如果要消除這個泡沫，此舉絕對管用。」

但葛林史班並未提高融資保證金，也就是要求投資人購買股票時，必須繳納更多現金。葛林史班除了發表非理性繁榮的演說，稍後又小幅提高聯邦基金利率外，完全沒有其他動作。他現在說當時無能爲力，但如果根本不試，怎麼知道有沒有效？我猜一九九七年初，葛林史班發現他試圖爲泡沫消氣的作爲，激起投資人的不滿，他因此喪失了勇氣。

更糟糕的是，他又針對新經濟的奇妙，發表更樂觀的談話。他一定知道，投資人會如何解讀這些新談話——不但反駁先前的示警，更等於認可了股市的狂飆。葛林史班爲自己辯護說，最重要的不在於針對過往說了什麼，而是對未來的預言。

聯準會的淪落

葛林史班是美國唯一的經濟決策官員。財政政策已經不在檯面上，部分是葛林史班不當的建議，導致長期預算赤字惡化。葛林史班雖然不確定那斯達克指數上五千點是否爲泡沫，卻深信未來十年預算剩餘的預

估值夠精確，足以支持龐大的減稅案。總之，布希政府在機會主義的考量下，已經排除正當的財政手段；所有短期刺激景氣的方案，都是要爲企業及有錢人爭取永久減稅的機會。如果經濟復甦持續有氣無力，聯準會就該出手了。

過去幾個月來，我一直擔心，聯準會官員面對經濟持續低迷時，不會找對策，只會找藉口，葛林史班的發言加深我的疑慮。

日本就是很明顯的例子。先是日本央行官員否認日銀有責任對抗經濟停滯；他們宣稱，本身職責只是確保物價穩定。然後，經濟從通貨膨脹走向通貨緊縮，甚至穩定物價也不是日銀的份內事了。換句話說，與其冒險解決日本的問題，然後終究失敗，日銀乾脆不斷重新定義其職責，最後連嚐試出招都可以免了。

我從沒想到聯準會將淪落至此。但是，聽完葛林史班的解釋後，我不禁開始擔心了。

二〇〇二年九月三日

20. 股票和炸彈

「對於這個股市狀況，有什麼軍事手段？」這是上個月《紐約客》（*New Yorker*）雜誌一幅漫畫的標題。最近，現實甚至凌駕了挖苦；六月時，庫德洛（Larry Kudlow）在《華盛頓時報》發表專欄，標題是〈奪回市場——靠武力〉。他認爲要入侵伊拉克，才能拉抬道瓊指數。

眞是頗離譜的文章，更離譜的是帕德瑞茲（John Podhoretz）七月在《紐約郵報》寫的專欄，標題是〈十月意外，拜託。〉接著是一句命令句：〈衝吧！總統先生：搖擺狗〉。行政部門推動政策時，如果宣稱能夠解決一些和原始目的不相干的問題，就不是好兆頭。比如，布希不斷改變減稅案的目的，先是回饋預算剩餘；不，是要刺激需求；不，這是供給面政策——這項警訊告訴我們，執政者沈溺於到處找理由，爲自己辯護。

對伊拉克開戰的理由，也是朝令夕改：海珊是九一一事件及炭疽熱攻擊的幕後主使；不，但他快要研發出核子武器了；不，但他是大惡人（這點沒錯），反正都大同小異。

戰爭之於經濟

戰爭有利於經濟的說法，也是如出一轍，而且變本加厲。但我們必須承認，戰爭有時的確足以正面幫助經濟。第二次世界大戰讓美國脫離經濟大蕭條，更是不爭的事實。美國經濟目前雖然未陷入蕭條，但多些助力總是好的；最新證據顯示，經濟復甦步伐既慢、又不夠全面，感覺很像經濟持續衰退。戰爭或許是解答？

錯了：波斯灣再度開戰的經濟效益，絕對不適合以第二次世界大戰爲榜樣。持平來說，這種戰爭對於美國載沈載浮的經濟，應該是打擊多於刺激。軍事支出不會變魔術；與清除有毒廢棄物垃圾場所投入的預算相比，軍事預算刺激景氣的效果是一樣的。

第二次世界大戰之所以能完成「新政」做不到的事，原因是這場大戰打破許多傳統藩籬和限制。珍珠港事變之前，羅斯福既無決心、也沒國會的支持來推動龐大的振興經濟計劃。但開戰後，政府不但可以花錢，而且經費超乎想像，美國也重見一九二九年以來，第一次的完全就業。

反之，國會這次急於在國內計劃性的花錢；如果行政部門希望注入資金到經濟體系，只要不再反對農民的乾旱援助、更新消防隊員的通訊裝備，一切就沒問題了。換句話說，如果經濟需要聯邦政府大幅增加支出，從經濟面或政治面來看，都不需要透過戰爭來達到目的。

再者，戰爭對振興景氣能夠提供多少刺激，其實莫衷一是。筆者認爲，必要的軍火已經在庫房，因此工廠的訂單不會激增。維持和平的工作應該需要花錢，或者不需要？但這筆錢要分好幾年支出。

爲石油而戰

同時，這場戰爭對經濟還有負面效應，總結來說就是石油。

伊拉克本身的石油出口量不多，縱使因戰爭造成出口中斷，也不會構成太大的問題。但一九七三年的以阿戰爭，或者一九七九年的伊朗革命時，都未直接衝擊到石油生產。造成油價大漲的原因，通常是軍事衝突間接造成的政治衝擊。這次阿拉伯領袖已經警告說，美國入侵伊拉克將開啓「地獄大門」。這句話對石油市場不是好事。

一九七〇年代，每次石油危機之後，都是嚴重的經濟衰退；波斯灣戰爭之前，油價大漲，隨後也出現經濟衰退。油價走高是否會重創美國方興未艾的經濟復甦，造成二度衰退？沒錯。但如果行政部門基於安全理由，證明非打不可，上述疑慮也不該阻止我們攻打伊拉克。但是，光是淡化戰爭潛在的經濟效應，就已經既愚蠢又危險，更何況宣稱戰爭有利經濟。

二〇〇二年九月十三日

21. 願景

經濟復甦就是這樣結束的——不是雷霆萬鈞，而是低聲嗚咽。

我也可能出錯。工業生產下滑、裁員人數升高，我們不確定未來幾個月內，景氣是否會惡化，而經濟再度被判定陷入衰退。另一方面，行政部門似乎打定主意，要在十一月五日前來個雷霆萬鈞。

目前的經濟似乎停滯，當家作主的人似乎也不知所措。簡單來說，現在和一九九○年代初期極爲類似。

你或許覺得，用什麼名詞形容現在的經濟情勢並不重要，緩慢復甦或經濟衰退都可以。大部分的人不在乎國內生產毛額成長率略高於零、或略低於零，他們只關心找不找得到工作，或者能否保住飯碗。就業市場似乎越來越陰沈。五・七%的失業率聽起來似乎不算太差，但放棄找工作的人數卻高得離譜。整體失業率未能反映的狀況是，越來越多人已經失業六個月以上了，心灰意冷到極點。就業市場最近更是雪上加霜：過去一個月，新申領失業救濟金的人數大幅攀高，未來的失業率勢必進一步走揚。

流動性陷阱

目前整體經濟也許處在復甦階段，但對勞工來說，經濟衰退還沒有結束。預算及政策優先次序研究中心指出，從減少的工作機會和長期失業人口觀察，目前的景氣低迷已經和一九九○年代初期的經濟衰退，相去不遠。

一九九○年代初期的惡夢重現。當前經濟困局和老布希在任時的經濟低迷，比大部分人所了解的更爲雷同。一九九○年和二○○一年一樣，經濟陷入衰退的部分原因，都是先前的過剩；只不過，先前垃圾債券和不動產投資引爆的醜聞，和恩龍及泰柯相比，簡直小巫見大巫。一九九○年代初期的經濟衰退之後，都出現「失業型復甦」，國民生產毛額成長，但就業並未增加，如今也一樣。當時也和現在一樣，都有人擔心聯準會即使降息，恐怕不足以扭轉經濟，只是當時沒有日本這個範例告訴我們：何謂「流動性陷阱」，也就是零利率也無法帶動經濟復甦。

但對我來說，今昔對照最相似之處，在於政治面上。溫和的父親和極端保守的兒子之間，雖然仍有差異，但基本上，兩任政府的要角都對經濟政策沒興趣，也感覺不自在。

永久性減稅

讀者對於這種說法，可能覺得匪夷所思：在賓拉登出現前，難道減稅案不是布希的主要成就？但布希從來不把減稅視爲經濟政策，而是用來打擊富比世在黨內的挑戰，並且滿足保守陣營的政治動作。布希政府

後來才有如神助地發現，減稅可以對抗經濟衰退、促進家庭價值及治療普通感冒。

當然，原本並非用來對抗經濟衰退的減稅案，現在竟然未能達成任務，也就不足爲奇了。有人問財政部長歐尼爾，在德州華可高峰會議上有何新主張，他回答：『準備好了嗎？』減稅轉變成永久性質。

我們是否該擔心，這任政府對經濟議題毫無願景可言？的確。一九九○年代的過剩，遠超過一九八○年代，而且遺留的經濟風險相對大了許多。萬一就業市場持續惡化，終至擊垮美國消費者的信心，屆時，美國勢必採取一些斷然措施，而這些措施得視經濟需要而定，絕對不能是白宮首席政治顧問羅夫（Karl Rove），用來討好民意的工具。我們如願的機率有多大呢？

二○○二年九月二十日

22. 因應二度衰退

東京—日本經濟成爲顯學後，我就迷戀至今。

美國人在一九八〇年代非常注意日本，當時的日本製造商忙著征服全世界。還記得當時機場的書店裡，充斥大部頭的管理書籍，封面都是日本武士？然後日本泡沫幻滅，大部分的美國人認爲，美國不需要向日本取經。一個國家缺乏適當的政經領袖，終會沈淪不振，但美國當然沒有這種問題。

眞的嗎？奇異公司前任董事長魏爾許（Jack Welch），似乎和日本商場武士一樣，全被高估了。我們的政治領袖也未能激發信心。事實上，最近我有一種沮喪的感覺：日本政策或許不堪，但美國可能更糟糕。

日本處理後泡沫時代的經濟手法，簡直一無是處。但我多年來一直擔心，其他國家處理類似問題時，恐怕也好不到哪裡去。當然，美國試圖解決本身泡沫幻滅的問題，我們也很容易看出經濟決策的不當。

降息帶動房市

葛林史班和他的同僚，比日本央行官員的起步早得多。他們知道日本央行太慢才降息，等到後者了解問題的嚴重性，爲時已晚：甚至零利率也不足以帶動經濟復甦。因此，聯準會降息的動作比較早、次數又

多；二〇〇一年連降了十一次利率，不但刺激民眾的購屋潮，也引爆屋主房貸再融資，兩者都有助經濟避開較嚴重的衰退。

但現在看來，降息的幅度似乎還不夠。我不必談股市，光是經濟指標便強烈建議，經濟不是即將陷入二度衰退──「W型」衰退。我敢打賭，你一定以爲我在說白宮裡的那個人；雖不中，亦不遠矣。債券市場顯然預測聯準會會再度降息。如果聯準會仿效日本央行，把利率一路降到零，卻仍然無法扭轉乾坤，到時候怎麼辦？

美日間經濟政策的差異

很少人了解，事實上，日本的經濟政策頗能有效處理揮之不去的不景氣。日本投入大筆資金在毫無用處的公共工程，當然是笑話一樁；例如，通往無名之地的橋樑、沒有車流的高速公路等，絕對浪費了許多公帑。但也因爲投入這麼多資金，日本才能避開全面徹底的經濟蕭條。

美國有何雷同之處？美國其實採取正好相反的政策：面對經濟低迷之際，卻削減國內支出。有些是聯邦層級；布希政府對公共支出斤斤計較：這裡砍個十億美元、那裡砍個十億美元，從退伍軍人福利、國土安全到老人醫療給付。更重要的是，各州及地方政府的稅收，因經濟衰退而銳減，不得不刪減一些必要或非必要的支出，而聯邦政府卻袖手旁觀。

我們還沒面對葛林史班可能無法力挽狂瀾、一手拯救美國的情景。但是從去年秋季開始，從關於振興經濟的辯論中可看出，我們的政治領袖無法理性面對經濟問題。經濟學家看到危機，白宮和國會同黨人士卻

看到機會──爲大企業及有錢人減稅的機會。雖然滿足了他們的政治議程，卻對眼前的經濟問題毫無幫助。還記得他們提案，要求讓雪夫龍德士古（ChevronTexaco）公司及恩龍公司的稅賦優惠追溯既往嗎？

現在也許不是迫切需要振興景氣方案的時刻，但也不能因此就認定，經濟復甦如果搖搖擺擺，我們的日子會更好。當然，我們的領導階層如果認定，經濟不干它的事，如果它只想轉移民衆對高失業率及股市重挫的焦點，而赴海外開戰，這才是最糟糕的情況。但美國當然沒有這種問題，不是嗎？

二〇〇二年十月一日

23. 我的經濟方案

當其他新聞都被戰爭消息所淹沒時，經濟方面卻發生一件不幸的事。雖然不是什麼大不了的事，但數字卻一個月比一個月差。我們不妨先把政治放一邊，了解我們現在的處境及該怎麼辦。

關鍵在於當前的經濟衰退，並不像令尊經歷過的經濟衰退，而是令祖經歷過的經濟衰退。換句話說，並非戰後標準的經濟衰退，後者是聯準會爲了打擊通貨膨脹所造成的，只要放寬銀根便很容易扭轉情勢。目前是典型的過度投資造成的經濟衰退，在第二次世界大戰前相當常見。光靠降息，很難對抗這種經濟衰退。

產能過剩

聯準會去年迅速降息，絕對有助於美國避開更嚴重的衰退。但如果仔細檢討貨幣政策，我們會發現，聯準會做得還不夠，甚至也無法做得夠。通常用來評估貨幣政策的聯邦基金利率，跌到一個世代以來的最低水準，實質聯邦基金利率（利率扣除通貨膨脹率，攸關投資決策）降到一九九○年代經濟衰退的谷底，因爲通貨膨脹壓力大幅減輕。

在葛林史班的一手主導下，聯邦基金利率下降的速度，雖然比上次經濟衰退快，但幅度較小。上次一

共降息六‧七五個百分點，這次只下跌四‧七五個百分點；縱使聯邦基金利率一路跌到零，降幅也不如一九九〇年代初期。如果讀者認爲，一九九〇年代的投資過剩超過一九八〇年代，需要更多刺激措施才能拉抬經濟，那麼聯準會似乎做得不夠，甚至把利率降到零都嫌不夠。

這種情形可能會持續一陣子。過剩的產能只能緩慢消化，尤其是電信產業。美國經濟很可能會低迷到二〇〇四年，甚至更久之後。聯準會應該進一步降息；也許不夠，但總有好處。不然我們能做什麼？

刺激景氣方案

答案是：我們應該提出一套財政刺激景氣的合理方案，鼓勵民眾現在就支出，直到企業投資開始復甦爲止。書評家馬德瑞克（Jeff Madrick）二〇〇二年十月三日，就在《紐約時報》寫出這項方案的部分要素。首先，擴大失業福利。目前的失業福利遠不如上次經濟衰退；此舉有兩個作用：幫助一些有燃眉之急的人，同時把錢交給最可能花錢的人。第二，援助陷在財政危機的州政府。此舉也有一石二鳥之效，避免州政府大幅削減公共服務，尤其是窮人的醫療照顧，同時又可刺激需求。萬一這些措施加在一起還不夠，我同意馬德瑞克的建議，明年提撥一千億美元。不然，爲什麼不再來一次退稅？這次凡是繳納人頭稅的人，都可以領到退稅？

這些措施的錢從哪裡來？讀者心知肚明：取消未來的減稅。我們需要現在就刺激景氣，不需要五年後再削減有錢人的稅。這不是什麼艱深的科學，而是教科書裡的經濟學，正好適用於當前情勢。

我當然清楚，這一套在政治上絕對不可能。但我想，我們總有權利問爲何不可吧？

二〇〇二年十月四日

第四章

美式裙帶資本主義

THE
GREAT
UNRAVELING

24. 美式親信資本主義

四年前，亞洲深受經濟危機的打擊，許多人歸咎於「親信資本主義」（crony capitalism）。亞洲有錢的生意人，不必告訴投資人他們的資產、負債或獲利的實情；光是政治人脈就能讓他們無往不利，足以吸引投資人。只有在金融危機爆發後，外界才會嚴格檢視這些公司——爲何在一夕之間土崩瓦解？

很耳熟嗎？

表面上，恩龍案引爆的政治風波令人難解。畢竟，布希政府並未出手伸援，讓恩龍免於破產。但布希政府爲什麼一直掩飾和恩龍公司的關係？爲什麼布希宣稱，恩龍執行長雷伊（Kenneth Lay）在布希初次競選州長時，並不支持他，兩個人直到選後才認識？爲什麼媒體一付快要挖出重大醜聞的樣子？

不僅布希政府擔心，媒體也懷疑恩龍案最新爆出的內幕，會揭開美式親信資本主義的眞相。

錢尼隱瞞了什麼

親信主義在美國不是新鮮事；柯林頓政府爲了主要金主奇基塔公司（Chiquita）的香蕉問題，幾乎打了一場貿易戰。布希政府似乎連最露骨的利益衝突都視而不見；共和黨全國委員會的新任主席拉希柯特

（Marc Racicot），持續擔任遊說人員、領取七位數的薪水。（他現在宣稱不再從事遊說，但薪水照領。）

至於恩龍公司和布希政府之間的關係，真正的問題在於恩龍東窗事發前，究竟發生了什麼事。雷伊告訴聯邦能源監督委員會主席，要保全飯碗的話就要聽話。（結果後者不聽，也丟了工作。）恩龍協助錢尼的工作小組，訂出一套能源方案。這個工作小組似乎完全是替提供建言的公司量身訂作。錢尼拒絕透露工作小組討論的內容，此舉明顯違法；他在隱瞞什麼？

恩龍案發後，其他能源公司仍能讓布希政府言聽計從。在恩龍最後一次內幕曝光前，布希政府表明，有意放寬發電廠的污染法規；上周末又宣布，決定推動在內華達州儲存放射性廢料的計劃。這些計劃對於一些和布希關係密切的公司，都代表了千百億美元的進帳。哥倫比亞廣播公司的網站，在核子廢料決策的報導中揭露：從事能源業的政治金主挖到金礦了。

請特別注意那句話引述的來源。最近幾個月，政治記者忙著激發愛國情操，財經記者則引導國人了解真相。他們對於自己的所見所聞，似乎都不敢苟同，因而提醒外界：一小撮商界領袖能夠左右布希和其行政團隊，進而修改法規以圖利自己。他們並非一群政治評論家，而是哥倫比亞廣播公司的網站執行主編。

臭氣薰天的交易

財經雜誌《紅鯡魚》（*Red Herring*）曾經大曝卡萊爾集團（Carlyle Group）的內幕。這家神秘投資公司的過往經歷，宛如一場歹戲拖棚的電視連續劇。

克萊爾集團專門買下奄奄一息的國防承包商，然後在這些公司取得新的國防合約後轉售，從中獲取暴

利。這集團的員工包括前總統老布希，股東則包括沙烏地阿拉伯的賓拉登家族。

其他政府可能會認爲，老布希在克萊爾集團扮演的角色並不恰當，然而現任政府肯定不以爲意。國防部長倫斯斐（Donald Rumsfeld）最近送給克萊爾集團負責人卡魯西（Frank Carlucci）一項大禮，後者也是其倫斯斐大學時代的摔跤夥伴：倫斯斐決定繼續備受爭議的十字軍自走砲系統。這項連國防部都反對的計劃，能夠讓克萊爾旗下的公司再度起死回生。

可惜，上述決定都未明顯違法，只是臭氣薰天。這是布希政府希望恩龍案不會越演越烈之故，他只盼外界鎖定在一家垂死的公司上。但請記住，眞相遠遠超過表面的故事。

二〇〇二年一月十五日

25. 兩家、三家或多家

想想這個嚇人的問題：還有多少恩龍該爆未爆？

現在一般人都認定，從事不法勾當的恩龍公司是獨一無二的特例；其他公司只是從事「積極會計」，這種手法以往被稱爲詐欺。然而，其他大公司是否也只是虛有其表，其實和老鼠會不相上下呢？

太有可能了。我不能告訴你哪家知名公司只是紙糊的，但如果美國未來沒有再爆出兩家、三家或多家恩龍，我會非常意外。爲什麼這麼說？老鼠會和任何犯罪行爲一樣，都需要手法、動機及機會。最近這三種犯罪要素都相當充分。

死灰復燃的老鼠會

所謂的手法，我們現在都知道，獲利不多、甚至虧損的企業，可以稍微包裝一下，然後搖身一變成爲高獲利的公司。例如，不直接支付薪水給員工，因爲員工薪資必須列爲公司費用，而改發不必列爲費用的股票選擇權。這在公司申報獲利時，會產生驚人的效果。根據英國經濟學家史密特斯（Andrew Smithers）的計算，思科公司一九九八年申報獲利爲十三億五千萬美元，但如果把股票選擇權的市值列爲費用，這公司將虧

損四十九億美元。股票選擇權只是衆多美化公司的盈餘手法之一。

至於動機，美化盈餘的目的，當然是爲了拉抬公司的股價。但公司爲什麼要拉抬股價？

答案之一是高股價有助公司的成長；公司比較容易籌措資金、併購其他公司、吸引員工等。大部分經理人拉抬股價的用意，絕對是眞心希望公司繼續成長。但我們看到許多高階主管，帶著豐厚的報酬離開公司，然而他們經營的公司卻倒閉了；我們眞該思考一些經理人的誇大。除了恩龍之外，還有更惡劣的例子，環球電信（Global Crossing）倒閉時，創辦人帶走七億五千萬美元。別問高股價能爲你公司做什麼，要問高股價能對你個人的財務狀況做些什麼。

高股價更容易助長企業創造不實獲利的會計手法，再進一步拉抬股價，這就是老鼠會！至於機會呢？一九九〇年代末期，三大因素匯集，開啓一道方便之門，孕育出幾個世代難見的金融弊案。

個人動機主導弊案

第一是「新經濟」的崛起。新科技的確創造出新機會，產業秩序重新洗牌，但也造成騙局滿天飛的混沌情勢。然而，如何判斷一家公司眞正找到高獲利的新經濟利基，還是只是虛張聲勢？

第二是股市泡沫。席勒在《葛林史班的非理性繁榮》一書中指出，多頭股市就像一個自然的老鼠會，後繼的投資人爲前波投資人帶來獲利，直到沒有傻瓜願意投入股市爲止。他沒有指出的是，在這種環境中，很容易一手建立老鼠會。當大家都相信魔術的時候，江湖郎中自然大行其道。

最後，法律環境也睜一隻眼、閉一隻眼。以往在帳目動手腳的企業及稽核人員，還會擔心官司上身。

但是，自從一九九五年國會駁回柯林頓的否決案後，通過私營企業證劵訴訟的改革法案，更難針對上述的犯行興訟。會計公司、他們負責查核帳目的公司，以及負責承銷他們股票的投資銀行，更加狼狽爲奸。

我們不僅要觀察一家企業的動機，更要了解高階主管的個人動機。外界現在知道，恩龍公司讓他們的投資銀行——並非投資銀行本身，而是個別的投資銀行家——有機會投資他們用來隱藏債務的空殼公司，亦即非法輸送利益。所以，你眞的認爲其他公司不會如法泡製嗎？

我希望恩龍公司是獨一無二的特例；但我很懷疑。

二〇〇二年二月一日

26. 改革之敵

「我告訴你，塑造美國資本市場最重要的一項創新，就是一般公認會計原則（GAAP）。」美國當時的財政部副部長桑莫斯，於一九九八年如此表示。他敦促陷入困境的亞洲經濟體，模仿美式「透明及揭露資訊」。

現在的美國，也面對因恩龍案而凸顯的企業會計問題。我們是否會遵循上述建議？我們是否會提供投資人必要的事實，方便他們做出有根據的決策？可能不會。這很糟糕，因爲恩龍案雖然極端，卻絕對不是獨一無二的特例。

對美國整體的企業來說，一九九七年是分水嶺。根據政府統計數字，一九九二年到一九九七年間，整體企業盈餘快速成長，然後停滯不前；二〇〇〇年第三季的稅後純益，只略高於三年前的水準。但標準普爾五百種指數成分股的營利，在這三年間卻成長四六%。

兩種獲利數字的成長率不同，其中固然有技術因素，但在歷史上，兩者卻相互呼應。爲什麼會突然分道揚鑣？主要原因是企業在一九九七年以後，大量運用積極會計手法，創造獲利大幅成長的假象。

拉抬股價的好處

企業領袖千方百計地拉抬股價，因爲他們所處的環境，只要盈餘成長率低於二○%，就會被視爲失敗。他們爲什麼會千方百計？一句話：股票選擇權。多頭市場加上歷來最豐厚的股票選擇權，造成高階主管的薪酬爆炸性成長。根據美國《商業周刊》估計，大型企業執行長一九八○年的薪酬，約爲非主管勞工薪資的四十五倍。到了一九九五年，兩者的差距爲一百六十倍；一九九七年，執行長的薪酬是普通勞工的三百零五倍；執行長當然希望好景要長，他們也如願以償：到了二○○○年，企業獲利並未實質增加，兩者的差距卻擴大到四百五十八倍。

在此強調的，並非高階主管的薪酬太高（雖然事實的確如此），而是這種薪酬等於在獎勵他們違背事實、虛構成功的假象。

這也是會計準則原本希望防範的情況。我們的企業國王之所以能隱藏他們的赤身露體，除了靠設計不良的會計標準外，曲意逢迎的審計人員也得負部分責任。主要會計師事務所樂於被企業的煙幕矇騙，只要他們能拿到豐厚的顧問合約。

端正企業會計手法

改革的時機到了？有些人不這麼認爲。今天，參議院的銀行委員會預定要審查委員會主席沙班斯（Paul Sarbanes）起草的法案，他們將針對會計及審計，推動一些溫和的改革。金融界一些重量級大老都支持這項

法案，包括聯準會前任主席伏克爾（Paul Volcker）、知名投資人波格爾（John Bogle）。但參議員葛拉姆（Phil Gramm）在會計業的全力遊說下，揚言要封殺本案。

我試圖在此保持黨派中立，我眞的會這麼做。從會計業者得到大筆政治獻金的是民主黨人，但目前試圖封殺會計法規改革的，卻是共和黨人，而且來自層峰。《紐約時報》報導，葛蘭姆在阻擋沙班斯法案上，「與布希政府密切配合」。

我在此重申上次的談話：端正企業會計手法並非左派的議題，它是在保護所有投資人，不受公司內部人士的剝削。布希政府阻撓破碎制度的改革，等於是在保護一小撮企業高層的利益，而罔顧其他人的利益。

最後，這不單是公平對待美國投資人的問題。美國和金融風暴前的亞洲各國一樣，極度依賴外國資金的挹注，這些國際資金必須相信美國市場的誠信。布希政府也許認爲，投資人別無去處，縱使美國不改革，海外資金照樣源源而來。印尼前總統蘇哈托也是這麼想的。

二〇〇二年五月二十一日

27. 貪念是惡念

「關鍵在於，各位女士及先生，貪念是好事。貪念很管用，貪念是對的……貪念，記住這句話，不僅能夠拯救泰達造紙公司，更能拯救被稱爲美國的這家艱困企業。」

這是專門掠奪企業的蓋柯（Gordon Gekko），在一九八七年的電影《華爾街》中發表的著名演說。他最後咎由自取，但在現實生活裡，他的理念主導了公司治理。美國企業如今被一連串醜聞所侵蝕，背景可追溯到上述這個故事。

我要澄清的是：我不是在談道德，我談的是管理理論。企業領袖也是人，而且人品未必比以往差（或好）。改變的是誘因。

二十五年前，美國企業和當前不講人情、只顧利害的機構不同。事實上，當時的美國企業很像社會主義下的共和國。執行長的薪資和現在的同行相比，簡直小巫見大巫。高階主管不會一心一意只想拉抬股價；他們認爲，自己是在服務包括員工在內的多個族群。在蓋柯出現前的企業，被稱爲「慷慨汽車」（Generous Motors）。

如今，我們深陷在貪念是好事的觀念裡，很難想像這種制度會管用。事實上，第二次世界大戰後的那

個世代，美國的生活水準成長一倍，然後是成長停滯，企業海盜（corporate raiders）應運而生。

這些海盜宣稱——通常說得對——他們透過說服企業瘦身及更嚴苛的手段，即可提振獲利及拉抬股價。他們以債券取代公司的股票，強迫經營階層重振公司，或者直接宣告破產。同時，高階主管和公司股價的關係越來越密切，他們自然會無所不用其極地拉抬股價。

高階主管取代企業海盜

對企業財務教授來說，上述觀念都很合理。蓋柯的演說是教科書裡，對「委託人—代理人」（principal-agent）理論的基本解釋，這項理論主旨是經理人的薪資，應該和股價息息相關：「公司股價和今天在場的管理階層毫無關係。居上位（高階主管）的人，總共只持有公司三%的股權。」

一九九○年代，企業開始身體力行這套理論。企業海盜消聲匿跡，因爲根本不再需要他們了；美國企業內部已經孕育自己的蓋柯。芝加哥大學商學院的凱普蘭（Steven Kaplan），於一九九八年指出：「我們現在都是收購大王克雷維斯（Henry Kravis）。」除了強調意志堅強外，高階主管的薪酬也和公司股價連動。

幾個月前，我們都還認爲這套作法很管用。

現在，幾乎每天都爆發新的企業醜聞，因而暴露出這套理論的致命瑕疵：以厚利獎勵成功的企業主管，反而誘使這些掌握公司資訊的企業主管，捏造成功的假象。比如以積極會計、讓銷貨金額灌水的假交易，無所不用其極。

企業爛蘋果

長期來說，當然是紙包不住火。但只要製造幾年的假象，就能讓高階主管富可敵國。雷伊、溫尼克（Gary Winnick）、華森（Chuck Watson）、柯洛斯基（Dennis Kozlowski）等人，不但早早退休，而且身價都是九位數字；除非坐牢。有人認爲當代一些重大經濟罪犯眞的會坐牢嗎？不誠實變成上策。

我們可不是在說少數幾個爛蘋果。過去五年的統計數字顯示，企業申報的盈餘和其他方式計算所得的獲利，兩者間的落差越來越大；顯然證明許多——或許是大部分的大型企業都在揑造經營數字。

投資人對大企業的不信任，很可能會毀掉方興未艾的經濟復甦；畢竟，貪念還是惡念。但是要如何改革這套制度？華府似乎認可企業治理（corpgov.net）這個非政治化網站的看法：依照企業遊說人士的力量，所謂政府的控制，實質上經常等於企業控制。

也許企業能夠自我改革，但目前似乎沒有改弦易轍的跡象。讀者可能想知道：究竟是誰能拯救被稱爲美國的這家艱困企業。

二〇〇二年六月四日

28. 舞弊的滋味

假設你是一家冰淇淋店的經理。公司不太賺錢，你該怎麼做才能發財？迄今已經曝光的企業醜聞中，每個都有不同的假交易手法。

預估獲利的手法

首先是恩龍公司的手法。你和客戶簽約，在未來的三十年，每天提供客戶一個冰淇淋甜筒。你故意低估甜筒的成本，再把未來所有生意的預估獲利，全部灌到今年的財報上，結果就是冰淇淋店今年特別賺錢，公司股價自然能夠扶搖直上。

假交易的手法

接著是戴尼基（Dynegy）能源控股公司的手法。就算賣冰淇淋不賺錢，但你設法說服投資人說，這在未來是一門賺錢的生意。然後你不動聲色地和街角另外一家冰淇淋店達成協議：彼此每天向對方購買幾百個甜筒，不然就是做做樣子，不必眞的交貨；結果變成你的生意很好，公司股價自然能夠扶搖直上。

假客戶的手法

還有艾德飛亞（Adelphia）的手法。你和客戶簽約，讓投資人專注在交易的金額上，而非獲利。這次不是假交易，而是假客戶。你的客戶基礎快速增長，加上分析師對你的公司給予高評等，公司股價自然能夠扶搖直上。

成本消失的手法

最後，還有世界通訊（WorldCom）策略。你不做假交易，只是讓眞正成本消失；假裝奶油、糖、巧克力醬等營業費用，只是一台新冰箱的部分採購價格。原本不賺錢的生意，突然在帳面上變成獲利很高的事業，借錢只是作爲採購新設備的融資。公司股價自然能夠扶搖直上。

哦！我差點忘了：如何自肥？最簡單的方法是發給自己很多股票選擇權，股價上漲，你也能分一杯羹。但你也可以利用恩龍式的特殊目的公司（special purpose entity）、艾德飛亞的個人貸款等手法，肥了自己的荷包。當執行長眞好。

稽核人員的失職

上述種種不當的行徑中，還附帶一些不祥之兆。第一，迄今每個重大企業醜聞，都涉及不同的欺騙手法。因此，別以爲其他公司只會運用恩龍或世界通訊的欺騙手法；每家公司都會自創一些手法。第二，這些

詐騙手法並不難發現。例如，世界通訊公司去年四○%的投資是做假，其實是營業費用。原本對企業舞弊負有守望責任的機構——會計稽核人員、銀行及政府主管當局，爲什麼對如此龐大的罪行視而不見？答案是他們不是刻意忽視，就是受到掣肘，不能採取對策。

我並不是說所有美國企業都在舞弊。但有心貪污舞弊的企業高層，並沒遇到太多的阻攔。會計稽核人員收取企業大筆的顧問費用，當然不願讓對方太難受。從恩龍案可得知，銀行爲了一些獲利豐厚的交易，也不肯得罪這些客戶。民選官員在政治獻金及其他誘惑的馴服下，刻意怠忽職守：不撥發經費給執行單位、製造法規「漏洞」、讓一些遊走法律邊緣的作法大行其道。

布希雖然痛斥世界通訊，但他指派擔任相關主管當局的負責人，卻曾經草擬過惡名昭彰的「恩龍例外條款」，保護恩龍不受嚴密的調查。紐約州檢察長史匹哲（Eliot Spitzer）正在調查企業舞弊案，部分國會議員不但不關心，反而更有興趣牽制史匹哲。

同時，越來越多的內幕曝光。六個月前，我曾經在專欄中指出，比起九一一事件，恩龍案將是美國一個更大的自我反省轉捩點，當時引起許多批評。如今，這個觀點還那麼不切實際嗎？

二○○二年六月二十八日

29. 大家都不爽

被柯林頓任命爲證管會（SEC）主席的李維特（Arthur Levitt），以大力加強監督企業帳目爲職志，雖然經常受到遊說團體的掣肘。布希後來以皮特（Harvey Pitt）取而代之，後者承諾要打造一個「更體貼及更柔性」的證管會。但在恩龍案爆發後，布希政府仍然堅決反對任何重大的會計改革。例如，包括知名投資大師巴菲特（Warren Buffett）等人建議，高階主管的股票選擇權必須自企業申報的盈餘中扣除，但布希政府卻反對這項提議。

然而，布希和皮特卻宣稱，他們對於世界通訊的弊案憤恨不已。

眾議院金融服務委員會的共和黨籍主席奧克斯利（Michael Oxley），主導一九九五年一項法案的過關（推翻柯林頓的否決）。這項法案限制投資人興訟，可能是開啓這波企業獲罪潮的元兇。近來，美林公司坦承，向客戶推銷一些分析師私下不屑一顧的股票；奧克斯利大爲光火——不是因爲美林誤導客戶，而是因爲美林竟然同意支付罰款，自此可能因而設下先例。但他也大言不慚地說，他對世界通訊的弊案憤恨不已。

爲何大家突然間良心發現了？民意調查顯示，社會大眾對這些貪贓枉法的企業已經深惡痛絕，是否與此有關？

心知肚明的狐狸

即使是民意調查引起的「良心發現」，外界也別太當眞。每天公布恩龍案最新進度的 dailyenron.com 網站指出，上周「狐狸向美國民衆拍胸脯保證，快要找到失踪的鷄隻了。」

大家尤其別把布希的憤恨太當眞。超黨派公職人員的廉潔中心負責人路易士（Chuck Lewis）一針見血地說，布希「應該比以往任何政府的最高首長，都更熟悉陷入困境的能源公司及不當的會計手法。」路易士指的是哈肯能源公司（Harken Energy）的陳年往事，現在應該可以公開了。

我在上次的專欄文章中，提及企業詐騙的手法，卻漏列恩龍公司最擅長的一種：假裝變賣資產。我們再以冰淇淋店爲例；假設你把老舊的冰淇淋車，以一個離譜的價錢賣給XYZ公司，並且將資本利得列爲獲利，然而，這筆交易根本不存在：XYZ公司其實是你虛設的另外一家公司，只是名字不同。等投資人發現時，你早就出脫許多股價已經扶搖直上的股票。

因爲他的名字是布希

現在回到哈肯能源公司的故事，根據《華爾街日報》三月四日的報導，布希早在一九八九年便擔任哈肯公司的董事及稽核委員會委員。哈肯以兩百萬美元買下光譜七（Spectrum 7）這家虧損累累、債台高築的小型能源公司，而公司的執行長就是布希。交易後，布希不但領到許多股票，更成爲哈肯的董事。哈肯在解釋爲什麼要購買這家公司時，答道：「因爲他的名字是布希。」

不幸的是，哈肯本身也不斷賠錢。一九八九年，這家公司以高價出售子公司阿羅哈石油（Aloha Petroleum）的獲利，隱瞞大部分的虧損。誰買下阿羅哈？答案是哈肯公司的內部人士，而購買阿羅哈的資金，則大部分是向哈肯借貸而來的。證管會後來裁定這是假交易，下令哈肯公司重新申報盈餘。

但早在證管會裁定前，哈肯公司股價已因隱瞞不住的利空消息而重挫，布希也賣出了三分之二的持股，得款八十四萬八千美元。值得一提的是，史都華（Martha Stewart）卻因爲賣自家的公司股票而陷入水深火熱，金額不到布希的四分之一。法令雖然規定內部人士出售股票時，必須立刻通知證管會，但布希一直到交易完成後的三十四周才告知大家。證管會的內部備忘錄指出布希違法，相關單位卻未提出告訴。但大家都堅稱，這和他父親擔任總統毫無關係。

從這段歷史以及錢尼擔任哈利伯頓（Halliburton）公司執行長的趣聞，讀者可以相信，布希政府非常有資格追查這些企業惡棍。畢竟，布希和錢尼在這個主題上，都擁有第一手的經驗。

如果外界認爲布希的憤恨不已言不由衷，我知道他的發言人會做何反應。他們一定都不爽。

二〇〇二年七月二日

30. 成功經營學

預定在周二發表演說的布希，希望在全美對企業貪贓枉法的不滿日益升高之際，裝出一付同仇敵愾的模樣。他會嚴峻地爲華爾街的高階主管，上一堂倫理道理的課，並且將自己塑造成堅決支持傳統企業的誠信模樣。

但是，依照陸軍部長懷特、錢尼及布希本人等高階政府官員致富的模式，這些都只是惺惺作態。在布希政府突然變成支持企業倫理的急先鋒之前，葛林（Joshua Green）在《華盛頓月刊》（*The Washington Monthly*）發表的一篇必讀好文：「布希在華府引進的『新聲』並非注重操守，而是縱容犯錯……這任政府靠著自己的事業垮台自肥，似乎未必會引起外界不以爲然。」

花錢買人脈

可惜的是，布希政府目前只讓媒體鎖定在布希經商時，最不重要的問題：他未遵守法令的一項要求——身爲內部人士，出售持股時應立即申報。布希的理由突然改變，從「小狗吃掉我的作業」變成「律師吃掉我的作業，而且連吃四次」。但是，行政部門希望媒體只報導他未能及時申報出售持股，以便外界意識到：布

希自肥所運用的積極會計手法，其實類似於最近這些震撼全國的弊案。

一九八六年，外界可能認為布希只是不善經營的生意人。他經管別人數以百萬美元計的資產，結果只剩下一家虧損累累及債台高築的公司。但哈肯能源公司以驚人的高價買下這家公司後，他總算可以全身而退。哈肯買下的，當然是布希背後的人脈。

雖然掌握這些人脈，哈肯的經營績效仍然很差勁，但公司利用十年後恩龍公司的會計手法之一隱瞞了實情，以便維持公司股價，讓布希能夠從容地賣掉大部分的持股後，賺進大筆利潤。當時安盛（Arthur Andersen）是他們的簽證會計師。筆者在先前的專欄中說明過這種手法：企業內部人士設立一個幌子組織，看似獨立，其實百分之百受到控制。這個幌子以超過合理的高價購買公司資產，造成獲利假象，以便拉抬股價到不合理的水準，公司高階主管再賣出持股獲利。

哈肯公司就是這麼幹。一些內部人士向哈肯融資，支付超貴的價格購買哈肯旗下資產——阿羅哈石油公司，由此產生一筆一千萬美元的獲利，彌補哈肯公司一九八九年四分之三的虧損。白宮助理淡化這筆交易的重要性，並且表示和當前一些弊案相比，一千萬美元根本是小巫見大巫。事實上，如果和錢尼擔任哈利伯頓公司執行長時，因為修改會計原則而創造的獲利相比，當然是小巫見大巫。但對哈肯公司股價或布希的個人財富而言，這個會計手法卻能造成極大的差異。

對了，哈肯案創造的假獲利是白水土地案不法獲利的幾十倍，但調查費用卻只有白水案的七分之一。

靠內線交易致富

布希是哈肯公司的稽核委員會委員，也擔任特別再造委員會的成員；早在一九九四年，另外一位同時擔任這兩個委員會委員的華生（E. Stuart Watson）告訴記者說，他和布希持續關注哈肯公司的財務狀況。如果布希對阿羅哈的勾當不知情，他一定是個不盡責的董事。

總之，證管會要求哈肯公司重新申報盈餘時，一定知道公司做了什麼好事，所以對近來的企業弊案，應該不會太吃驚才對。畢竟，當初布希的公司也幹過這些勾當，他還因此發了大財。當然了，真正讓布希致富的是他把哈肯公司的獲利，投入到德州騎兵（Texas Rangers）上，而這又是另一個離譜的故事了。

關鍵在於形象和現實之間的對比。布希把自己塑造成普通人的模樣，是一般美國老百姓認同的形象。但他個人的財富，卻是靠特權和內線交易而來的。在他賣掉哈肯公司的持股後，更是靠著大筆的公司福利致富。有些人就是能夠輕鬆致富。

二〇〇二年七月七日

31. 內部人士的遊戲

美國資本主義的當前危機，不僅在於一些特定的細節：詭詐的會計手法、股票選擇權、對高階主管的放款等，也在於遊戲已經受到企業內部人士的壟斷。

布希政府多的是這種內部人士。因此，布希總統光只是喊喊反對企業主管不法勾當的口號，實在無法讓人信服。舉個最極端的例子（目前爲止），懷特切割恩龍公司，僞造五億美元的假獲利，還在恩龍公司瓦解前，賣出價值一千兩百萬美元的股票；如果這人還是陸軍部長，外界就不必對布希的諄諄說教太過認眞。

布希最近的言行在在顯示：他尙未進入狀況。有人問他，他先前任職的哈肯公司，出資購買阿羅哈石油公司的那項交易，在紀錄上出現龐大的獲利，但除了爲盈餘灌水外，毫無意義。他的回答是：「各方意見當然各有不同……但在會計程序上，有時並非黑白分明。」

布希反對降低企業弊案之誘因的改革，例如要求公司將高階主管的股票選擇權，自盈餘中扣除；他也反對加強類似弊案之難度的改革，例如，禁止會計師收取查帳對象的顧問費用。

惡人無惡報

布希在周二大言夸夸、卻幾乎毫無內容的演說中，呼籲加重詐欺的企業主管額外的懲罰，算是比較實質的建議，但也是一顆空包彈。實質上，高階主管少被起訴。恩龍案迄今還沒任何人遭到起訴，甚至綽號爲「電鋸艾爾」（Chainsaw Al）的鄧樂普（Al Dunlap），即使多次玩弄帳目，也只需面對民事官司。這些企業高層幾乎都沒被定罪。會計問題相當技術性，許多陪審團成員根本搞不清楚；高價律師更會善用陪審團的無知；縱使其他手段都不靈光，大牌律師在高層也有朋友，可以爲他們撐腰。

和其他公司治理的議題一樣，目前這波企業犯罪潮，其實都有布希本身經歷的影子在。

說句題外話；有些專家認爲，質疑布希先前的經商生涯並不公平，多年前之事因此毫不相關。但這些專家中的許多人認爲，政府應該花費七年的時間及七千萬美元，調查柯林頓更久以前一筆失敗的土地交易案。如果他們需要最近的資料，爲什麼不調查布希投資德州騎兵後，狠賺一票的這件事。這家公司因爲綿密的公共政策及私下交易發大財，哈肯公司的案例也一樣，賺錢一點都不辛苦——康納森（Joe Conason）兩年前在《哈潑》雜誌（*Harper's*）和盤托出。

然而，哈肯的故事對我們還有其他教訓，因爲當證管會調查布希出售持股時，正好說明了布希的狠話，嚇不到一些人脈深厚的爲非作歹之輩。

做做樣子的改革者

布希宣稱，他受到證管會的「嚴密調查」。事實上，證管會的調查絕對是草草了事。證管會在未約談布希或哈肯公司的其他董事前，就能斷言：布希是時機巧妙地售股，並非涉及內線。證管會許多高階官員覺得他們很了解布希，畢竟他貴爲總統的父親，曾經任命好友擔任證管會主席。白宮法律總顧問通常負責法律行動的決策，他們原先是布希的私人律師，曾經負責採購德州騎兵公司。這些都不是我憑空捏造的。

許多企業惡霸不像布希那麼人脈深厚，但他們和布希一樣，希望自己也能獲得特別寬大的待遇，有時候確實也能如願。另外一個有趣的對比是，證管會宣稱正在調查哈利伯頓轉虧爲盈的可疑帳目，但迄今還未約談當時的執行長錢尼。

總之，外界原本期望布希能夠和過去一刀兩斷，繼而強烈支持美國迫切需要的企業改革。然而從過去一週以來，這個希望幻滅了。布希不是眞正的改革者，他只是在電視上做做樣子。

二〇〇二年七月十二日

32. 眾怒難犯

美國企業執行長的高薪酬，反映出企業爲了爭取一流的管理人才，彼此間競爭之激烈。股票選擇權和其他主管津貼，主要是用來激勵主管的績效。這些誘因把經理人與股東的個人利益互相結合。

上述這段話完全不正確；至少根據經濟智庫全國經濟研究局（National Bureau of Economic Research）發表的研究報告中，便是如此指出這項事實。凡是想了解美國經濟實際操作的人，都要讀一讀這份報告。

我是在去年十二月的時候，首度看到這份報告。它是由哈佛大學的貝楚克（Lucian Bebchuk）、加州柏克萊大學的佛萊德（Jesse Fried）及波士頓大學的渥克（David Walker）共同撰寫而成的，名稱是〈美國高階主管的薪酬：是最佳化合約，還是經濟租擷取（extraction of rent）？〉我主要就是根據他們的分析而得出結論：恩龍公司只是一大堆企業醜聞的第一樁。

查之不盡的企業醜聞

傳統企業理論認爲，執行長是爲了代表股東利益的董事會服務，但上述研究發現，這套理論徹底誤導了大眾。事實上，現代企業執行長自訂薪酬，只有「眾怒難犯」時才會收斂——這並非董事會的眾怒，因爲

董事的許多特權還得看執行長的臉色，而是足以壞事的局外人之衆怒。執行長的薪酬方案中，許多要點的眞正目的並非提供誘因，而是提供掩飾，好讓執行長大方地犒賞自己，同時盡量減少可能引起的衆怒。

最明顯的例子就是股票選擇權。高階主管的薪酬和公司股價連動，固然有一定的道理，但其眞正的誘因方案，應該具備實際上幾乎看不到的要點。例如，應該對照公司股價和其他同類型公司組成的股價指標後，才能反映這家公司高階主管的績效，由此訂出他的薪酬。

事實上，企業執行長幾乎都是以市價拿到股票選擇權。如果股價上揚，他會賣股變現；如果股價下跌，他會以更低價取得新的選擇權。當然，稅法就是存有漏洞才能鼓勵這種行徑，進而讓高階主管十拿九穩地獲取高報酬；除非股價持續下挫，否則這些高階主管遲早能夠賺進大把鈔票，又能掩飾自己待遇的豐厚。選擇權經常不列為公司費用，但在實現獲利時，又被視爲高階主管績效的報酬。

薪酬誘因扭曲企業行爲

由於企業越來越懂得如何掩飾，而且外界對明顯過高的薪酬，也越來越見怪不怪，主要企業執行長的平均薪資因而大幅攀升。一個世代前「只是」普通勞工的四十倍，如今暴漲到五百倍。這是很大一筆錢，但這筆錢還不算最大的問題；問題在於掩飾執行長坐擁高薪的手法，鼓勵了這些高階主管炒高公司股價，才能賣股變現。

我們才開始看到薪酬誘因制度如何扭曲企業行爲。更過分的是，有些企業投入併購及擴張，最後灰頭土臉，但高階主管卻能海撈一票。我們也知道，企業大量運用創意的會計手法，設法達成或超越分析師預

期。過去幾年的這段泡沫期，大部分大型企業的獲利都出現兩位數成長，但全國統計顯示，實質的企業獲利幾乎毫無增加。

我不是指控執行長都是心裡有數的企業惡棍，或是捻捻鬍子、爲自己狗屁倒灶的醜事暗自竊笑。大家都善於合理化自己的行爲，連史吉林（Jeff Skilling）都認爲自己是受害者，所以大多數執行長都「奉公守法」。

然而，我們的企業制度提供龐大誘因，激勵了不當的行徑。恩龍公司的卡波（Michael Kopper）在周三的證詞如果是結束的開始，我一定會非常意外；充其量只是開始的結束。

二〇〇二年八月二十三日

33. 回到正事

傳統基金會有位幹部歡天喜地說，企業遊說人士目前的心情「樂觀到幾乎如痴如狂」。他們預期十一月十五日的選舉會讓共和黨掌控立法、司法及行政三大部門，接著紛紛提出他們的心願。「就像在籌劃戰後伊拉克的各項建設一樣。」這位幹部說。

白宮顯然認爲，耶誕節提前在十一月降臨。事實上，白宮對選舉結果信心滿滿，已經提前發給企業遊說人士最想得到的禮物：停止所有企業改革。布希早在七月就宣布：「必須一一揭發企業不當行徑，使其接受懲罰。」並且建議立法「提撥新的經費，供證管會添加調查人員及科技，揭發不法行徑。」但此一時彼一時，讀者難道不知道我們正在打仗嗎？

爭取新經費

反改革的第一大步是證管會主席皮特食言而肥，撤回任命獨立人士主持會計監督委員會的計劃。

這只是前奏。證管會的經費多年來一直不夠，大部分的觀察家——包括老布希時代的證管會主席布里登（Richard Breeden），都認爲布希七月簽署的預算，仍然嚴重不足。但行政部門現在希望取消布希誇口的「新

經費」。

行政官員宣布即使預算大幅縮減，證管會仍然可以執行業務。但證管會巧婦難爲無米之炊：律師和會計師的薪水只有民營部門的一半，人數通常遠不及受調查企業的法律部門，甚至必須自己打字和影印。官員表示，有些調查工作就是因爲資源不足而無法持續下去，偏偏新法又擴大證管會的職責。

到底怎麼回事？在此舉個對比的例子。一九九五年以來，國會有系統地縮減國稅局的業務能力；稽核人員的人數下降二八%。衆所週知，若是提高國稅局的預算，一定會降低聯邦政府預算赤字；國稅局估計，每年的未收稅款至少爲三百億美元，主要就是高所得納稅人認定逃稅不會被抓。因此，讓國稅局縮衣節食不是省錢，而是保護有錢人逃漏稅捐的政策。

同理，高階官員不相信，證管會能夠在預算減少時執行任務；其目的也是在綁住證管會的手腳。

人脈至上

回想一下，很難理解有人會相信，現代領導階層是認眞地看待企業改革。這任政府可以說是企業內部人士所擁有、主導及獨享的，而且嚴重的程度是近代之最。我不是在談影響力，我說的是個人的經歷。布希政府內的企業卸任執行長，數目比歷代政府都多，但正如索洛威基（James Surowiecki）在《紐約客》雜誌所寫的：「布希團隊中，幾乎沒有一位企業執行長主持過一家有競爭力、企業家精神的公司。」反之，他們來自一個「親信資本主義的世界，人脈比做事和經營手法更重要。」他們怎麼會和這個世界過不去？

別忘了還有個人誘因。這任政府內的企業卸任執行長中，幾乎都因爲他們在華府的人脈而發財；布希

本人例外，他是因爲他父親在華府的人脈而致富。這齣戲還沒結束。葛拉姆參議員推動法案，免除恩龍公司的交易方式受到監督。他的妻子是恩龍公司董事，退休後轉往瑞銀華寶公司（UBS Warburg）擔任新職，後者買下恩龍公司的能源交易部門。對抗企業舞弊的改革者，就是不會有這種工作機會。

總之，讀者不必在意電視上那些衣冠楚楚、卻幹些旁門左道的人。那些人主要是在作秀；社會大衆的焦點已經回到正事上——企業內部人士的動作。

二〇〇二年十月二十二日

第二篇

似是而非的算術

PAUL
KRUGMAN

我曾經讀過某個拉丁美洲國家的故事。這國家的政治人物喜歡亂開空頭支票。有個政黨甚至向老百姓承諾，會把所有道路都設計成下坡，如此就能降低車輛的耗油量。

現在玩笑開到我們頭上來了。

布希二〇〇一年提出的減稅案，顯然相當類似二十年前雷根的減稅案。但是，如今的政局截然不同，甚至更恐怖。我不是雷根迷，但他至少老老實實地提出他的減稅案：他不否認自己是在大幅削減富人的稅負；外界必須先接受雷根的供給面經濟理論，才會覺得政府能夠負擔這項減稅案，這點他也未隱瞞。然而，當布希提出類似的減稅案時，卻極盡扭曲及隱瞞之能事。他先假裝這主要是針對中產階級的減稅案，又宣稱只要預算不離譜，皆可適用。只要略做功課就可以證明，布希這兩項說法皆不正確。但基於某些因素，幾乎沒有任何媒體願意做功課。

掛羊頭賣狗肉

二〇〇〇年大選初期的競選期間，我簡直不敢相信自己的所見所聞。一個大黨的總統候選人，竟敢公然對自己的政見內容撒謊？而媒體竟然不予以追究？事實正是如此。

結果呢？布希展開史上規模最大的「掛羊頭賣狗肉」行動。他先把一個不利預算平衡的減稅，形容成把不需要的稅收，還給普通家庭的溫和計劃，其實大部分的好處是由金字塔頂端的富人獨

享。預算赤字開始浮現後，他又祭出愛國主義，把預算赤字怪罪到恐怖份子和他無法控制的因素上。我是經濟學家，當然知道來龍去脈，並且試著在專欄中解釋。有人批評我是希臘神話中，專報惡耗的預言家卡珊德拉（Cassandra），他們說對了——雖然沒人相信卡珊德拉的預言，但那些預言最後都成真。

第五章將說明布希如何推銷他的減稅案。他先是運用一些花招，然後支吾其詞、避重就輕，甚至公然撒謊，跟著在競選期間大肆推銷，最後再設法讓國會通過。整個故事的副線是原本理應保護公眾利益的機構及個人，在此關鍵時刻失職。媒體也嚴重失職，未能說明減稅案的原委，所以才能讓布希在預算上撒下瞞天大謊後，還能全身而退。標榜自己是捍衛財政健全的人，也放棄既定的原則；其中最為人知的葛林史班，他是柯林頓主政期間，財政紀律的主要倡議者，如今竟然支持布希完全不負責任的減稅案，讓自己為此傷透腦筋。

我很清楚布希的計劃，會讓辛苦得來的預算剩餘敗光殆盡；但我沒料到，歷來金額最高的預算剩餘，竟然會在轉眼之間成為史上金額最高的預算赤字；我也沒想到，布希政府竟然可以用九一一事件來卸責。第六章是九一一事件前的預算大論辯。預算災難越來越明顯之際，似乎沒見到任何人為此擔心。

我們幹嘛擔心？為布希政府辯護的人告訴我們，從歷史標準來看，聯邦政府的負債相對於經濟規模，並不算太高。目前預算赤字的金額，雖然創下歷來最高紀錄，但和總體經濟的規模相比，並不算太突出。然而，這種和歷史紀錄比較的作法，嚴重誤導了外界。布希政府的政策不負責任到極

點，會讓我們在不遠的未來陷於險境。為什麼？我們因此距離B日只剩幾年（B日就是嬰兒潮世代開始退休的日子）。

二減一等於四

美國政府最適合被視為是一家正好擁有軍隊的大型保險公司。龐大的退休計劃——社會安全及老人醫療保險，已經佔聯邦預算很大的一部分，十年後只會更貴。如果我們不僅要支付這些費用，還要支付巨大國債的利息，勢必得在其他方面有所犧牲。現在其實是累積預算剩餘、償還國債的大好時機，絕對不適合再累積預算赤字。

但是，為什麼不乾脆改革社會安全體系和老人醫療保險制度？聽起來不錯。布希所提的社會安全「改革」，在選戰期間也喊得震天價響。但在第七章會說明，這項計劃從一開始就是騙局。布希的算法等於堅持二減一會等於四；他以為把社會安全體系的部分收入移往私人帳户，便能強化社會安全體系的財務，然而，基本算術就可證明結果會正好相反。布希政府在老人醫療保險計劃所撒的謊，比較不明顯，但本質上都是謊言。布希的兩項改革，都有去弊之弊勝於原弊的問題，再加上不負責任的財政政策，更是治絲益棼。

後果會是如何？在編輯本篇時，我仔細研究了美國的財政困局，決定把自己的房貸轉換為固定利率式的貸款。金融市場將在未來幾年、甚至更早，就會發現美國政府的承諾前後矛盾：承諾要對未來退休人員提供的福利、承諾要償還債務，但利率卻遠低於可以籌措到履行承諾的財源。未來一

定得有所犧牲，而且結果很難看。事實上，我認為美國正邁向拉丁美洲式的金融危機，政府最後將被迫增加負債，導致利率狂飆。

你不妨先從書裡預見這個結果。

第五章

誘餌

THE
GREAT
UNRAVELING

34. 糟糕！他又來了

這是金融新聞的坦白時刻。許多公司承認獲利不如市場預期，有線電視新聞網（CNN）的《錢線》（Moneyline）這類節目，越看越痛苦。每天晚上都有企業主管被記者追問，盈餘爲什麼不如預期。當然，外界假定企業都未做假帳，畢竟記者都有做功課，他們會抓出明顯有問題的數字。

但我想，還是有人會有特權。

我眞的不想再談布希的數學問題。但他上周三在《錢線》的表現，實在令人震驚。我得下載完整的對話，才能確定自己沒聽錯他的話。布希的幕僚似乎爲他準備了一份這樣的備忘錄：「你先前在競選演說時，說了一些不正確的話。這次你要在幾分鐘內重覆你說過的話。別泛泛而談，給他們一些精確的假數字，證明給他們看！」

首先，布希談到預算。「預估預算剩餘可達四兆六千億美元。」他宣稱這個數字沒錯，雖然令人半信半疑。他接著說：「我希望提撥一些錢，接近一兆美元，提供長者免費處方藥這種計劃；還有強化國防力量，以維繫和平；我對全球教育也有一些想法。此外，我想提撥經費做環保。」

灌了水的預算剩餘

接近一兆美元？這位候選人三周前提出的預算報告中顯示，新增計劃的總支出爲四千七百四十六億美元，不到一兆美元的一半。布希希望傳達一個訊息，證明他非常在乎教育、環保等。但不能因此無中生有，把這些立意良善的計劃相關經費，灌水了一倍。

他又說：「還有四分之一的預算剩餘沒有用途，約爲一兆三千億美元（布希的減稅總金額）。我覺得應該把這些錢還給納稅人。」四乘一點三兆是五點二兆，不是四兆六千億美元。總之，減稅加上利息在內的總成本是一兆六千億美元，超過預估預算剩餘的三分之一。

接下來是社會安全問題，需要略加解釋。社會安全體制有個「大洞」，基本上就是隱藏的債務，因爲前幾代退休人士享受的福利，來自年輕勞工的貢獻。這個「大洞」也代表，布希雖然鼓勵社會安全體系民營化，但光是比較政府公債與社會安全兩種投資的報酬率，就不是民營化的最佳理由。

布希不浪費時間，直接就訴諸這個理由。「比安全更安全的投資工具報酬率，也有四％（指政府公債），是社會安全信託基金報酬率的兩倍。」

布希在短短幾分鐘內，就能說出三個滿足私利、又謬誤不實的論述，有什麼可以說得過去的理由？我想不出來。此處談的不是可疑的經濟分析，只是單純的事實：布希對全國電視觀衆所說的並非事實。

沈默的媒體

眞正令人震撼的是媒體的沈默，也是那些被保守陣營斥爲「自由派的媒體」。任何企業在新聞稿上宣布研發經費的金額後，執行長如果隨意灌水一倍，絕對逃不過《錢線》的法眼。但布希宣布，他在新計劃投入的金額，將是競選政見時所提的兩倍，而採訪記者竟然毫無反應，其他媒體也未跟進質疑。

上文提過，我不希望再針對這點發表意見。但記者似乎忙著捕風捉影，忽略候選人對本身所提的政策說法。有人得點出，在一場旨在展現經濟方案的訪問，布希又來了——嚴重誇大支出計劃、大幅低估減稅的成本，並且扭曲社會安全的議題。

二〇〇〇年十月一日

35. 不關我們的事

無論這場選舉的結果如何，未來的史學家可能會認爲，美國在這一年中，未能通過一項重大的政治試煉。

經過兩大政黨幾十年來不負責任地執政後，美國竟然奇蹟似地在一九九○年代，展露出成熟國家的模樣：一個能夠規劃未來、並且在順境時未雨綢繆的國家。但是，結果還是一場幻影，我們只不過裝出一付成熟的樣子。

處於順境的美國

一國政府履行財政責任的基本原則，和一個家庭量入爲出的原則差不多：償還債務，並且於順境時未雨綢繆，以備不時之需。至少從三個角度來看，目前可說是美國政府的順境。

第一，我們處於承平時刻，沒有重大的軍事強敵。縱使不相信全球處於新冷戰，也應該知道世界局勢不可能永遠如此平靜，國防支出勢必會從目前的谷底翻揚。

第二，在可預見的未來，美國的人口結構應該會保持不錯的狀態。現代美國政府大致的工作，在於確

保老年人的所得及醫療支出，安全無虞。但十年後，有資格申請老年醫療保險及社會安全金的人口，將會開始增加，而且看不到終點；政府支出也一樣。美國未退休人口佔總人口的比重越來越少，如果這些人的稅負維持在他們可以忍受的水準，我們最好現在就要開始未雨綢繆。

最後，全世界都認定，美國是最佳的資金去處，美國當前的經濟因此受益良多。外來資金源源不絕地流入美國，造成美國利率維持在低檔，股市不斷上揚，兩者都有助於資金流向美國的國庫。部分經濟學家認爲，這種資金流入的現象，很類似一九九七年以前，全球資金流向亞洲國家的現象，未來可能是禍不是福；我也不能說自己不擔心。縱使不釀成危機，我們也應該曉得，外國人（美國投資人也一樣）總有一天會發現，海外還有比美國更好的資金去處，資金流入會變成資金流出，所以現在不未雨綢繆，屆時可能會後悔。

因此，美國政府如果盡責且理性，就應該設法累積預算剩餘。事實上，著眼長期趨勢的預算專家認爲，縱使不實施總統候選人所提的減稅及支出案，美國未來十年累積的預算剩餘，恐怕還是不夠用，甚至可能得加稅或削減政府支出。

有鎖的箱子

但是，如何對一般大眾解釋長期趨勢？我們的領導人從來不敢嚐試，甚至負責任的政治人物，都只敢說出一半的事實。如果只是把社會安全及老人醫療保險鎖進「有鎖的箱子」，就等於不解釋原因，而是試圖向選民推銷財政責任。國家淪落到當前地步，我們也許不該覺得意外。大眾一方面覺得，像高爾（Al Gore）這種政治人物只說出一半的事實，希望推動只負一半責任的政策，然後保持高高在上的地位。另一方面，像

布希這種政治人物卻告訴老百姓說，魚與熊掌可以兼得，讓後者誤以爲他們和人民站在一起。

布希願意相信大衆的多變，的確讓我們心驚膽戰。他在第二場辯論所提出的最嚴重謬論中，宣稱他的減稅方案「讓處在經濟階梯的基層老百姓，享受到最多的減稅好處。」（你會聽到有錢人的笑聲。）

但從群衆興高采烈的情形可以得知，美國還沒準備好嚴肅思考這個問題，遑論採取負責任的態度。也許更優秀的政治人物，可以說服我們採取正確的政策。也許錯不在政治人物，而在我們自己。

二〇〇〇年十月十八日

36. 越來越似是而非

如果高爾當選總統，他的經濟方案又付諸實施，你可知道，明年會有兩百三十萬名美國人死亡？華府目空一切的圈內人可能會模糊焦點，試圖告訴你，縱使高爾落選，明年還是會有兩百三十萬名美國人死亡，明年的死亡率和誰贏得大選毫無關係。但是到大選結束前，你都可以大叫：「不要給我們模糊不清的數字！」

布希當然沒有把美國的死亡率，怪到高爾的頭上，但他的作爲也差不多了。高爾一直正確地指出，布希承諾會把一兆美元的社會安全，挪用在兩種人身上：他告訴年輕勞工說，將允許他們將資金投入個人帳戶，同時又向年長勞工保證，有錢支付他們的退休所需。布希等於指責高爾的社會安全計劃，會讓國債至少增加四十兆美元。

這似乎是個天文數字。後來才知道，這是未來五十年內，政府預算提撥到社會安全下的預估總金額，利息也包含在內。我可以用一堆枯燥無趣的文字，說明這個數字毫無意義。

推卸責任的布希

眞正奇怪的是，這個數字和高爾一點關係都沒有。高爾的計劃如果要落實，社會安全體系確實需要總預算的挹注。然而，縱使不實施高爾的計劃，還是需要這筆錢。唯一能夠削減挹注金額的方式，就是減少對退休人士的補助。

同時，布希並沒有論及要減少福利，因此他的社會福利計劃和對手花費的一樣多，甚至會高出更多，因爲如果要同時滿足他一些矛盾的承諾，他得另闢財源。

也許把未來的死亡率怪到高爾身上，無助於選情；但布希的智囊似乎認定，把社會安全體系未來的負債怪到高爾頭上，至少可以暫時讓選民摸不著頭緒，否則他們可能會想清楚這個議題。距離大選投票日只剩兩周，晚點再來收拾這個爛攤子，不是嗎？

但是，這個爛攤子眞的很大。布希承諾要提撥社會安全基金的對象，可不僅是兩個不同族群而已；他的計劃——或者高爾的計劃，都是基於一個假設（只是程度有別）：未來十年內，聯邦政府的無條件支出不會增加。但在過去幾個月，老百姓可能未注意到，國會兩黨敞開了荷包。民主及共和兩黨的分析師預估，未來十年將投入八千億美元以上。

面對自己的爛攤子

下任總統如何應付這個爛攤子？高爾的預算有點鬆散，並且宣稱最高優先課題是保護預算剩餘；也許

他會放棄一些他不中意、且不討好的減稅目標。布希運用創意會計的手法，才能讓預算看起來合理，他也才能說得很清楚，不致於違背減稅的政見。（有人說「讀我的唇」嗎？）

短期內預算剩餘的預估，可能得大幅向下修正，最快也許就是明年；更長期的估測可能會出現預算赤字，將對美國構成實質的經濟風險，也會沉重打擊到美國人的自信心。然後，我們會對先前的樂觀大搖其頭，奇怪當初怎麼會有那種想法。

但是，答案當然是我們根本沒在思考，也不認同有在思考的人。無論選舉的結果爲何，從這場論辯的反應來看，選民打從心底討厭學術氣息太重的候選人，更不喜歡要求選民算算術的候選人。

事實上，這次大選年的座右銘應該是——也是即將離我們而去的預算剩餘墓誌銘——眞正的男人不思考。可惜的是，你不去思考的問題，還是會傷害到你。

二〇〇〇年十月一日

37. 你呢，葛林史班？

葛林史班以說話晦澀難懂聞名於世，不過一旦翻譯成白話，他的話通常很明確，而且前後一致。然而，上周四他在參議院預算委員會的證詞，卻顯得模稜兩可，而且前後矛盾。外界很難不認定，葛林史班希望助新政府一臂之力，卻又保留未來否認的空間。

葛林史班的確公開反對新政府危言聳聽的說法：如果不立即減稅，就會面臨經濟衰退。他承認，本季經濟縱使成長，成長幅度也不大；但他強調，在減稅出現任何成效前，景氣恐怕已經復甦。同時，新證據也顯示，過去幾個月明顯走下坡的製造業，已經開始反彈。

但是，媒體的標題都是葛林史班支持減稅案；這位聯邦準備理事會主席應該早就料到。仔細研究葛林史班為減稅案背書的邏輯，外界不禁懷疑，這些標題可能並非他的想法。

逾越分際的葛林史班

他的論述如下：以目前對未來十年預算剩餘的預估，聯邦政府不僅可以償還債務，甚至還有剩餘的現金可以購買私人資產。這會造成一些問題，他說，因為「政府的投資決策很難避免政治壓力。」因此，我們

應該「預先消除跑道障礙」，也就是大幅減稅，讓聯邦政府永遠無力償還債務。

我現在要對預算剩餘的預估金額提出質疑。我也會指出，葛林史班宣稱「利用減稅來減少預算剩餘，遠比增加政府支出要好得多」的這番話，已經逾越分際。從什麼時候開始，聯邦準備理事會的業務包含我們應該減稅、提供新的處方藥或建立飛彈防禦系統？葛林史班似乎也察覺自己可能失言，順帶提出一個非常沒有說服力的藉口：「我僅代表自己而非聯準會發言。」

他論點奇怪的地方，在於他似乎忽略一個事實：聯邦政府有朝一日會成爲投資人的主要理由，源自社會安全體系和老人醫療保險的名下資產漸增。這些基金勢必得累積資產，才能因應嬰兒潮未來的需要。事實上，從各種估測數字來看，這些信託基金預估的龐大剩餘，也不足以應付上述任務。「當然，」葛林史班說，「我們應該確保社會安全的剩餘，足以因應長期需要。」對不起，除非聯邦政府成爲投資人，否則辦不到就是辦不到。

自圓其說的葛林史班

如果葛林史班眞的擔心前景，他應該專注在避免政府作爲投資人的角色遭到濫用，而其方法很多：包括社會安全體系局部民營化的具體方案、聯邦政府加碼上兆美元償還現有債務、輕鬆解決預算剩餘過多的「問題」。

但是，葛林史班似乎鐵了心要以減稅爲答案。他一方面駁斥減稅才能避免經濟衰退的說法，一方面又承認：歷來減稅「很難在經濟衰退期間執行」。他也曖昧地說：「萬一當前經濟低迷持續擴大，減稅的好處

可能很明顯。」同理，如果景氣在減稅效應浮現時已經走強，減稅的壞處是否也很明顯呢？葛林史班不願回答這類問題。

一位素來頭腦清明的人，突然之間傷透腦筋，千方百計地想出新總統想聽的話，外界不難猜到是怎麼一回事。但未免太難看了。

二〇〇一年一月二十八日

38. 切臘腸

布希推銷減稅案得依賴切臘腸的技巧：一點一滴切掉反對力量。我們得全面觀照這條臘腸，才能知道布希的賣點是如何誤導大眾。

基本上，個人必須繳納三種聯邦稅：第一是薪資稅，所得七萬美元以下的人必須以一五・三%的單一稅率繳稅，美國八成的家庭都繳納這種稅。所得稅的稅率對大部分家庭來說，都低於一〇%，但收入達百萬美元者，稅率可達三〇%；接著是遺產稅，只有遺產超過六十七萬五千美元者，才必須繳納遺產稅，而只有少數非常有錢的人，才會繳到這筆稅。需要繳稅的遺產只佔二%，每年大部分的遺產稅都來自數十億美元的遺產。

接著談切臘腸的技巧。

對稅負不以爲然的保守陣營，一向把薪資稅列入計算中。布希政府在推銷減稅案之初所提的數據，都包含整個臘腸。我們一再聽到預估五兆六千億美元的預算剩餘。然而，讀者不該相信這個預估，其中一半以上來自社會安全及老人醫療保險；這些計劃都是由薪資稅支應的。

布希政府一談到減稅，就忘記薪資稅；他們不打算降低大部分家庭都要繳納的薪資稅，反而要求大幅

削減富裕階級人士的所得稅。他們甚至想取消遺產稅——這套幾乎完全以有錢人爲對象的稅負。

討好富人的減稅案

布希政府有意取消以富人爲主的遺產稅、降低有錢人的所得稅，然而，對於大部分人都得繳納的稅負，卻置之不理，顯然想討好上流社會。年所得五萬美元以上的家庭，每年減稅的金額爲八百美元；所得在一百萬美元以上的家庭，每年可減免稅金五萬美元。雖然，富裕家庭目前稅金佔所得比重較高，但沒有高到這種程度。因此，這不是「階級福利」。這項減稅計劃不成比例地對富人有利。

你也可以說水漲船高，減免富人稅負會帶動總體經濟的快速成長。但布希政府用意並不在此。柯林頓執政期間的經濟盛世下，稅負雖高，仍不足以拖累經濟成長。

然而，布希政府卻裝出一付對勞動家庭全面減稅的模樣。財政部長歐尼爾上周宣稱，這項計劃「鎖定在接近中低收入階層的民衆」，又說「美國每位納稅人都會受到影響」。

這段話技在技術上並不算謊話：「接近」不代表「正是」；「受到影響」也不代表這個家庭一定會受惠於減稅。但我們不得不佩服，被媒體喻爲直話直說的歐尼爾，很快就學會如何做財政部長。

布希的切臘腸手法

布希團隊喜歡說，較低收入的家庭，其所得稅削減的比例，會高於高收入家庭。他們希望外界忽略一件事：這些家庭的主要負擔不是所得稅，而是不會削減的薪資稅。另一方面，富人家庭的子女會從取消遺產

稅的措施中，大大受惠。

透過「納稅家庭」再把臘腸切得更細，小心避免提及主要的受惠者。在這些事件中唯一被提及的高收入納稅人，也是唯一繼承會繳稅遺產的人，就是布希本人。

據說俾斯麥說過：「如果不知道香腸和政治的製作過程，大家晚上會睡得好一些。」布希絕對同意這個說法；他希望美國人不會仔細檢查稅捐臘腸，更不想了解布希打算怎麼切臘腸。

二〇〇一年二月十一日

39. 錢坑

包工正在裝修你的房子，奇怪的是他承包這項工作的方式：你不過是在一張容易引起誤會的表格上，勾錯了位置，法官（包工的好朋友）就裁定，你必須請他擔任包工。總之，你雖然告訴他你要更換漏水的屋頂，他卻堅持先安裝一間豪華的化妝室。

當初這位包工爭取你的生意時，明明就說化妝室只需要一萬美元，其他包工都宣稱前者的報價太低。如今，這位包工得標後卻表示，至少得花兩萬五千美元。但他強調，在其他項目節省下來的預算，可以彌補其中的差價。他的員工也代他保證，施工時不會忘記屋頂；但他最後又說，這不是他所能決定的，也不願書面承諾。

如果這位包工就是布希

去年五月，布希宣稱只打算減稅一兆美元。立場超然的專家估計，布希減稅方案會對未來十年的預算，造成近兩兆美元的成本。他們也警告，布希的方案中目前還模糊不清的一項稅則，也就是「最低替代稅」（Alternative Minimum Tax），未來可能變成大問題。若要解決這個大問題，可能會大幅增加減稅方案的

成本。

國會聯合稅務委員會本月初估計，布希的提案會造成未來十年的稅收，減少兩兆兩千億美元。該委員會也針對最低替代稅，提出一些驚人的預估數字。

多數人都沒聽過這項稅目。本來是計劃用在防範有錢人逃稅，最後反而是減免稅額較多的中上收入階級。試用這項稅目時的報稅過程，相當惱人；你仔細算過後，發現必須重算，最後還發現必須多繳很多。但是，目前只有一．五%的納稅人適用這項稅目。不過，聯合稅務委員會指出，根據布希的計劃，這項稅目將適用於未來三分之一的納稅人。國會當然會修法來避免這種情形。然而，修法至少會增加三千億美元的支出。

因此，「減稅一兆美元」的計劃，變成兩兆五千億美元，而且還在增加中；換句話說，布希只能挪用社會安全及老人醫療的經費，才能繼續支付飛彈防禦系統及處方藥納入給付等方案。

無人給予保證的減稅案

醫療及人道服務部長湯姆笙（Tommy Thompson），上周試圖平息外界對政府挪用經費的疑慮。他個人拍胸脯保證，老人醫療保險累積用來照顧嬰兒潮世代的經費，不會移作他用，儘管布希把這筆經費列在「緊急預備金」（contingency fund）的項目下。然而，湯姆笙坦承，他做不了主——行政部門在參議院的盟友，又擋下一項使湯姆笙的承諾具有拘束力的法案。因此，我總是不太放心。

最新的消息是，布希希望今年多減一點稅，以刺激景氣；他顯然現在才知道，必須花十年才能完成的

減稅，對老百姓今日的支出助益不大。此舉將使預算成本增加數千億美元。你以爲他會承認，此舉會增加成本，甚至縮減未來減稅的規模。別作夢了!行政部門宣稱，今年的減稅不影響預算，因爲他們的預算是針對二○○二年到二○一一年。今年如果減稅，並不計算在內。我可不是瞎說的。

重點在於，減稅預估的成本並非因爲新資訊而大幅增加，而是因爲原始估計的金額太不誠實。布希一開始就知道，他在減稅案對預算的衝擊上，誤導了社會大眾。就像現在，針對減稅對象及規模方面，他還在誤導社會大眾。包工不是意外出錯，他是有意欺瞞屋主。只要他的狡計能夠一直得逞，就沒理由改變他做生意的方法。

二○○一年三月十八日

40. 萬靈丹

以下是推銷減稅案的場景：

二〇〇一年一月：白宮經濟顧問林賽表示，布希的減稅案——而非降息，是經濟減緩的的良方，因爲減稅的力量比較大。把著重長期的減稅案，包裝成短期經濟低迷的解答，頗讓經濟學家摸不著頭腦；尤其是布希提出的減稅措施，大部分要到二〇〇五年後才會實現。後來，國會通過的預算決議案，授權行政部門減稅一兆三千五百億美元。決議案中原本要求保留一千億美元，以便作爲立即減稅之用，旨在刺激景氣，但布希在國會的盟友刪除相關文字。他們寧願把這筆錢作爲高收入家庭的減稅之用，縱使延到二〇〇六年才能生效，也無所謂。

二〇〇一年三月：布希總統宣布：「全美超過一千七百四十萬名中小企業主和創業家適用的最高稅率，從三九・六%降爲三三%。」財政部的新聞稿也附和地指出，「至少一千七百四十萬名中小企業主和創業家，能夠受惠於總統的減稅案。這些人目前適用的稅率爲三九・六%。」經濟學家卻摸不著頭腦，因爲目前全美所得稅稅率適用三九・六%的納稅人，只有一百萬人，其中大部分不是中小企業主。獨立人士的估計指出，只有一%的中小企業未來適用的稅率因此下降，「許多」這個名詞似乎得重新定義了。

二〇〇一年五月：面對汽油價格高漲，外界要求布希政府拿出對策。「我再次重申，看看能否更清楚，」他回答：「對於一個有意幫助消費者支付高油價的國會，我要呼籲：『儘速通過減稅案』。我們準備了一千億美元，協助消費者面對高油價。通過減稅案是幫助消費者最快的方法。我很關心消費者，也很關心高油價。對於有意協助消費者的人來說，應該儘快通過減稅案。」經濟學家又摸不著頭腦了，因爲經濟最困頓的家庭，也是受油價上漲打擊最大的家庭，但是在布希的減稅案中，卻沒有享受到任何實質的好處。此外，布希宣稱準備一千億美元「協助消費者面對高油價」，正好是他在國會的盟友試圖封殺的短期減稅案。

二〇〇一年六月：電價飛漲，對美國幾個地區的家庭及中小企業相當不利。布希仍然堅稱，能源問題沒有捷徑，答案就是開放北極圈國家野生動物保護區（Arctic National Wildlife Refuge）的石油鑽探。但他也強調，減稅案能夠幫助家庭繳納電費，或者購買蠟燭及煤油燈。

減税益於農民、天候及電視

二〇〇一年七月：美國爆發手口足病，並且迅速蔓延。疫情導致外界質疑政府有意削減農業部預算，然而布希否認這項說法。他說，最好的解決之道就是全面減稅，可以幫助農民購買新的動物、協助消費者支付較高的食物價格，並且幫助家庭主婦參加素食烹飪班。

二〇〇一年八月：天候惡劣及污染法規鬆散，造成休士頓空氣品質嚴重惡化；在布希擔任州長期間，更超越了洛杉磯，成爲臭氧污染最嚴重的城市。布希否認說，空氣污染是他強調生產的能源政策所造成的，並且宣稱減稅案有助於化解這個問題，只要讓家庭有錢可以購買空氣過濾器、口罩及醫療保健。

二〇〇一年九月：外界嚴厲批評秋季的最新電視節目，將之形容爲「絕對不能觀看的節目」，並且宣稱這是幾十年來最糟糕的節目。布希表示，他「非常關切」電視娛樂節目的品質惡化問題。他敦促觀衆支持減稅計劃，可以提供家庭訂閱HBO有線電視頻道的費用，讓他們可以收看《黑道家族》（The Sopranos）。

二〇〇一年五月十六日

41. 不當繼承

一九六六年的英國喜劇片《錯誤的盒子》（*The Wrong Box*），有一幕是一位脾氣暴躁的富豪不良於行，兒子以輪椅推著他到懸崖之頂。沿路上，老爸每次出聲辱罵，兒子都恭順地回答：「是的，父親大人。」然後老人揮著手，比劃著山腳下的一片產業宣稱：「我走了之後，這些都是你的。」「是的，父親大人。」兒子照例回答，然後順手把老爸推下山。

我越研究參、眾兩院設計布希上周末簽署的稅法，就不斷回想起上述電影的那一幕。

布希減稅方案向來自成一格：爲了隱藏減稅對預算的眞正衝擊，主事者把許多規模最大的減稅措施，延後到十年規劃期的尾端；廢除遺產稅更推遲到二〇一〇年才實施，但仍嫌不足。國會諸公上周才增加一個「夕陽」條款，整個法案會在二〇一一年起失效，稅率回歸二〇〇〇年的水準。

推媽媽出火車法案

根據這項新稅法的規定，大筆財富的繼承人面臨以下的難題：如果你年老體衰的母親，在二〇一〇年十二月三十一日去世，你可以不繳一毛遺產稅，就能繼承她的遺產。但如果她撐到二〇一一年一月一日，一

半的遺產會因遺產稅而被政府課走。如此產生一些有趣的誘因。這個法案也許應該稱爲「二〇〇一年推媽媽出火車法案」（Throw Momma from the Train Act of 2001）。

這項法案的詭異之處，還不止如此。二〇〇四年底，中高收入家庭的稅負將突然增加。只要持續追蹤稅法大論辯的人，尤其是透過預算及政策優先次序中心的網站，都知道最低替代稅（AMT）是未來的地雷。根據剛通過的稅法，適用這項稅目的納稅人數，會從一百五十萬人激增爲三千六百多萬人，許多人——尤其是環境不錯但不算有錢的家庭，已經繳納高額的州稅及地方稅，接下來又會發現先前所減的稅通通不見了。

爲什麼不修法？因爲一修法，減稅對預算的衝擊勢必會增加數千億美元。國會諸公覺得應該要有所作爲，於是局部修正了最低替代稅的問題。但縱使是局部修正，如果按此持續十年，減稅的規模還是會大到預算難以負荷。你猜怎麼著？最低替代稅的修正預定在二〇〇四年失效，換句話說，屆時數以百萬計的家庭稅負會突然大幅增加。

別開玩笑了

簡單來說，減稅法案是一個笑話。但如果布希政府如願以償，這個玩笑就開到我們頭上來了；因爲法案的設計原本就荒謬絕倫。布希政府明明知道，任何負責任的預算都無法承受這種規模的減稅，卻執意推動這項爲超級有錢人大幅減稅的法案，並且運用會計技巧，淡化減稅對預算的整體衝擊。一旦紙包不住火，新澤西州許多憤怒的企業副總裁群起抗議最低替代稅，或者年長的百萬富翁發生致命意外的機率偏高，國會的

回應永遠都是進一步減稅。如果減稅的結果在於防止政府實現布希競選時提出的政見，例如，可以給付老人醫療保險的處方藥，或者增加教育方面的補助——沒錯，這正是計劃的一部分。

總有一天，負責任的政治人物（這種說法有點矛盾）必須解決這個麻煩。沒錯，必須撤銷國會剛剛通過的減稅案。

但是，目前我們只能站在守方。布希政府成功地促使一個荒謬的財稅法案過關，接下來會在其他事務上哄騙我們。因此下一個問題是，面對社會安全體系改革時，正派人士是否會堅持誠實無欺的會計手法。是的，莫尼漢參議員，我是在說你。

二〇〇一年五月二十九日

42. 火燒褲子

致預算管理局的丹尼爾先生（Mitch Daniels）

親愛的米契：

我有個不當且不負責任的建議，但我猜你不會介意。這個建議有助於你擺脫一個你我都知道還陰魂不散的問題。

坦白說，你編織的情節讓人印象深刻。有些人的確相信你的說法，認定是國會敞開荷包花錢，才造成預算剩餘消失，其實從你上次樂觀的預估後，歲出部分的金額幾乎未變。大部分記者報導預算赤字的方式，彷彿這只是一個暫時的問題；他們沒有查看你報告中的表三，否則一定會知道，未來五年的非社會安全預算剩餘，將薄如蟬翼。

但問題不止如此。你欺負國會預算署（Congressional Budget Office），要求後者延到下周才公布預算預估，你才能先算出自己的數字。等到國會預算署公布數字後，一定比你的數字糟糕很多。

當然，你我都知道，眞正的數字會更糟糕，因爲國會預算署必須擺出一付相信政治人物的模樣。例如，你宣稱，提供處方藥保險的成本是別人的三分之一，或者縱使百萬名選民反彈，你也不會調整最低替代

稅時，國會預算署會忠實地把這種政策聲明列入計算中。

騙子的褲子著火了

還好記者偷懶，沒有看到國際貨幣基金上周發表的報告。「二〇〇一年第四次會議」的名稱雖然不引人注目，內容卻很惹火。基本上，國際貨幣基金是說：「騙子、騙子、褲子著火了。」國際貨幣基金的幕僚揭露出一些事實，例如「一兆三千億美元」的減稅，實際的成本至少是兩兆五千億美元，你一定會年復一年地挪用社會安全盈餘。

以下是我的建議：宣布國防預算屬於社會安全體系的一部分。軍方提供的美國社會安全保障，誰說不是社會安全體系的一環？然後你可以宣稱，社會安全體系沒有盈餘；如果計入國防支出，社會安全體系應該出現赤字！這樣你就解套了，因爲你不必再保護一個你已經宣布不存在的盈餘。

我的這些想法，當然只是脫胎於貴政府有關老人醫療保險的騙局。

老人醫療的住院保險，和社會安全體系的營運模式一樣：先從薪資稅取得收入，成立信託基金，在嬰兒潮世代退休時，協助各項福利給付。如果你以同樣方式對待兩者的盈餘，等於是把留給未來退休者的資金，提前用來支應減稅所需。

但老人醫療還有一個附帶保險。這個計劃和國防預算一樣，都是由一般稅收來支應，但布希政府堅持，必須歸入住院保險項下計算，如此你才能宣稱老人醫療沒有盈餘，並且運用住院保險盈餘來支應減稅。

紙終將包不住火

有人指出，這種制定決策的方式很奇怪。縱使撇開公然撒謊的會計手法不論，一個人口老化的國家也應該未雨綢繆，儲存資金以支應未來退休人員的醫療保健費用，但你的聲音總是壓倒別人。因此，我看不出你爲什麼不能故計重施，要求社會安全管理局負責防禦飛彈的費用。

最後，你我都知道，紙是包不住火的；未來大家都會知道，由於減稅，美國未能充分準備好因應人口老化的問題，原本用來支應退休福利的錢，被挪用到爲超級有錢人減稅。

但這原本就是你們的計劃，不是嗎？

二○○一年八月二十四日

第六章

轉換

THE
GREAT
UNRAVELING

43. 賭馬贏大獎

九一一事件後不久，布希暫停大肆批判恐怖份子，突然開起玩笑來。布希保證，除非出現經濟衰退、戰爭或國家緊急危難，否則預算剩餘至少會和社會安全盈餘一樣多。「算我運氣好，」他告訴預算管理局長丹尼爾說：「我賭馬贏了大獎。」

他的運氣的確好。要是把美國政府比成恩龍公司，很快就會成爲老生常談，但兩者之間的雷同處，實在很難讓人不去聯想。恩龍的管理階層及執行人士，運用的都是一樣的策略：先以不實的數字，爲高層自肥找藉口。如果這招不管用，就讓信任你的一般員工付出代價。恩龍公司的高階主管最後東窗事發，而布希認定九一一事件會讓他解套。

今年稍早，布希利用龐大預算剩餘的預估金額，推動十年期的減稅案，結果順利過關了。年所得二十萬美元以上的人，才能享受大部分減稅的好處。丹尼爾現在又說，聯邦政府的總預算到了二〇〇四年會出現赤字。越接近未來，布希政府的預算數字就會越虛假（模糊不清已經無法形容實際的情形）。換句話說，我們已經回到赤字永遠揮之不去的狀態下。

真正的頭條新聞

當電視台忙著報導阿富汗多拉波拉（Tora Bora）的洞穴時，減稅案建構在虛假前提上的大內幕，竟然無法成爲頭條新聞。

官員堅稱，預算赤字的罪魁禍首是經濟低迷及反恐戰爭，而非減稅；但這也是一派胡言，反恐預算其實是次要因素。美國未來都將出現預算赤字的估測，此亦證明預算失衡的元兇並非經濟衰退。

總之，他們根本就在狀況外。反對布希政府這項政策的人，一直提醒朝野：把如此龐大的減稅案，建立在未來預算剩餘的假設上，實在愚昧不堪。他們建議等到實際預算結果出爐後再說，卻未獲重視。如今他們的預警成眞，普通老百姓勢必會受苦。

布希政府現在改口說，減稅是對抗經濟衰退的必要之舉。但是，竟然沒人質疑目前已退還的四百億美元稅款，也很少有人抱怨來年另一波的減稅；眞正的問題在於二〇〇二年之後的大規模減稅。我們得把未來的減稅視爲既成事實，畢竟，布希賭馬贏了大獎。

同時，預算再度失衡會導致嚴重後果。處方藥保險當然已經胎死腹中；增加社會安全福利？別傻了，薪資稅收既未用來添購資產，也未用來償還聯邦債務，反而用來補貼政府其他部門的赤字。

減稅案至上

甚至外界認定應該排在最高優先的領域，都得節衣縮食。重建紐約市？對不起，沒錢。政府自己的專

家表示，需要三十億美元防範恐怖份子發動生物戰——扣去十五億好了，減稅案更重要。

同時，州及地方政府深受經濟衰退及新的安全支出所累，於是開始辭退教師，並且縮減服務項目。要不要和聯邦政府稅收共享？算了吧！

選民被問到時會表示，布希競選承諾中「感性」的部分，比減稅更重要；包括確保社會安全體制不會破產、爲處方藥及教育編列更多預算。但布希政府拍胸脯保證，這些項目都有經費，而這些保證是空頭支票，畢竟，減稅是神聖不可侵犯的，其他項目能免則免。

布希仍有機會亡羊補牢，取消所得最高族群未來的減稅。然而他卻不這麼做，反而加速爲這些有錢人減稅。這就像恩龍公司在破產前幾天，還發放高額的紅利給高階主管。

賭馬是零和遊戲；預算政治學似乎也是必有輸贏。布希中了大獎；大部分的美國人則輸慘了。

二〇〇一年十二月七日

44. 沈默的男人

周日報紙的標題寫道，布希宣稱：「打死我也不會讓未來的減稅案胎死腹中。」唯一的新聞是布希的遣辭用字；他此後未再使用，或許他的幕僚發現這種表達方式不似人君，在最近發生的諸多事件中也顯得格格不入。

個人認爲，這則經濟政策的趣聞來自另外一個人，而且在於他的沈默不語，而非他的千言萬語。葛林史班這位肩負財政責任的大將怎麼了？

至於布希，沒人認爲他會有所讓步，縱使用來推銷減稅案的預算剩餘預估，後來證明是一派胡言。布希政府行事基於兩個原則：「敵人都是錯的」以及「布希永遠不會錯」。無論他以往提出什麼政策，幕僚都會堅持這些政策完全適用於現實狀況。事實上，制定時早就預想目前的狀況。說來頗爲好笑，只是沒有人敢說出來。

例如，白宮政治顧問羅夫上個月表示，原本在經濟榮景期間提出的減稅案，就是設計來因應當前經濟衰退的。「二〇〇〇年第二季，最慢第三季就有徵兆。」他說。有人輕聲說到，布希早在一九九九年就提出減稅建議，羅夫卻置之不理。

既然布希永遠不會錯，爲什麼又要重新考慮他的決定呢？

俯衝航道

回到葛林史班。一年前，葛林史班在大規模減稅案上，鼎力支持新政府；他擔心太快償還國債。葛林史班敦促國會減稅，以配合逐步減少的預算剩餘，讓整體預算落在「緩降航道」上。

好個「緩降航道」，不如說是「俯衝航道」。二○○○年，美國的預算剩餘刷新歷來紀錄；如今兩黨分析師都同意，未來幾年的預算都會出現赤字。然而，他們還是預估接近二○一○年以前，將會出現預算剩餘。如果你相信這個預估，你可能也想購買我手中的恩龍公司股票。

葛林史班應該很苦惱。他在柯林頓執政期間成爲財政健全的象徵；如今，美國聯邦政府突然重陷預算赤字，毀了他一手打造的基業。

一九八○年代初期，葛林史班還沒成爲聯邦準備理事會主席前，他曾經主持一個委員會，宗旨就在於保障社會安全體制的未來。委員會的主要成果就是提高薪資稅，當時的雷根總統還在削減所得稅。提高累退稅（薪資稅的負擔主要落在中低收入家庭）的目的，在於創造預算剩餘，讓聯邦政府更容易支應老化人口的各項福利。

葛林史班的緘默

但現在拜預算剩餘用罄之賜，薪資稅的額外稅收並未用來取得資產，也未用來償還聯邦負債，反而用

在塡補其他預算項目的赤字。我們說的不是小數目；社會安全體系每一美元的收入，只有七十美分用在支應各項福利，其他三十美分則挪作他用；主要是爲少數最有錢的美國人減稅。

這難道是葛林史班的意圖：提高窮人和中產階級的稅負，才能爲有錢人減稅？如果不是，他爲什麼沈默不語？畢竟，他一句話可以改變這場經濟大論辯的全貌，就像一年前一樣。

沒錯，葛林史班今天要是說出這樣一句話，等於承認他一年前犯了錯。但他不是準備連任的政治人物，如果他擔心自己的名聲，他更該了解到，如果持續保持沈默，未來歷史對他的評價不會太仁慈。目前尚未定讞的評價是：他是僞君子。他於民主黨在朝時，嚴峻地要求財政責任，但在共和黨執政並且糟蹋前人看緊荷包的果實時，他竟然不發怨言，甚至還有鼓勵之嫌。

這個評價仍有可能改變，他只需說出一些精挑細選的評論；我可是會洗耳恭聽的。

二〇〇二年一月八日

45. 悲哀的祖國

許多美國人很驚訝，原本政府信誓旦旦宣稱永續長存的聯邦預算剩餘，竟然這麼快就變成預算赤字。當然，有些人不覺得意外；我們只是遵循里契蒙和奧斯丁等走過的路。一九九〇年，美國大部分州長都是共和黨籍，他們也用這招：利用一些他們不在乎的預測和虛假的會計手法，爲有錢人減稅找藉口。布希政府只是在二〇〇一年時用到全國事務上。兩者造成的後果都不在預測中。

差別在於州政府根據本身的州憲法，不得借錢填補預算赤字。聯邦政府最終也得量入爲出，但推托及否認可以延後決算時間。換句話說，州政府是聯邦政府的前車之鑑。

預算吃緊的嚴重性

州政府的財政危機有多嚴重？全國州長協會（National Governors Association）最近指出，各州預估歲入和歲出的缺口，至少是四百億美元，可能高達五百億美元，而後者相當於各州預算的一〇％，相當可觀。

如果你覺得一〇％沒什麼，別忘了，有些州政府預算和聯邦政府預算一樣，絕對不能刪減，尤其是在突發的情況下。一九九〇年代初期，六・五％的預算缺口就已經造成州政府大幅削減服務項目，四十四個州

被迫加稅；目前預算吃緊的情況，應該更嚴重。

各州怎麼會淪落至此？最主要的原因是一九九○年代的經濟榮景結束，其次是醫療成本大幅提高。國土安全的支出，則是壓垮駱駝的最後一根稻草。

各州爲什麼不懂得未雨綢繆？州政府依法雖然不能在財政窘困時借貸，卻能在景氣好的時候積穀防饑。反之，許多州長的作爲彷彿景氣永遠不會轉壞。

他們增加的支出雖然不算多；但各州及地方政府一九九○年代末期支出佔國內生產毛額的比重，和一九九○年代初期相去不遠。

更重要的是，這些地方政府竟然減稅。州政府雖然在一九九○年代初期加稅，但預算及政策優先次序中心的最新報告指出，減稅和加稅的稅目並不同。州政府提高累退稅後未再降回，包括銷售稅在內的稅目，主要是由中低收入家庭承擔；州政府削減的稅目，主要是高收入家庭所繳納的稅。結果就是稅負負擔重新分配，有錢人的負擔減輕，窮人的擔子反而加重。一個年收入三萬美元的家庭，負擔的州稅遠高於同樣收入家庭在一九九○年繳納的稅金，但年所得在六十萬美元的家庭，現在的州稅遠低於一九九○年。

聯邦的前車之鑑

除了完全不考慮緊急狀況的預算估測外，類似恩龍公司的創意會計手法，也是州政府能夠選擇性減稅的原因。例如，一九九九年，德州州長（就是此人）在預算中，提出新的企業稅減免措施，不僅低估醫療保險的成本五千五百億美元，更把療養照護的給付從二○○一會計年度的最後一個月，延後到二○○二會計年

度的第一個月，藉此隱藏這筆支出。去年，維吉尼亞州財政已有惡化跡象，如果稅收短缺，依法會自動延後減稅措施，但州長吉爾莫（James Gilmore）把預估煙草公司未來將繳納的稅金，列爲當期稅收，然後從中硬是減稅。

如今，各州政府除了要面對經濟衰退、高漲的醫療保健成本，以及恐怖主義對財政的衝擊外，以往在會計上作假的後遺症，也逐漸顯現出來。結果可能必須裁減教師及警察人力、停止提供窮人醫療保健、延後修補道路橋樑以及最後無可避免地——加稅。我爲什麼能夠未卜先知哪種人的稅金會增加？

那種景況並不好看，但各位得習慣。州是聯邦的前車之鑑。

二〇〇二年一月十一日

46. 布希大膽妄爲的會計帳目

康拉德參議員昨天批評布希政府的新預算，指責他運用和恩龍公司一樣的會計手法；其實這位民主黨籍參議員搞錯了。去年包含大減稅的預算案，和恩龍公司如出一轍。今年的預算案涵蓋不一樣、但殺傷力相等的激進會計手法。

恩龍公司賺錢的假象，主要是靠「逐日結算（Mark to Market）的會計。公司取得的合約如果能夠創造利潤，也是幾年之後的事情，但恩龍卻提前入帳：把這些假設盈餘列爲當期獲利，然後再以此作爲股價大漲、高階主管獲得豐厚紅利的藉口。

美國聯邦政府去年的預算案也大同小異。布希政府非常看好未來十年的預算剩餘，這種預估帶有偏見，充其量只是臆測，卻被布希政府視爲鐵定的事實。根據這些幻想，布希政府以高額減稅作爲給自己的一筆大紅利；而審計委員會，也就是美國國會，未能善盡實地審查的義務。

布希的一次沖銷

一年後，這個假設的嚴重失眞已經眾所週知。在一個理性世界，布希政府得爲誤導美國大眾負起責

任。然而，布希政府卻運用越來越普遍的會計技巧：「一次沖銷」。

根據投資百科全書網站（Investopedia.com）的定義，一次沖銷「用來掩飾不利的費用或出了差錯的投資」。換句話說，管理階層不承認做錯事，反而把績效不佳怪罪到異常且未預料的事件：「我們賺了很多錢，但在收購甲公司時，花了十億美元的特別費用。」當然，意外難免會發生；經營階層的訣竅在於盡量利用這種意外，以便規避責任（思科等企業已經養成提列一次沖銷的習慣）。

九一一事件讓美國上下震驚不已，也提供布希政府一個天賜良機，得以掩飾過往的不當行徑。四兆多美元的預估剩餘，竟突然從人間蒸發？不關減稅的事，都是反恐戰爭的緣故。

簡單來說，布希政府的策略是避免外界對財政困窘的批評，以愛國的名義包裝他的預算案。我可一點也不誇張：預算書的封套的確象徵美國國旗的紅、白、藍三色。

財政的捨入誤差

我爲什麼這麼憤世嫉俗？難道反恐戰爭不是國家大事？

從情緒上、道德上來看，絕對是一件大事；但在國家財政上，最多只是一個捨入誤差（rounding error）。

布希政府利用恐怖份子的威脅，作爲整軍經武的藉口，但這次建軍卻有一些令人不解之處。第一，如果我們得放棄食物而購買大砲，爲什麼不該重新考慮國家富足時提出的減稅案呢？「打死我也不讓減稅案胎死腹中」根本不是答案。布希政府提議再減稅六千億美元時，實在很難讓人認真看待他對開戰的談話。

第二，這次整軍經武和實際的威脅，幾乎毫無關係，除非你認定蓋達組織的下一步是利用幾個重裝甲師，對美國發動正面攻擊。我們這些非國防專家覺得奇怪的是，爲什麼遭到瘋子以切盒器攻擊後，就得花費一百五十億美元建造七十噸重的大砲，或者研發三種先進戰機（九一一事件前，連政府官員都認爲太多）。沒有一位想連任的政治人物敢這麼說，但布希政府新的座右銘似乎是「照顧所有國防承包商」。

我可以舉無數的例子，但讀者應該了解我的意思。布希政府把反恐戰爭視爲使命。如果從預算的角度來看，這不是使命，而是藉口。

二〇〇二年二月五日

47. 眞正傷心的美國人

還記得紐約選出的衆議員，如何辛苦保住聯邦已經承諾的兩百億美元援助？但國會最近同意未來十年提撥一千八百億美元援助，用來補貼農民。別忘了，紐約市人口約爲美國農民總人口的兩倍。

我對布希政府的批評一向不假辭色，但這次的首犯是參議院民主黨。布希政府起初反對提高農民補貼，但就像在鋼鐵業保護案上，經過一番政治計算後，布希政府很快也放棄原先的原則。撇開政治不談，也許補貼農民引發的爭議，可以讓我們終於擺脫美國長久以來的謎思：美國中部以務農爲主的「心臟地帶」，在道德上優於其他地區。

美國的紅色州與藍色州

你一定常常聽過這種說法：美國心臟地帶的老百姓比較樸實、自立更生、注重家庭；沿岸地帶的居民都是喜歡叫苦的雅痞。布希甚至表示，他造訪克勞福的舞台（呃，是牧場）後，得以「和眞正的美國人保持接觸。」（我們這種住在紐澤西洲的人算什麼？切碎的肝臟嗎？）但是對於心臟地帶的溢美之辭，或者是對沿岸地區的貶抑，都沒有事實的根據。

我以一個對心臟地帶常用的定義，做了一些統計上的比較：支持布希的「紅色」州，在大選期間結合東西兩岸對抗美中地區。這些州如何和投票給高爾的「藍色」州相比呢？

談到家庭價值，心臟地帶不見得比較優越。觀察個人責任和對家庭付出等指標時，紅色州甚至略遜於藍色州。紅色州兒童的母親，比較可能是青少年或未婚媽媽。以一九九九年爲例，紅色州三三・七%的嬰兒是非婚生子女，相對於藍色州的三二・五%。全國的離婚統計數字比較不穩定，但蒙大拿州的離婚案例，比紐澤西洲多出六○%。

紅色州也特別敢犯上帝十誡中的第六誡（不可殺人）：紅色州每十萬名居民的謀殺率爲七・四%，高於藍色州的六・一%及新澤西州的四・一%。

但眞正匪夷所思的是，所謂心臟地帶比較自立更生的想法。那個古怪的農業法案本應該消除這種想法，結果只是增加心臟地帶從美國其他地區取得的補貼。紅色州整體繳納的聯邦稅，低於聯邦政府在這些州投入的經費；藍色州正好相反。整體來說，藍色美國每年補貼紅色美國的金額，竟然有九百億美元之譜。

都會繳稅補貼農業

紅色州之中，繳稅的是都會地區，接受補貼的是農業地區。因此，如果扣除大城市，紅色州一九九九年每繳納一美元的聯邦稅，就收到聯邦政府一・七五美元的經費。在我家鄉的新澤西州，這個比率幾乎正好相反。如果再加上隱藏的補貼，例如低於成本的灌溉用水、接近免費的聯邦牧地，美國心臟地帶等於是義大利南部：當地居民大致接受生產力較高的同袍資助。

心臟地帶受到特別的待遇，其實一點都不奇怪，這是我們選舉制度的結果。人口較少的州以紅色州爲主，在參議院以較少的人口獲得一樣的席次，在選舉人團的情形也差不多。事實上，半數參議員是由一六%的美國人選出來的。

雖然這種政治生態已是既成的事實，至少我們可以要求終結這種僞善。心臟地帶不能宣稱本身代表「眞正的美國」。藍色州有權發出疑問：在聯邦政府預算由盈轉虧之際、在國內建設受到排擠之際，爲什麼一小撮受到大量補貼的美國人，覺得本身應該享受更多的資助。

二〇〇二年五月七日

48. 大逃稅

康乃狄克州的史丹利工廠（Stanley Wroks）上周決定，暫緩到百慕達註冊爲公司，以逃避稅負的計劃。這家工具工廠的決定，顯然是受到白宮的壓力；後者宣稱，在國難當頭之際，到海外註冊是不愛國的行動。

後半段當然是我杜撰的。股東投票支持史丹利工廠的行動，只受到康乃狄克州官員的挑戰；此外，這家公司之所以會曝光，是因爲被《紐約時報》的稅務記者莊士頓（David Cay Johnston）揭露出來。但是，向來質疑反對者愛國情操的布希政府，這次對史丹利公司竟未置一詞；面對越來越多美國企業因爲稅務理由，改往他國註冊的情形，也未發表太多的談話。

坦白說，史丹利公司希望利用的稅務漏洞，不能歸咎於布希政府。光譴責利用這種稅務漏洞的企業於事無補，眞正的解決之道是根本不給企業這種機會。然而，布希政府的沈默實在很奇怪。到底是怎麼回事？

針對企業赴海外註冊一事，在布希政府中，只有財政部稅捐執行部門的負責人發表過聲明：「我們可能需要重新檢討三十年前制定的國際稅務法規，畢竟當時的經濟情勢迥異於今，可能不利美國企業的國際競爭力。」

稅收流失的危險

可惜，這項聲明未能釐清這項議題。第一，美國企業繳納的稅金未必高於外國同業；德國的公司稅率遠高於我國，法國的稅率大致和我們相當，英國只略低於美國。總之，財政部的聲明彷彿在宣稱：美國流失稅收的原因，在於原本總部設在美國的企業，遷往低成本的國家，或者因爲這些企業的市場佔有率，已經讓給國際對手。這兩種說法都不正確。事實上，美國稅收流失的原因，在於賺錢的美國企業利用精心設計的手法避稅。

美國企業如果在百慕達註册，不必遷移總部，海外獲利就不需要被美國政府課稅。此外，這家公司在巴貝多這種低稅率的國家，可擁有「依法登記的住址」，然後就能神奇地把美國營業單位的獲利變不見，而在巴貝多這個僅供收信的地址，卻能大賺其錢。換句話說，遷册和企業競爭力無關，純粹只是爲了逃稅。

外界很自然想到，應該查緝逃稅者；應該要找出方法，針對在美國賺錢的企業課稅，並且防範他們利用創意會計手法，把盈餘轉往其他地區。雖然行之不易，但並非絕無可能。

布希爲何保持緘默

關鍵在於：布希政府不想在徵收企業營利所得稅上出力。布希政府未能在國會成功推動企業的減稅案後，在沒有法源的情況下，只好利用本身所能掌握的行政裁量，提供企業這種方便。報導國會事務的《山莊》（*Hill*）雜誌，最近指出：根據一連串外界不注意的行政命令……行政部門在未經國會的同意下，提供企業

界數百億美元的稅負減免。」

布希政府在史丹利一事保持緘默的原因，終於眞相大白了。布希政府不想公開表示，他支持企業逃稅；但也不想課徵這些稅收，於是乾脆悶聲不響。

但是，不管政府暗示或默許企業不繳稅，都是一場危險的遊戲，可能導致嚴重的稅收流失。會計師和稅務律師已經接收到政府的暗示，他們現在認定可以得寸進尺了。縱使計入經濟衰退的因素，今年的稅收也已經低於預期。筆者相信，企業（及有錢人）積極逃稅是很重要的因素。明年只怕會變本加厲。

此外，留在美國的企業反而受到懲罰，逃往海外的企業卻受到獎勵，對全國人民來說，又會造成何種印象？

如果布希政府希望取消企業營利所得稅，不妨來一場眞正公開的辯論，而且先從預算赤字惡化下，如何彌補流失的稅收談起。同時，一起來打擊逃稅。

二〇〇二年五月十四日

49. 希特勒的春天

你可能記得布希承諾要改變華府的風氣；他沒有食言，風氣的確不同以往。

據我所知，以往白宮主人如果宣稱：反對黨成員不關心國會安全，往往會被視爲不適格。如果有人想把對有錢人課稅、或估計有錢人佔去年減稅之受惠比重的人，比成希特勒，那實在更爲罕見。

美國的納粹

我們也許不該相信葛拉姆參議員的話。有項提案要求，對於放棄美國公民權以規避繳稅的人，課徵一次的資本利得捐。葛拉姆認爲此舉「簡直出自納粹德國」。參議院財政委員會共和黨籍的資深議員葛拉斯利也駁斥這種比喻。

但是幾週後，葛拉斯利自己也用了希特勒的比喻：「我相信選民接觸到很多統計數字，顯示布希的減稅案讓最富裕的一%納稅人，享受到四○%的減稅好處。這不只是誤導，也是大錯特錯的作法。有些人一定覺得，凡事只要多說幾次，就會變成眞的。這是希特勒崛起掌權的原因。」

「支持租稅公平公民」運動的麥克英泰爾（Robert McIntyre），也是最先提出四○%估計值的人，他並不

是希特勒。奇怪的是，葛拉斯利有時會被視爲溫和派。他的發言不過再度顯示，我們進入黨同伐異、涇渭分明的時代了。即使是事實，只要會造成政治上的不方便，就已經沒有被對方承認的空間。被葛拉斯利形容成「大錯特錯」的作法，事實上，幾乎成爲定局。在理性的世界中，這甚至不會成爲爭論的話題。

你可能認爲，葛拉斯利對於「最富裕的一％納稅人享受到多少減稅好處？」這個問題，另有答案。布希政府在某種程度上提出一個數據，顯示有錢人並沒得到太多減稅的好處；但政府官員從來不曾回答上述問題。如果有人逼問，他們通常會顧左右而言他。

但財政部去年的確發布一個統計，顯示年收入二十萬美元的族群會享受到二五％的減稅好處；這個數據不包括廢除遺產稅的效應。一九九九年，只有二％的遺產繳納遺產稅，半數的遺產稅是由〇．一六％的遺產負擔。這個數據可能未計入最低替代稅，後者會奪走中上收入家庭的減稅好處，但不影響眞正的有錢人。

歸納上述各點可以清楚得知，四〇％的減稅好處（可能會低一點，也可能遠高於這個比率）被最富裕的一％獨享。從官員刻意規避誰享受到最多減稅的好處來看，顯然布希政府不願申辯，但又不承認有罪。

雙倍的侮辱

這讓我們想起華府的新風氣。

雷根爲有錢人減稅時，他不否認自己的所作所爲。他以供給面經濟理論爲自己辯護，你可以同意或反對他的理論，但雷根並未假裝要強化稅制的累進特性。布希推銷減稅案的策略卻是否認事實，並且抨擊任何指責他們說謊的人。這套策略在減稅案成功後，已經全面運用在其他施政上。

金斯利（Michael Kinsley）最近寫道：布希爭取美國人民支持對伊拉克開戰一事，可說是對美國老百姓的侮辱；不僅因爲不誠實，也因爲不嚴肅。謊話是對人的侮辱；公然的謊話是雙倍的侮辱。」我只能說，他現在注意到了嗎？他似乎要在經濟政策上故計重施。

有些人或許一定覺得，凡事只要多說幾次，就會變成眞的。這是布希崛起掌權的原因。

二○○二年十月十八日

50. 大師對政府唯命是從？

或許這是一廂情願，但有人希望舊有的葛林史班——我們向來尊敬的那位，下週會重出江湖。在柯林頓執政期間，葛林史班成爲財政健全的象徵，經常教導政治人物消除預算赤字及償還債務的重要性。布希當家後，葛林史班或許流露出本性，竟然變成另外一個人。

首先，這位聯邦準備理事會主席決定支持布希的減稅案，也敦促國會同意減稅，以免美國預算剩餘太多、償還債務太快。沒錯，眞的是這樣。然而，預算出現赤字後，葛林史班不但不改其志，甚至支持讓減稅常態化的提案。嚴格的校長搖身一變，成爲溺愛小孩的叔叔。

如今，財政惡化已經到了無以復加的地步。布希政府在第一次預算報告中預估，二〇〇四年會出現兩千六百二十億美元的預算剩餘。一年前發表第二次預算報告時，政府預測二〇〇四年度的預算赤字爲一百四十億美元，如今預估預算赤字高達三千零七十億美元。光是下一年度財政惡化的程度，就達到五千七百億美元，未來每一年的情況也差不多。這裡五千七百億美元、那裡五千七百億美元，很快就是天文數字了。

領袖的藉口

「不是我的錯，」布希說：「經濟衰退和一場不是我們主動掀起的戰爭，才是造成預算出現赤字的原因。」他宣稱。眞的嗎？每年經濟衰退和戰爭的成本是五千七百億美元——每年嗎？此外，布希一年前就知道經濟衰退和賓拉登，當時他預估聯邦政府可望在二〇〇五年重享預算剩餘。如今預算赤字似乎如影隨形，縱使不包含伊拉克戰爭的成本在內。

總之，領袖不是應該解決問題，而不是尋找藉口的嗎？但布希卻設法讓問題惡化。他一反以往的作法，面對「戰時」預算赤字的對策時，竟然是進一步減稅。

財經記者逐漸發現布希已經失控。哥倫比亞廣播公司市場觀察（CBS Market Watch）宣稱，布希「失去理智」了；他那種香蕉共和國式的不負責任，並未引起廣泛的好評。我們聽到的減稅六千七百四十億美元，還不到實際金額的一半。縱使根據布希政府偏低的預估：未來十年希望減稅一兆五千億美元，還是遠超過二〇〇一年推動的減稅規模。我們需要五千七百五十億美元，才能調整最低替代稅——官員宣稱會做，但迄今未列入預算中。

布希政府利用一些技巧，把減稅的大部分成本延遲到二〇〇八年之後。預算管理局突然不再預估十年後的預算，官方最多只預估五年後的情況。但預算報告仍然隱藏長期預估，他們過於樂觀了。縱使在這種樂觀的預估下，一旦嬰兒潮世代開始申領社會安全及老人醫療保險等福利，也將成爲聯邦政府的財政災難。

「我們不會把問題留給下任國會、下任總統、下一代子孫。」布希在國情咨文中嚴肅地指出。

葛林史班的下一步

葛林史班和此事的關係呢？下週，葛林史班將到參議院銀行委員會作證。他是否終於願意承認布希政府的無能呢？

葛林史班得知道，許多人現在認定他有黨派之見，其中包含共和黨人士。他們認為，無論布希提出什麼方案，葛林史班都會支持。他下週的言行會驗證外界的印象是否為眞。

他已經沒有藉口了。根據他以往捍衛財政健全的鮮明立場，葛林史班不能採納布希政府「預算赤字問題不大」的態度。他也不能套用供給面理論，宣稱減稅可以增加稅收，因為兩年前，他才呼籲減稅以降低預算剩餘。

如果葛林史班仍然為布希的不負責任找到藉口，或者躲在曖昧難解的言辭之後，然而歷史會記錄下來，說他是一個嚴以待人、寬以律己的人。

這可能是葛林史班挽救本身聲譽及美國償付能力的最後一次機會。

二〇〇三年二月七日

第七章

2-1=4

THE GREAT UNRAVELING

51. 豬入蛇口

人口統計學家把嬰兒潮世代稱爲「豬入蛇口」：原本細長的年齡層分布，突然多出一大塊。隨著這個世代逐漸老化，這塊統計分布逐漸往下移動。豬的口鼻部接近蛇的尾部時，出現兩個政策問題：一是狹隘的「財務」問題、一是廣泛的「實質」問題。但在總統大選期間的論戰，似乎都未觸及這兩者。

所謂「財務」問題，就是如何支應社會安全福利。這問題源自社會安全採用的「隨收隨付制」：嬰兒潮世代繳納的保險金，可用來提供前幾代人優厚的福利，卻不夠充裕到足以支付嬰兒潮自己。所幸，這問題並不難解決。雖然讀者可能聽過一些世界末日的說法，但只要注入政府負擔得起的資金，這套制度至少還可以安穩地運作五十年。問題在於，是否願意面對現實？

「眞正」的問題是，美國在幾十年內，整體的年齡分布會像今天的佛羅里達州。相對人數較少的勞工，如何能讓自己過得不錯，又能提供龐大退休人口心目中的理想生活水準？

不得不面對的負債

這個問題更難解決。唯一的答案是，除了開放大規模移民外，就是盡量提升未來勞工的生產力。科技

也可能是解決之道；有了更聰明的機器，誰還需要勞工？但負責任的政府應該試圖維持國家儲蓄，包括公共及民間在內的高水準，未來勞工才能配備資本，而不是龐大的外債。

但選戰圍繞在截然不同的議題：美國人社會安全保險金的投資報酬率偏低。筆者先前曾經解釋過，社會安全保險金的內含報酬率偏低，因爲目前的勞工在償還過去遺留的債務，讀者可能不能接受這個觀點，然而這就像你繳納的聯邦稅金中，一五％用來支付一九八〇年代及一九九〇年代初期的債務利息。兩者相同處在於：負債是不可否認的事實。

但布希所提社會安全計劃的主要賣點，卻是在比較兩種投資報酬率：一個零負債者的投資，另一個是債台高築的社會安全制度投資，這種對比毫無意義。高爾補貼退休帳戶的計劃，也不在解決眞正的問題，只不過是在回應布希的提案。

換句話說，高爾的提案可能更糟糕。它不會破壞預算，可能會鼓勵民間儲蓄。它和社會安全制度一樣，也是採取累進制度，也就是設法縮小財富差距。

神奇的星號

你也得肯定高爾的誠實。他全盤托出計劃的細節，也說明他準備如何延長社會安全制度的壽命——從總預算調度資金。反之，布希絕口不提如何減少福利，以便開放勞工把資金投資他處；更沒說明他如何支應以往遺留的負債。他只是列了一大堆神奇的星號：「未來會說明細節」。我猜想，布希如果眞的說明細節，屆時削減福利的規模將會引發一場政治風暴，迫使他利用稅收挽救社會安全體系。但這得等到選舉結束。

錢從何處來？記得布希提供的大幅減稅嗎？除了消滅原本可用來解社會安全燃眉之急的預算剩餘外，減稅只會讓美國上下多消費、少儲蓄，和高齡化社會該做的事情正好相反。

同時，那頭豬還在蛇腹，步步進逼終點。有人注意到了嗎？

二〇〇〇年六月二十一日

52. 失敗公式

共和黨在駁斥柯林頓總統把老人醫療保險的給付擴大到處方藥，以及推銷自己的對案時，都以慣用的言辭大肆抨擊。他們嚴厲指責政府的方案是官僚作風、「一體適用」的解決方案。他們也宣稱，他們提出的方式提供了更多的選擇。

他們難得說對了。共和黨的方案的確提供更多的選擇。可惜，有時候選擇多的方案，反而是對所有人都不好的方案。事實上，共和黨的方案雖然提供更多選擇，最後卻可能讓所有人都沒選擇。

逆選擇

民主黨有意提供藥品給付至老人醫療保險的被保險人時，共和黨提議將給付直接交給民營保險公司，誘使他們進入老人市場。但所有跡象都顯示，這個計劃行不通；保險公司皆把持非常懷疑的態度。業界遊說團體很少會告訴國會，他們不需要補貼，這是其中一例。內華達州如果執意實行類似計劃，最後一定一敗塗地；而在該州領有營業執照的保險公司，都沒有承保的意願。

原因在於「逆選擇」；許多市場都受此影響，尤其是保險市場。基本上，逆選擇就是你不該向「不必體檢」的保險公司購買保險的理由：如果不管風險高低，而且保險產品的價格都一樣，就會產生劣幣驅良幣的後果。

長者爲什麼不能購買處方藥保險？假設一家保險公司願意提供處方藥保險產品，那麼他們的保費一定很高，高到足以涵蓋保障一般老人醫療被保險人的成本。但退休人士每年處方藥的支出差異甚大，全視他們是否有慢性疾病以及何種疾病。健康的退休人士知道自己的帳單不會那麼高，因此不願購買這種保險產品；換句話說，這種保險產品只會吸引帳單金額高於平均數值的人投保，然而在保費提高下，嚇走更多健康的退休人士，直到最後沒人投保。保險公司對此知之甚詳，因此一開始就不願進入這個市場。

問題的根源在於，只有在大家知道自己是否需要昂貴藥品前，支付必要的保費，民間業者才能以合理價位提供藥品保險。如果有人日後發現自己不需要這類藥品，而且可以不再繳納不必要的高保費，業者仍然無法販售這種保險產品。

超越世俗的經濟理念

原則上，保險公司可以在合約中規定，禁止被保險人退出保險，但民營保險公司強迫健康的退休人士，縱使在知道自己不需要這些保障的情況下，也得繳納高保費幾十年，結果一定會引發很多法律爭端。事實上，唯一可以避免被保險人紛紛退出保險，並且強迫被保險人至死方休的參與保險，就是把藥品保險改爲政府公辦。

但這些或多或少只是教科書式的經濟學。只要是了解內情的人，幾乎不認爲這方案可行，然而，共和黨領袖爲什麼堅持支持這項方案呢？

懷疑政治絕對扮演重要的角色。

鈔票也一樣；保險業大致上反對共和黨的提案；特效藥業急於防範任何可能造成藥價下跌的發展，他們擔心政府的作爲可能會有導致此後果；還有一派極度樂觀者也來參一腳。共和黨衆議院領袖尤其相信自由市場的神奇力量；他們相信，縱使相關業者表明不參與，但市場自然會找到出路；而且縱使傳統分析認定政府應該介入，他們也認爲政府的介入是一種罪惡。

簡單來說，共和黨的計劃在於確認一種超越世俗經濟理念的信心。

但我們這些化外之民怎麼辦？

二〇〇〇年七月二十六日

53. 退休神話

某個地方的人只活兩年。第一年：大家都工作；第二年就靠個人的儲蓄過日子。

後來政府決定幫助老人家，因此訂出一套名爲社會安全的制度。每個在職年輕人都必須繳稅，以便用來支付同年每位退休長者的福利。

對於第一代的受惠者來說，社會安全實在好得不得了。他們年輕時不必付任何一毛錢，卻仍然享有福利。但接下來的每一代都誤解這套制度。他們把必須繳納的費用視爲投資，其實就是用來支付父執輩各項福利的稅金。他們以爲，如果把這筆錢投入市場，收益會較高。

破滅的神話

有位胸懷大志的政治人物宣稱：「這是你們的錢！我相信人民，不相信政府！」他說，他會讓勞工自行投資一半的社會安全捐。如果有人指出，這些錢是用來給付給年長者的福利（後者繳的錢已經用來支付前一代退休人士的福利），立刻會被「別說一些模糊不清的數字！」的聲浪給淹沒。新制於是上路。

社會安全制度第二年就破產了。在收入不足的情況下，退休人士領不到應有的福利。

我希望這則神話是過度簡化今年有關社會安全體制的辯論，但其實就是這麼簡單，布希的提案把社會安全捐的部分資金投入個人帳戶，且不另外補充移出的資金——就是這麼不負責任。只要美國人多活兩年，上例在實務上就會花較長的時間。美國的社會安全體制還有三十年才會破產，因此眞正的受害者是目前的中年人，而非已經退休的人士。但由於災星越來越明顯，危機可能提前引爆。

布希在政治操作上也有重大的發現：荒誕不經的陳述，竟然沒受到質疑，只因爲選民不相信一位看似和藹的人，竟然會做出這種事。在上週的辯論中，布希再度宣稱，他要把四分之一的預算剩餘，用在新的施政計劃上。但從他提出的預算書顯示，他打算投入的經費只佔預算剩餘的八分之一不到（「別說一些模糊不清的數字！」社會大衆吶喊著，但這些都是布希自己提出的數字）。他堅稱，他有辦法挽救社會安全體制，結果他的實際方案只會讓整個體系破產。

浮士德與魔鬼的交易

有些優秀的經濟學家、甚至社會安全專家，不是都支持布希的提案嗎？不妨把它想成浮士德和魔鬼的交易，但不是爲了權力或財富出賣靈魂（或許也是，但不在我的研究領域中），而是爲了改革出賣靈魂。

推動社會安全的改革當然可以振振有詞，但前提是我們準備付出那樣的代價。現有的體制在本質上承諾今天的勞工：下一代子孫會照顧他們，就像他們照顧今天的退休人士一樣。布希的顧問費德斯坦（Martin Feldstein）曾經指出，這種制度設計會讓人產生誇大本身財富的錯覺，進而多消費、少儲蓄。

若要解決這個問題，需要很大一筆資金，以便用來償還現有的債務。換句話說（從不同的角度來

看）；社會安全體制的問題在於：讓人以爲自己比實際情形更有錢。眞正的改革勢必得讓人覺得自己比實際情形更窮，但布希絕對不會推銷這種改革。

支持布希方案的經濟學家，應該以爲這些問題在選後都能解決。等到正式宣布計劃時，應該都會合情合理。但目前實在很難推估。想想看，勝選後的布希竟然得解釋他必須刪減社會福利、或者放棄減稅案，才有足夠資金支付社會安全體系的改革。

目前能夠確定的是，布希眞正的社會安全提案會讓這套體系破產。這可不是模糊不淸的數字，而是冰冷、嚴肅的事實。

二〇〇〇年十月十一日

54. 劣跡敗行

起初是一件好事。一九八〇年代，國會決定未雨綢繆，針對三十年後的危機早做預備。到了一九八〇年代爲止，社會安全體系仍然屬於「隨收隨付制」：每年的收益都用在支付現有的福利上，但病癥已在一九八〇年浮現。三十年後，這套制度將會面臨嚴重危機，罪魁禍首則是嬰兒潮世代；一旦他們開始退休，支付社會安全捐的勞工人數不再大幅成長，社會安全體系負擔的退休人士數目卻飆漲。目前每三·四位勞工負擔一位退休人士；到二〇三〇年，只剩下兩位。「隨收隨付制」將被迫導致大幅加稅或大幅削減福利，甚至同時並行。

國會一九八〇年的動作，就是提高社會安全捐（只小幅提高兩個百分點）以規避更嚴重的後果。在人口結構對社會安全體制產生衝擊前，先蓄積龐大的資金，延後結算的日子，甚至或許徹底解決此事。這個方法也許不能治本，但至少提供我們很多喘息的空間。這套制度至少可以運作到二〇三七年，再加上其他補救措施，很容易就可以延續到二〇五〇年之後。

但著重長遠考量的政治行動，容易被後代的政治人物搞砸，他們會忍不住動用這些基金。這也是我們如今陷入困境的原因。

錢從哪裡來

布希希望撤銷調高社會安全捐兩個百分點的決議。沒錯，他並未提議退回現金，而是把這筆錢投入以年輕勞工爲主的個人帳戶，因此，目前社會安全體制應該要保障的中年勞工，反而無法獲得支援。然後呢？

當然應該有「然後」。原本該提供福利給嬰兒潮世代的那些錢，如果挪爲他用，我們勢必得另闢蹊徑：削減福利、挪用其他資金，對不對？

布希的話總是只講一半。他的廣告宣稱，將提供社會安全體系很健全的財務；但他的提案對這套體系的財務卻袖手旁觀，甚至連試都不試。這問題甚至也無法辯論，因爲根本沒有值得辯論的對策。

我不明白新聞界爲什麼無法讓眞相大白。也許記者們不敢說：州長先生沒有穿衣服。這位很可能成爲美國總統的人，他所提的方案竟然沒有配套的行動。

大部分的新聞報導，都爲布希這個不成計劃的方案開脫。他們的理由是，反正體制內的資金不足以維持現行福利二十年之久，因此這項方案不會危及目前已退休人士的福祉。然而，這是本末倒置。就是因爲現行體制無法長期維繫，外界才要求改革。如今，我們竟然得接納一套會縮減現行體制十四年的「改革」？

退休人士的切身之痛

總之，讀者認爲結果會如何？難道社會安全行政局會給付接下來二十年的福利，然後突然宣布：「對不起，各位，資金用光了。我們要刪減福利四〇%，而且立即生效。」實際情形應該是，一旦政府挪用部分

社會安全捐到個人帳戶，削減社會安全福利的壓力隨之而生；目前已退休人士將會有切身之痛。

或許布希贏得大選後，他將會公布一個秘密計劃，其中包括刪減福利，否則他從哪裡找到錢？（預算剩餘已因減稅而消失）或者他會要求一個跨黨派的委員會擬定一套方案，然後把這個委員會無法無中生有的罪過，推到民主黨的頭上。

說來諷刺。國會在一九八〇年代一項盡責的行動，竟然只是爲多年後一場不負責任的政治技倆，搭建舞台。但俗話說得好：好事多磨。

二〇〇〇年十一月五日

55. 二〇一六年諸事

我知道，布希任命的社會安全改革委員會，一定會發表歪曲的報告，藉此嚇唬國會批准社會安全體制民營化。但上週發布的報告草本，卻是居心叵測的一派胡言。

這個委員會唯恐天下不亂，他們宣稱，社會安全體制已經大難臨頭，最快二〇一六年就會陷入危機，和正常的估測南轅北轍。一般認爲，社會安全體系的累積資金可以延續到二〇三八年，甚至這個估測也是基於對未來經濟成長、薪資稅收較悲觀的估測。如果改採較樂觀的假設，例如，布希用來爲減稅案背書的預算估測，社會安全體系到了二〇七五年都可高枕無憂。

歐威爾式的雙重標準

因此，委員會是如何得出上述悲觀的結論？這是歐威爾式（Orwellian）的雙重標準，也就是同時相信兩組互相矛盾的事物。

根據悲觀的估測，福利給付的確會在二〇一六年超越薪資稅收，但屆時社會體系也會累積幾兆美元的「信託基金」。民間的退休基金會利用資產孳息支付福利，社會安全體系也可用信託基金的孳息支付福利。這

筆信託基金的壽命，絕對超過社會安全體系數十載，甚至無限長。

但委員會宣稱，累積的資產不「實在」，不能算是給付未來福利的資源。爲什麼？因爲他們投資的標的是政府債券（民間退休基金視之爲優良資產），但委員會卻表示，政府機關投資的公債不值錢。

有這種道理嗎？有個學派認爲，社會安全體系的預算不能獨立，社會安全捐的收入也應該視爲總歲入的一部分，而各項給付也是總歲出的一部分。果眞如此的話，很難看出二〇一六年是社會安全的大限。薪資稅只是政府衆多稅收的一種，退休福利也只是政府各項支出的一種，前項稅收低於後項支出有什麼關係？政府可以透過總預算來提供社會安全給付。如果薪資稅收可以用來償還國債，以免支付龐大的利息，由總預算支應社會安全給付也很合理。

另一方面，基於政治理由，社會安全體系有必要另設專戶。如此一來，在信託基金內的政府公債，就應該視之爲眞實的資產，好比社會體系已經民營化了一樣。（我提議把信託基金的錢存入民營銀行，再用以購買政府公債。這算不算眞實的資產呢？）

委員會的雙重標準

委員會顯然是雙重標準。社會安全出現剩餘時，因爲它是政府的一部分，就不予計算；一旦出現赤字，社會安全就得自食其力。這種雙重標準等於是徵用一九八三年以來，勞工額外繳納的稅捐。當時包括參議員莫尼漢（Daniel Patrick Moynihan）等人，合力推動調高薪資稅，目的在於充裕改革委員會現在宣稱不實在的信託基金。巧的是委員會的共同主席也是莫尼漢。

一旦信託基金被徵用，社會安全的赤字會有多大？委員會宣稱，相當於三七%的薪資稅收；聽起來很多，但只佔國內生產毛額的二%。這個數字很有趣，因爲聯邦政府目前支付的債務利息，也佔國內生產毛額的二%。政府也是以社會安全的剩餘償還這項債務。

還有另外一項預算項目，和社會安全的赤字差不多：布希的減稅案。減稅造成稅收減少的金額，約佔國內生產毛額的一・七%。

改革社會安全體系言之成理，甚至推動社會安全體系民營化都說得過去。但除非各方願意誠實面對這個議題，否則辯論毫無意義；包括莫尼漢在內的委員會諸公，證明了自己沒資格參加這場辯論。

二〇〇一年七月二十二日

56. 委員會的罪

如果讀者於十八年前就開始爲退休存老本，你可能會購買股票及公司債，但你的姪子勸你肥水不落外人田。從此之後，你就開始借錢給他。在你的幫助下，他渡過很多財務難關，最近更利用你的資金償還他的房屋貸款。

現在他告訴你，你最好爲退休開始投資。「畢竟，」他說：「你沒有眞正的資產。」「你欠我的錢呢？」你問。「那不是眞正的資產，」他回答：「那只是承諾。我會遵守這承諾的唯一方式，就是多賺點錢或少花點錢，但你不能對我有這種期待。」同時，你知道他剛爲自己訂了一艘遊艇，船價足以償還他欠你的錢。

眞正的資產

多數人無法原諒你姪子的態度。但布希挑選的社會安全改革委員會，卻認爲你姪子的想法正確。社會安全體系從一九八三年以來都有剩餘，當年曾經提高薪資稅，以充裕支付未來福利的信託基金；這些剩餘可用來購買股票或公司債。然而，若改以投資美國公債，似乎既安全、問題也較少。社會安全體系的信託基金快速增加，目前資產達到一兆兩千億美元。但委員會宣稱，信託基金持有的政府公債，不算眞正的資產。

換句話說，你借錢給姪子償還房屋貸款，卻未能增加他的現金流動。

社會安全體系每投入一塊錢購買政府公債，而未投資公司債等其他資產，就等於聯邦政府可以少向其他管道借貸一塊錢。社會安全體系的信託基金，若沒運用累積剩餘購買一兆兩千億美元的政府公債，聯邦政府便得向其他管道籌措這筆錢。政府今年如果不支付信託基金六百五十億美元的利息，至少得付出同樣的利息給民間的債券持有人。信託基金對聯邦預算絕對有實質貢獻。這還不算眞正的資產嗎？

如果用信託基金來償債，便可減輕政府的債務負擔，讓政府更容易支付退休人士的福利。社會安全體系一旦要求聯邦政府償還積欠的款項，後者勢必得加稅或減少支出。但是，我們當前的負擔是否眞如委員會所宣稱的沈重無比？

姪子的新遊艇

從數字來看：如果今天面臨的是二〇四〇年的人口結構（每一百位勞工得負擔四十八位退休人士，而非目前的三十位），社會安全福利的給付金額就比薪資稅收多出一千八百億美元；聽起來很龐大，但布希兩個月前通過的減稅案（你姪子的新遊艇），如果完全落實在今天，今年的稅收將約減少一千七百億美元。

黨派意識越來越明顯的葛林史班，十八年前曾經主持調高薪資稅的委員會，創造社會安全體系的剩餘；昨天卻在參議院聽證會上表示，布希的減稅案「規模不太大」。如果減稅案溫和，社會安全的現金缺口也應該不太大。眞是自相矛盾！

委員會的報告處處充滿這種矛盾。我們得相信，社會安全體系的剩餘毫無意義，因爲都是一套預算，

但社會安全體系的赤字卻非同小可，因爲這套體系必須能夠自給自足。我們還得相信，如果爲有錢人減稅，一年一千七百億美元是不太大的數字；但如果是關於退休人士的給付，對預算而言就是難以承受的負擔。

明明是一個發布充滿偏見、前後矛盾、不實報告的委員會，我們還得洗耳恭聽它的建議。

二〇〇一年七月二十五日

57. 劣藥

《紐約時報》周日頭版報導，醫生拒收參加老人醫療保險的病患——實在是一大警訊。這項保險最近削減給付後，促使許多醫生乾脆不收這種身分的病患。但這只是初期徵兆，一場爭戰很快會席捲美國政壇。

這個衝突的兩造是一股阻擋不住的力量（醫療保健成本日益攀升）和改變不了的目標（美國保守勢力推動政府瘦身的決心）。目前布希政府和支持者都不肯承認，他們對退休人士的承諾與小而美的政府理念互相衝突。然而，我們再也不能用虛構的數字來掩飾這個衝突。老人醫療保險的支出目標，如果持續壓低在不合理的低水準，醫療服務提供者獲得的報酬，自然也會不合理的偏低。最後形成惡性循環。

醫療成本爲什麼會節節高升？不是因爲醫生和醫院貪心，而是醫學技術日益發達。以往許多超越醫生所能處理的病症，如今都可以治療，不但延長病人的壽命，更大大提升他們罹病後的生活品質，但所需費用也高出很多。對病患來說，冠狀動脈繞道手術比親切的態度效果更好，但費用也多出很多。

醫療成本再度上揚

一九九〇年代，醫療成本不斷上揚的趨勢似乎緩和了。後來才知道，轉移到醫療保健公司（HMO）

後，成本出現一次性的壓縮。現在醫療成本再度開始攀升。

如果醫療只是個人私事，醫學進步造成的兩難，充其量和家庭娛樂設備的進步一樣。但事實上，美國和其他先進國家一樣，把必要的健康保健視爲公民的基本權利，而非特權。美國的老人醫療保險及輔助醫療保險，在提供這項權利時雖然荒腔走板，但用意都在於：沒人會因爲沒錢而得不到可以救命的治療。

政府爲什麼要介入醫療保健，而不乾脆交給個人自理？基本上，連美國這種社會，大眾對於不公平的容忍程度仍然有限。比起普通家庭，有錢人買得起更大的房子及更豪華的渡假；美國人能夠欣然接受這種差異。但有錢人如果能夠輕鬆解決自己醫療問題，普通人卻得死於無錢看病，美國人絕對無法忍受。

因此，我們才有老人醫療保險及輔助醫療保險。老百姓全面支持：擴大老人醫療保險的給付範圍至處方藥，其理由也一樣：大部分的美國人認爲，一些藥效特佳的藥品，如果限於自掏腰包的人才能服用，實在不可思議。將藥品納入老人醫療保險的範圍，其實並未違反這個保險創辦時的初衷。

爲窮人的醫療資源護航

但要符合大眾的期望：每位美國人，尤其是退休的美國人，必須能得到必要的醫療照顧；美國政府則需要投入大筆經費。保守勢力，尤其是布希政府，不打算提供這筆經費，畢竟政府的任何支出，最終都是得由稅收支應。

但他們不敢公開宣稱：不願提供必要的醫療資源給窮人。怎麼辦呢？

布希政府還在裝模作樣；上個月提出的預算案，讓醫療保健的經濟學家不敢置信。預算中，估計的老

人醫療保險支出成長率，遠低於所有人的推測。比起國會預算署推估的數字，政府未來十年編列的相關預算，整整少了三千億美元。此外還重申，已把處方藥納入保險給付範圍，但至少低估所需成本的一半左右。

目前的情勢已經到了不是增加老人醫療保險的經費，就是縮減退休人士醫療資源的地步。週日那篇報導的啓示是：老人醫療保險的給付，已經壓縮到沒醫生願意爲老人看病的程度。很快就必須有所抉擇了。

二〇〇一年三月十九日

58. 怵目驚心的總數

作家辛克萊（Upton Sinclair）寫過：「一個人的薪水，如果是根據他對某些事情的不了解來決定的，他就很難懂這些事情。」有關社會安全體系改革的辯論，大家必須了解，推動民營化（以個人帳戶制度取代部分現行制度）的人，其實不懂基本算術，否則他們一定會承認，這種個人帳戶對整個體制的財務，有害無益。

二減一等於一

社會安全體制是以一代的薪資稅收，支付前一代勞工的退休福利。年輕勞工所納的薪資稅捐，如果轉入個人帳戶，問題就會浮現出來：誰來支付目前的退休人士及更年長勞工的福利？這是基本算術：二減一等於一。因此，民營化勢必會造成財務缺口：不是得削減福利，就是得由政府預算補足，或兩者都需要。

布希在二〇〇〇年大選期間提出的荒謬主張：個人帳戶不但可帶來低風險、高報酬，甚至可能挽救社會安全體制；當時很少記者披露，他的主張等於認定二減一等於四。如今一定要提出具體計劃，布希再也不能規避外界的質疑。

強化社會安全委員會所提出的計劃，已經極盡模稜兩可之能事，卻仍然包含大幅刪減福利及「魔術星號」兩大部分；後者是從一個未公開的管道，移轉上兆美元的資金。預算及政策優先次序中心最新發表的報告，詳細說明這計劃造成的危害，作者是麻省理工學院的戴蒙（Peter Diamond）及布魯金斯研究所（Brookings Institution）的歐薩格（Peter Orszag）。戴蒙是全球最知名的經濟學家之一、退休制度的專家，也是我在麻省理工學院的同事。

戴蒙─歐薩格的報告提供許多資訊，連我也覺得大開眼界。例如，強化社會安全委員會宣稱會源源不絕的神秘資金，足以保全社會安全體制直到永遠。委員會的計劃其實包含大幅刪減失能福利，但支持民營化的人習慣忽略此點。

在這份報告中，最有趣的是政府的反應。

歇斯底里的備忘錄

委員會的執行長布拉霍斯（Charles Blahous），目前也是白宮幕僚，他迅速發表一份歇斯底里的備忘錄來回應。短短幾頁的備忘錄，竟然能夠塞進這麼多的雞同鴨講和誤解，布拉霍斯也算創了紀錄。他怒責戴蒙和歐薩格未說清楚相關議題。歐薩格對其中一項指控，冷冷地表示：「執行長匆匆回應我們的報告，似乎漏看了最後的表格……該表正說明了這個議題，而且提供他所要求的對照（他可能不喜歡研究的結果）。我們在此建議他看看這個表。」

布拉霍斯的策略之一，就是堅持個人帳戶不會造成社會安全體制的財務惡化，因為從信託基金挪用的

資金，不會讓整個體制的可用資金減少，但前提是個人帳戶仍然屬於社會安全體制的一部分。說得好聽，卻經不起一駁。這些錢當然沒有消失，卻無法再用來支應老年人的福利；後者當年曾經付錢供養前一代的退休人士。

隨著社會安全體制民營化的事實逐漸浮現，主事者的作法似乎就是盡量讓大衆搞不清楚。共和黨如今要否認民營化，就要實施個人帳戶，因爲個人帳戶的所有人必須承擔所有投資的風險。共和黨的文宣要求大衆，「不要成爲民主黨煽風點火的幫兇。」因此牠雖然長得像鴨子，走起路來也像鴨子，但直到下次大選前，牠都不是鴨子。

他們說得天花亂墜，但鴨子就是鴨子。政府內部那些宣稱民營化有益強化社會安全體制的經濟學家，本身就像鴨子，一樣只會呷呷喊出一些歪理。

二〇〇二年六月二十一日

第三篇

勝利者和戰利品

PAUL KRUGMAN

我們怎麼會落到這步田地？美國的政治制度曾在一九九〇年代，創造出通情達理的財經領導團隊，如今，為什麼會讓我們陷入不誠實及不負責任的泥淖？我從不敢期望自己能夠回答這個問題，我不認為自己是政治評論家。事實上，我在本書前言說過，我原本希望在《紐約時報》的專欄裡，專注在財經及國際經濟議題，而非國內政治。但隨著釀成的災害越來越嚴重，我覺得必須說明美國的政治為何如此腐敗。

布希又跳票了

我相信一部分的答案在於，美國政治已經高度兩極化，而中間陣營已經無險可守。在政治兩極化的發展下，國民所得越來越不平均，結果就是階級鬥爭；此刻並非窮人想要敲詐富人，而是經濟精英試圖擴張他們的特權。第八章以經濟角度看待美國政治的兩極化，並且說明所得分配的兩極化。不久前，還被歸類為離譜的觀念：「繼承特權是好事，窮人繳的稅太少。」如今已經成為政治論述。

反對福利國家的基本理論，幾乎駁斥政府除了國防之外的所有作為。今天的保守陣營企圖剝奪政府許多傳統角色，包括環境保護、證券法規、航空管制。有人（包括《紐約時報》社論版）認為，和傳統軍事衝突截然不同的九一一事件，可能改變上述態度，結果正好相反。第九章指出，布

希政府和在國會的盟友根本不為所動。例如，九一一事件過後幾天，他們仍然設法避免由政府接手航空安全事務。在對受創最重的紐約市表達過同情，並且與消防隊員合照後，援助的承諾開始跳票。二〇〇三年二月，推動民營化的邏輯已經達到匪夷所思的地步：布希政府在強化國土安全上，幾乎毫無動作，卻要求大眾以膠帶和塑膠布保護自己。

九一一之後，許多人期待布希政府縮減國內施政項目，這是可以理解的。畢竟，布希政府宣稱美國處於戰爭狀態，而傳統上，作戰期間不適合推動讓內部產生歧見的政策。最有名的案例是珍珠港事變後，羅斯福宣布「打勝仗」必須取代「新政」。他為了全國團結，特別暫緩本身的政治議程。

以九一一事件爲名

九一一事件後，布希政府卻反其道而行，把恐怖主義視為攫取政治利益的良機。我在本專欄略微提到的一些案例，引起廣大迴響，其中包括布希政府利用九一一獲得政治利益、以愛國為由削弱環保法規、為企業及有錢人減稅，尤其還在期中選舉佔盡便宜。但正如第十章所說的，九一一攻擊後幾個小時，布希政府就開始利用這起不幸事件，而且越來越明目張膽。除了我以外，越來越多觀察家亦有同感：這個國家竟然是一群昧著良心的人在領導。每個政府或多或少都有一些心狠手辣的政治操盤手，沒有這些人，一流的人才也不可能坐上高位。但這任政府內部似乎只有心狠手辣的政治操盤手，把國難視為攫取政治利益的機會，不設法面對真正的問題，而且認定別人自然會來收拾他們的爛攤子。

我們怎麼會被這種人所領導？第十一章探討美國政界近來一些不算秘密的醜聞：財力雄厚的右派陣營，操控媒體及政治運作的程度日深。沒錯，這是右派陣營的大陰謀，甚至也不特別掩人耳目：只要一具數據機和一些時間，就可以查出某些機構有系統地騷擾自由派大將、欺負不賣帳的新聞來源（筆者曾經也是他們的目標）。但全國性報紙不太討論這個議題；你現在可以一覽為快了。

第八章

分崩離析

THE GREAT UNRAVELING

59. 兩極化的美國

國會復議後，黨派之爭勢必再起，而彼此只會攻詰對方重視一黨之私。他們爲什麼不能和平相處？因爲雙方相爭的焦點都是根本的原則問題，雙方在這些議題的立場南轅北轍。

《石板》雜誌的最近一篇文章，讓我注意到普爾（Keith Poole）及羅森索（Howard Rosenthal）這兩位政治學家。他們利用國會表決紀錄，製成政治人物意識形態的「地圖」。他們發現，只要從議員在兩項議題上的立場，就可以精確地預測他的投票傾向：一個是種族議題，另一個是在經濟議題上左傾及右傾的程度，例如邊際稅率及對窮人提供福利的鬆緊。

他們還發現（不太意外）中間陣營已經無險可守。消費者運動之父奈德，可能會對「偏向共和黨的民主黨人」嗤之以鼻，但民主黨和共和黨從一九八○年代起就漸行漸遠，如今在經濟議題上的分歧，更是二十世紀初以來之最。

經濟兩極化

誰的立場改變了？民主黨的參議院領袖戴斯柯，並不會比已故衆議院議長奧尼爾（Tip O'Neill）更自

由。反之，即將成爲衆議院多數黨領袖的狄雷，顯然比前任共和黨的領袖更右傾。簡單來說，美國政治兩極化的原因是共和黨向右轉，民主黨卻未跟進。普爾及羅森索以數據顯示兩大政黨的分歧，由此也反映出共和黨在經濟政策上更趨保守，民主黨大致維持原狀。傑佛德（James Jeffords）及查費（Lincoln Chafee）發現，以往還有所謂溫和的共和黨人，現在卻越來越難找了。

共和黨爲什麼會右傾？

可能只是單純的理念問題。共和黨發現輕稅及小政府，對所有人都有好處，民主黨就是不懂這個道理。但社會及經濟趨勢已經施肥的土壤，自然容易培養出這種理念。普爾認爲，政治兩極化最可能的原因是經濟兩極化：所得及財富不均的現象嚴重惡化。

我從經驗得知，縱使提到所得分配這個名詞，都會引起「階級戰爭」的憤怒指控，但看看超黨派的國會預算署最近發現的數據：經通貨膨脹調整後，美國家庭年所得的中位數，從一九七九年的四萬一千四百美元，增加到一九九七年的四萬五千一百美元，成長九%。同時，所得最高的一%族群，他們的年收入從四十二萬零二百美元，躍爲一百零一萬六千美元，成長一四○%。換句話說，一九七九年時，這一%家庭的所得是普通家庭的十倍，而到了一九九七年已變成二十三倍。

這種在經濟結構的重大變化，如果未反映在政治上，才教人覺得意外。

向右轉的共和黨

你可能以爲，所得集中在上層社會的現象，會讓民粹人士高喊敲有錢人的竹槓。但上文指出，從表面

的觀察和普爾－羅森索的研究中，在在都告訴我們民主黨沒有向左轉，共和黨卻向右轉。事實上，共和黨右傾程度之嚴重，普通選民都不太相信；我在前一篇專欄指出，關於眾議院共和黨領袖去年十月通過的刺激景氣方案，焦點團體根本不相信外界正確的解讀。

面對所得不均的對策，爲什麼反而是爲有錢人減稅？問得好。這不是有錢人用選票決定的，有錢人人數絕對不足以推動這種法案。要了解美國的政治趨勢，我們必須思考選舉時的政治獻金、遊說，以及金錢在政治辯論上的影響力。

總之，這個故事的教訓是華府當前的政治爭鬥，不是小鼻子小眼的對立。右派居於攻方；左派（目前固守以往的中間地帶）則希望守住防線。許多評論家自欺欺人，以爲這些黨同伐異只是暫時的變調。對不起，各位，至少在可預見的未來都會是如此。早點習慣它吧！

二○○二年一月四日

60. 兒輩接棒

我們都知道，美國是個充滿機會的大陸。一個人是否能功成名就，取決於他的能力和幹勁，和父親是誰沒有關係。

只要問問布希的兄弟們；或和錢妮（Elizabeth Cheney）聊聊，她因爲老子的關係，在國務院有個因人設事的工作，她也有個擔任預算管理局總顧問的丈夫。還有勞工部的總律師史卡利亞（Eugene Scalia）、健康及人道服務部的督察長倫奎斯特（Janet Rehnquist）。別忘了《標準週刊》（*The Weekly Standard*）的主編克里斯托（William Kristol），以及保守派評論家伯德霍茨（Norman Podhoretz）（譯註：這些人的父親都是美國大法官或右派大將）。

父業子繼起死回生

有趣的是，外界對這種情況少有評論，更遑論批評。這似乎是媒體刻意寬待的另一個例子，但筆者認爲這代表更廣泛的趨勢：父業子繼的風氣起死回生。

有個有錢或有權的老爸，一直都是好事。我在普林斯頓大學的同事克魯格（Alan Krueger），上週在紐約

時報寫了一篇專欄，揭穿美國社會流動神話的眞面目。「如果美國與其他國家相較有何突出之處，」他寫道：「應該是往上爬之機會較少的世代之間，所得分配比較靜態。」菲利普（Kevin Phillips）在《財富與民主》（*Wealth and Democracy*）一書中指出，強盜大亨的財富比傳說更能持久。

但過去種種只是序幕。根據克魯格的研究，近幾十年來，父業子繼的現象有增無減。這只是開端。經濟、社會及政治趨勢會讓當今有錢人的子弟，比選錯父母的人享有更大的優勢。

現在能夠傳承給子孫的特權多了很多。三十年前，大企業的執行長只是打工族：薪資優渥，但不算眞正有錢。他既不能把位子留給下一代，也不能留下太多財產。如今有如帝王般的執行長，卻能留下龐大的遺產，通常也能讓子女找到優渥的工作。美國人的財富日益不均，讓有錢人和中產階級的鴻溝擴大，比以往更難跨越。

爲下一代出賣自己的靈魂

同時，向上流動的一道關鍵大門，亦即一視同仁的優良教育體系，已經關上。企圖心強的父母越來越覺得，公立學校教育走進了死胡同。所羅門美邦（Salomon Smith Barney）公司的前任分析師克魯伯曼（Jack Grubman），不僅爲了個人財富，也爲了讓兩個小孩擠進知名的托兒所，出賣了自己的靈魂。當然，大部分美國人的靈魂，還不夠讓子女唸九十二街那所名校。

廢除遺產稅之後，父業子繼的現象恐怕變本加厲，即使是我們這個階級越來越明顯的社會中，然而公共政策和民意，似乎就是朝向造福有錢人的方向前進。

只能說是今非昔比。二十世紀幾個深具影響力的豪門：甘迺迪家族、洛克菲勒家族，當然還有紐約時報的蘇茲貝格（Sulzberger）家族，也都曾面對外界對父業子繼的疑慮。他們深知伴隨位高權重而來的義務，並且堅守高標準，因而化解了外界的疑慮。事實上，甘迺迪傳奇有一點父業子繼的味道；然而，合法的繼承者也會被視爲替受壓迫者出頭、對抗權貴的人物。

但今天的繼承者覺得，不需要去關心這些不幸的人。反之，他們常常維護權貴階級來對抗受壓迫者。史卡利亞能夠聲名鵲起，就是靠著反對保護勞工的法令；倫奎斯特小姐因爲致力於減輕違法保健公司的刑罰，而引起爭議。

美國精英階級檯面上的想法，仍然是實力主義，就像我們的政治領袖假裝站在人民這一邊。但紙包不住火，美國社會很快就會發現出身背景的重要性，以及暴發戶的粗俗。意見領袖多年來一直告訴我們，關鍵在於家庭價值；的確如此，但多數人恐怕要一陣子後才能了解到，這必須是來自正確家庭的價值。

二〇〇二年十一月二十二日

61. 嗨！幸運寶貝

批評者向來認定，保守陣營的經濟政策除了減稅之外，幾乎沒什麼其他措施。筆者也說過這種話。若是這樣，我在此道歉。在期中選舉的鼓舞下，保守派重量級理論家紛紛表達支持加稅，卻只增加低收入戶的稅捐。

以往通常都是《華爾街日報》的社論版，率先公開這種想法，這次也不例外。部分低收入戶不繳所得稅，或繳得很少，讓該版主編覺得很不是滋味。但他不是滋味的眞正原因不是因爲稅收減少，而是這些「幸運寶貝」（這可是《華爾街日報》的用語，不是我的用語）可能不會對政府產生適當的仇恨。

不會讓人勃然大怒的所得稅

《華爾街日報》認爲，一個年收入一萬兩千美元的幸運兒（有人就是運氣好！），「所繳的稅不到所得的四%。」這種說法絕對與事實不符，因爲他只算到所得稅的部分。如果加計薪資稅和銷售稅，年薪一萬兩千美元的勞工，至少把兩成的所得用來繳稅。但誰會這麼算？有趣的是，《華爾街日報》的結論是勞工的稅捐不會「高到讓人勃然大怒」。

如果你還不清楚這是怎麼回事，我告訴你，這是右派陣營內部的紛爭。《華爾街日報》擔心未來的減稅，可能會對一般家庭做出象徵性的讓步，因此要確保所有好處都歸向企業和有錢人。但這篇社論透露出來的政治理論（應該以苛薄的政策對待低收入戶，以免他們對政府產生好感），似乎頗能說明最近的情勢。

例如，衆議院共和黨最近拒絕延長失業保險。他們袖手旁觀的結果是大約在本月稍晚之際，八十多萬名勞工將接到政府的耶誕賀卡，告訴他們這項福利沒了。不管在何種情況下，這都是殘酷的決定。當布希政府宣稱要減稅才能刺激需求的同時，讓最可能刪減支出的家庭收入減少，似乎是雙輸的結局。不過，如果你知道這種痛苦會讓老百姓痛恨政府，這個動作就有道理了。

舉一個更好的例子。國會未能提供充裕的資金給兒童健康保險計劃，儘管立法部門內部的角力相當複雜，但保守陣營顯然無意提供足夠的資金，給這個非常成功的計劃。依照華府的標準，相關經費並不高；但根據預算管理局的估計，影響則會非常廣大。結果未來三年內，九十萬名兒童將會失去健康保險。

掩人耳目的手法

我們現在當然活在布希所謂的「個人負責的時代」：如果兒童選擇投胎到無法負擔其健康保險的父母，這個孩子得自負後果；但其中還有政治盤算在內。政府不能做任何好事，否則老百姓怎麼發現政府爲惡。懂了吧？

從上述無情的動作，我們學到了什麼？我們學到「熱情的保守主義」和「照顧所有孩子」，只是空洞的口號。對翟陸柳（John J. DiIulio）這類以信仰爲基礎的學者而言，這可能是意外，我們卻早就料到了。更重

要的是，我們學到當今保守運動是多麼的冷酷及極端。

有些人（不願承認黨內情勢的溫和共和黨，以及認定黨內在姑息右派的民主黨）就是參不透。他們以爲，右派陣營總有心滿意足的一天。但右派陣營的野心無邊無際，溫和派任何讓步都不能滿足他們。右派陣營以爲他們決心要廢除的大部分計劃，受惠的社會大衆總有一天會了解。選民什麼時候才會參透？這得看溫和派的政治人物是否會清楚表達這些議題，還是裝出保守陣營的口氣，以便掩人耳目。

二〇〇二年十二月三日

第九章

私利

THE GREAT UNRAVELING

62. 付出代價

當前多數美國人都專注在懲兇緝惡，但九一一事件部分得歸咎於我們自己。我們爲什麼任由自己變得如此脆弱？

這不只是一個惡形惡狀的故事，也是小氣釀成巨災的故事，導因於一個鼓勵、甚至強迫小氣的制度，問題的嚴重性遠超過恐怖主義。我們的政治哲學欠缺一些元素：我們是一個不願爲公共安全付出代價的國家。事後來看，我們國家忽略飛航安全的情形，令人痛心疾首。多年以來，我們都知道美國是恐怖份子的目標。所有專家都警告，恐怖份子下手的對象會是商業航空公司。但美國境內機場的安全人員，時薪只有六美元，還不如到速食餐廳打工。這些攸關我們性命的守衛所受的訓練不多，而九〇%負責檢查行李箱的安檢人員，在職不到半年。

經費哪裡來

其實還有改善的空間。審計署去年發表的報告中，嚴厲批評道：美國機場的安全狀況，落後其他先進國家。歐洲負責檢查行李箱的人員，時薪十五美元，外加各項福利，而且受過密集訓練。美國爲什麼不能？

答案是歐洲國家把機場安全視爲執法問題，各項經費都是由政府或機場支付。美國機場安全維護費用卻由航空公司負擔，後者當然盡可能壓低成本；這不能怪他們，錯在我們自己，不該依賴民營企業從事屬於公領域的工作。

多年來，許多人提議將機場安全交由適當的人接手。例如，美國航空公司董事長葛倫達爾（Robert Grandall），一九九七年提議成立一個全國的非營利事業，負責機場安全。後來卻因爲當時社會要求政府減少參與的角色，而因此與民意格格不入，也就不了了之。

當時的主流民意絕對反對政府增加支出，除非是國防之用。如果再三回顧那段未能未雨綢繆的歷史，就會發現現在看來微不足道的經費，卻正是重要的轉捩點。一九九六年，政府的航空安全委員會建議每年投入十億美元，亦即每位乘客兩美元，以便改善飛航安全。委員會否決開徵特別機場稅，以及用於改善飛航安全的專款。他們認爲這是國家安全議題，所以應該由總預算來負擔經費。但預算管理局官員警告委員會說：「別對可自由裁量的基金懷有不切實際的預期。」換句話說，別以爲政治人物會提撥這筆錢。他們後來也確實沒給錢。

刻薄自己的後果

這是超越恐怖主義的問題。《下一個瘟疫》（*The Coming Plague*）作者蓋芮特（Laurie Garrett）又出了一本令人震撼的新書，名爲《辜負所託——全球公共衛生體系的崩潰》（*Betrayal of Trust*）。她的主題和機場安全非常類似：公共基礎建設是一塊相當關鍵、卻不受重視的領域，已經瀕臨瓦解；部分原因是我們依賴民

間部門負擔公部門的工作，部分也是因爲公家機關的經費，被反對「大政府」的政治人物卡死。如果未來我們對於微生物的攻擊，就像面對恐怖份子一樣毫無招架之力，千萬別覺得奇怪，因爲兩者的理由都一樣。

我希望能夠將上週攻擊事件的元兇繩之以法，但我也希望一旦社會大眾的怒氣平息後，美國願意從這件事中學到教訓：有些錢政府非得花不可，而且未必都是和軍事有關。如果我們拒絕學習這個教訓，繼續在相當關鍵的公共服務上斤斤計較，結果就像上週一樣，可能就是我們把自己刻薄死了。

二〇〇一年九月十六日

63. 公益

我發現，有個政府機關應該是瘦身的主要目標，甚至應該完全裁撤。

有人認爲，可以把這機關的大部分任務轉爲民營，以便消減預算。然而，民間企業在增減人手上，並不受法令的限制。事實上，這個機關許多員工的薪資，遠遠高於民間部門同樣資格的人。

我說的是哪個機關？紐約市消防隊。

紐約市爲什麼需要一個消防隊？消防工作不能交由屋主負責，自然是顯而易懂的道理：因爲我家失火可能蔓延到你家。

非政府不可

但比較不明顯的是，紐約爲什麼不該讓民營企業負責消防工作？答案是紐約市擬不出包含所有可能性的合約，而民營企業總是會錙銖必較，很容易因此犧牲了公共安全。由於市民的生命財產非同小可，我們尤其需要能夠引以爲榮的公務員，準備不計代價地保護我們；他們必須就像紐約市的消防英雄，而非覺得自己是薪水被公司壓榨的員工。

簡單來說，有些事情非政府出面不可。由此引入當前最火熱的話題：機場安全。

多項研究都敦促道：機場安全應該交由聯邦政府主導，理由就像消防工作必須由市政府負責一樣。我們也許不必期待機場安全人員會赴湯蹈火，但我們的確是把生命安全交在他們手中。此外還有一個理由：各單位可以分享恐怖份子的情報資料。最近幾起事件是否說服了質疑的人呢？

才沒有呢！喬治亞州共和黨籍眾議員巴爾（Bob Barr）這麼說：「對身爲保守陣營的我來說，我不禁捫心自問，這是聯邦政府的職責嗎？」

想想看：恐怖份子在波士頓登機，利用這些飛機殺死數千名紐約市的無辜百姓，而巴爾還看不出來機場安全屬於聯邦職責？如何才能說服他呢？我們甚至懷疑，如果美國還沒有陸軍，他可能會反對聯邦政府成立陸軍。他或許認爲各州民兵、或加上幾個獨立的包商（傭兵公司）就足以應付。

美國政治的核心是政府

巴爾還不是少數例外。共和黨國會領袖宣稱，誓死反對機場安全交給聯邦政府，因爲如此一來，勢必得設立新的聯邦機構；他們甚至認爲聯邦化就是「社會主義」。據說，他們告訴布希政府：寧願沒有機場安全法案，也不要成立新的聯邦機構。

這問題比機場安全更嚴重。美國極右派已經抓狂，他們就是不認爲聯邦政府必須增加支出。我們說的不是一小撮個別的外圍份子，而是那群控制國會共和黨團的人，似乎也即將控制白宮。

恐怖攻擊後的幾週，布希政府改採溫和立場，過去幾天來又回歸極右派的信念：縱使在國家遭遇危機

時也不改其志。某種程度上，我承認自己不懂布希政府的作爲。我可以了解爲何有人反對所得重分配，雖然我並不同意此項作法；但是竟然有人反對保護大衆、恢復信心的施政方案，這就讓我百思不解。

無論他們的理由是什麼，針對機場安全引發的爭議，讓我們看清了一個事實：縱使在人心惶惶的時刻，右派陣營仍然歇斯底里地，不接受政府是美國政治核心的事實。

二〇〇一年十月十日

64. 五五%的解決方案

福特當年拒絕紐約市求援的呼救，《每日新聞報》的頭版標題是：「福特告訴紐約市：去死吧！」這是當年的事。

如今，報紙讀者必須很細心，才會發現布希食言而肥，不再遵守援助紐約市的承諾。對政策瞭如指掌的人才知道，這不過是整個大環境的縮影。華府目前討論的經濟政策，只會導致全國各州及地方政府越來越窮困。

福特其實不該上頭版。他原本就沒承諾要幫紐約市，紐約市的財務危機多半咎由自取。福特何必要兩肋插刀？

布希的空白支票

這次情況卻不同。九一一事件後的幾天，布希的日子並不好過。有人質疑他針對九一一採取的行動，紐約市民甚至不滿他未迅速前往探視；白宮對此批評的回應是：空軍一號專機遭到「值得正視的威脅」。更重要的是，布希很快向紐約眾議員保證，他將會提供充分的援助。他告訴參議員舒謨（Charles Schumer），

他會給紐約市一張「空白支票」。

布希可能未說明細節，但有關人士都以爲，他們知道布希的承諾。我最近找到一些當時的新聞報導，每一則都表示，布希將把四百億美元的反恐預算，撥交一半給紐約市。外界甚至大多認定，這只是頭期款。

但是上週，衆議院撥款委員會終於敲定細節。反恐預算大致符合布希政府的規劃，但紐約只拿到九十億美元，還不到預期兩百億美元的一半。在與共和黨國會議員最後角力後，額度提高到一百一十億美元，但也只是原定金額的五五%。

官員宣稱，最後會提供足額的兩百億美元。但這些官員從來不曾實現布希的承諾，甚至沒在反恐預算中納入這筆錢，現在我們爲什麼要相信他們？隨著世界逐漸淡忘這起攻擊事件，布希政府也重拾九一一事件前的強硬保守路線，這已成既定的事實。紐約市越來越看不到聯邦政府撥下其餘的經費。

空洞的承諾

布希政府也許不會眞的要紐約去死，只不過他只會發表空洞的承諾，然後就得靠創意會計，例如，把部署國民兵的成本，算在兩百億美元的項目下。紐約客以爲有人承諾金援紐約市的重建，結果只是幻影。

上文說過，這只是一部分問題。經濟低迷加上九一一效應，讓許多州及地方政府的財政嚴重困窘。幾乎所有州政府依法必須平衡預算，最後只好被迫刪減支出。

讀者可能會期待華府的「刺激景氣」方案，以爲這有助於州政府渡過難關——正好相反，這項方案只會加重傷害。豁免企業少繳許多聯邦稅的提案，也會讓州政府流失稅收。明年更可觀；在州政府刪減支出之

際，教育及窮人醫療保險的減幅最大，聯邦卻將大幅削減企業及年收入三十萬美元人士的稅捐。

回到紐約。讓我不解的是，支票跳票的新聞從未引起太大的注意。九一一事件後的幾週，所有人都認定聯邦政府會大力協助紐約重建。現在這個期待確定要落空；布希政府可能會宣稱已經實踐其諾言，但紐約市得卑躬屈膝，才能拿到這兩百億美元。

紐約的怨氣哪裡去了？紐約客難道忘記該如何抱怨了嗎？

二〇〇一年十一月二十一日

65. 搶錢遊戲

先是拍胸脯保證，然後又說沒有承諾，接著又拍胸脯了，直到你的注意力再次轉移了。

九一一事件後，布希在自己的聲望還沒直線上升前（就在事件後他首度巡視紐約市之前），他個人保證：紐約市至少會獲得兩百億美元的重建援助。當時大家都認爲，這是聯邦金援的下限，而非上限。

接著發生一件有趣的事：針對紐約市的重建援助，只有一百一十億美元編入聯邦預算。我在十一月寫過一篇〈五五%的解決方案〉的專欄，受到部分人士的批評。他們認爲，布希絕對會遵守自己的承諾。

五五折的承諾

布希政府現在提出兩兆一千億美元的預算案。奇怪的是，對紐約市並沒有額外的援助，似乎也不會再有其他的援助，只有原先承諾的五五折。

紐約選出的民意代表很快有了反應。他們要求白宮預算局長丹尼爾說明原委。丹尼爾起初說，他打算把對九一一事件受害者的五十億美元救助金，視爲援助方案的一環（顯然不同於所有人對布希當初承諾的解釋）；後來又斥責紐約市的衆議員說：「我認爲，把這件事看成討價還價的賺錢工具很奇怪。」

白宮很快出面消音，丹尼爾收回先前的發言。布希重申會提供兩百億美元，也適時地又和紐約警察及消防隊員合影；但錢還是沒編入預算裡，再加上丹尼爾最初的談話，這才眞正反映出布希的心態，也看得出布希政府的優先次序。

若想了解紐約市的援助案爲何這麼難擺平，就得先知道一件事：一談到減稅及國防支出，布希政府的預算報告就會不知節制。政府的話說得冠冕堂皇，警告老百姓說：國難當頭，所有人都應該犧牲小我。但全國百分之幾的最有錢人，卻不必勒緊腰帶。未來減稅的好處，這些人不但受惠最多，布希政府現在又提議減稅六千億美元，最大的受益人也是他們。（如果不計帳目上的手腳，應該是一兆美元，但誰會去算呢？）

政府倡言犧牲的同時，國防預算卻絕對不會被犧牲。卡萊爾集團（Carlyle Group）旗下的公司，是否生產一種重達七十公噸的砲組？如果有，恐怕也是在冷戰期間？我們買了。兩家包商是否都提案，要設計一種反制下一代米格機的尖端戰機，但那種米格機根本不存在；我們也兩種都要。

其他預算卻遭到大幅削減。大幅挪用資源的結果，只會造成未來削減其他預算。你也知道政府挪用社會安全體系的剩餘，以便彌補其他預算赤字；其實只要放棄部分減稅項目，這些赤字就會減少。如果政府克制武器的採購，這些赤字甚至會消失。

布希政府爲老人醫療保險編列的預算，比國會預算署預估維持現行福利所需的金額，整整少了三千億美元，遑論增加處方藥保險。我們不清楚，布希政府是否眞想減少退休人士的醫療保險，還是只想隱藏財政危機的眞實面貌。

單純的自大

相較之下，對紐約食言而肥這件事，還算小事一樁，因此也讓人百思不解。在可預見的未來，反正聯邦預算都深陷赤字，爲什麼不多編九十億美元給紐約市，避免落人口實？可能的答案之一是，無論有無恐怖份子，主要的共和黨議員們，打從心底就是不喜歡紐約市。布希政府從不會讓右派支持者失望。

但我猜想，這只是單純的自大。面對居高不下的聲望，布希政府認爲以往的承諾不重要。畢竟，大家不知道美國正在打仗嗎？

二〇〇二年二月八日

66. 長期抗戰

美國人面對九一一事件的反應，實在值得自豪。他們並未回應犧牲小我的呼籲——不過也沒人提到要犧牲小我；而是以平靜和容忍來回應恐怖攻擊。美國人並沒有驚慌失措；雖然出現幾起報復的罪行，但沒有憤怒的暴民攻擊其他族類。美國人表現出所有的立國精神。

但是一年後，美國上下卻顯得極爲忐忑不安；企業醜聞、股市崩落及失業率升高是主要原因。但讓我們焦慮不安的是，我們不知道該如何思考這起變故。我們的領袖和大部分媒體告訴我們，美國就像正處於戰爭中。但這個比喻一開始就不好，而且越來越糟糕。

九一一vs.神戶大地震

從人道和經濟角度來看，九一一事件的後果不太像是軍事攻擊，反而比較像一場天然災害。詭異的是，九一一事件和一九九五年日本神戶大地震之間，具有許多雷同之處。和恐怖攻擊一樣，神戶地震也是在毫無預警下，造成數千人喪生。地震也會造成一個國家有如驚弓之鳥，進而產生深沈的不安感。另一個相似之處是，地震侵襲一個剛剛經歷金融泡沫的國家。

但神戶地震對日本經濟的衝擊，只是短暫的。由此推測，九一一事件對美國經濟的衝擊，應該也不會太長久；結果果然如此。神戶地震對日本人心理層面的影響，反而比較長久，九一一對美國人也一樣。日本大致上已經重新站了起來，我們也會如此。

當然，出自神的作爲和蓄意的暴行，仍然是不同的兩件事。我們既驚也怒，決心要追兇懲惡。把九一一事件視爲珍珠港事變是正常的反應，那一天之後的種種磨難，就像這一代人的第二次世界大戰。

針對恐怖主義長期抗戰

但是，如果這是一場戰爭，那它並不像美國人以往打勝過的戰爭。首先，我們看不到爲國家犧牲小我的呼求，再者，我們如何得知打勝了？或者如何才算打勝了？我們不會有軍事專家告知未來的戰爭登陸日，也不會有勝利紀念日。我們無法訂出一天來宣稱：恐怖主義已經被徹底剷除了。與其說是打仗，不如說是在打擊犯罪；勝利總是相對的，也沒有最後的勝利。我們用來形容這場爭戰的比喻，也有其重要性：在短暫的戰爭中說得通的道理，在對抗犯罪的永恆中卻說不通，就算罪犯只是殺人狂。

即使是在討論聯邦預算上，也是如此。戰爭通常是政府出現預算赤字的正當理由，因爲政府爲了因應嚴重卻暫時的緊急事故，理應舉債支付相關費用。但這起緊急事故既不嚴重、也不屬於暫時性質。難道有人會預期，在可預見的未來，國土安全及國防支出會降到九一一事件前的水準嗎？更遑論恢復預算平衡了——不可能。因此，我們最好想出如何永遠支應政府帳單這個問題。

更重要的是法律及民權自由的問題。偉大的民主領袖在戰爭期間，也會違背原則：如果不是林肯在一

八六一年凍結了人身保護令，今天恐怕就沒有美國。但當時的情勢極度危急，而凍結人身保護令只是暫時的；南北戰爭勝利後，隨即就恢復正常的法律程序。到底有誰能夠說服當前的領導人說，他們並不需要額外的權力？

我們當前面對的威脅，不是短期可以解決的；我們得長期抗戰。任何用來對抗恐怖主義的措施，最好是我們願意長期遵守的措施。

當前眞正的挑戰不在徹底剷除恐怖主義，那是一個遙不可及的目標；我們的挑戰是想辦法因應恐怖主義的威脅，同時又不會讓美國失去大國的自由與繁榮。

二〇〇二年九月十日

第十章

利用九一一

THE GREAT UNRAVELING

67. 獨眼人

我不曉得在哪裡讀過一句話：若要了解立法，就得看看某種特別條款，那是針對只有一隻眼睛又跛行的人所制定的；也就是說，你得把一套服務公共利益的法案，變成對特定利益團體免費大放送的條款。

眾議院上週通過「刺激景氣」法案，至於外界對此法案的評論，大多集中在法案對大型企業的龐大優惠措施。然而，我們無法從中了解這些受惠的特定利益團體。對美國企業有好處的事，對通用汽車就有好處；很難設計一套法案來照顧企業的同時，又能避免最大的企業獨享大部分的好處。若要徹底了解這套法案，就得觀察一些不算太大之公司所得到的報酬。

爲企業量身訂作的法案

法案內容包括爲少數跨國金融業者，量身訂作的條款；另外還有專門爲特定醫療保險人設定的條款。但最令人吃驚的是，廢除了替代最低稅後，一些不太大的企業竟然享受到這麼多的優惠。這項措施也是布希刺激景氣方案的一環，似乎更是布希政府優先施政的政策。

例如，根據「支持租稅公平公民」運動的計算，擁有三十八萬名員工的通用汽車公司，可以拿到八億

美元的支票。原本是達拉斯電力及電燈公司的TXU公司，雖然只有一萬六千名員工，卻也拿得到六億美元。還有許多類似TXU這種中型公司，也可以得到很大的好處，包括雪夫龍德士古公司、恩龍公司、飛利浦石油（Phillips Petroleum）、IMC全球公司及CMS能源公司。這些企業又有何共通之處？

他們都是從事能源或礦業，公司總部也都位於或接近德州。換句話說，那位獨眼又跛腳的人長得很像錢尼。

這些公司一定既能享受到取消替代最低稅的好處，又能從錢尼負責的能源計劃中，取得大筆補貼。讀者可能記得，布希政府違反法律規定，未將錢尼所主持的小組的會議紀錄交給國會；九一一事件後，外界似乎忘記這件事情了。

雌雄莫辯的布希政府

不用我多說，在上次選舉中提供大筆單向獻金給共和黨的企業，應該是大贏家（但我不是說民主黨比較不會受到金錢的左右）。對我來說，布希政府的故事有點類似舞台劇《雌雄莫辨》（*Victor/ Victoria*）。我們先是遇到應該是溫和派的候選人，然後才發現他戴著面具；他其實是強硬的保守派，爲了贏得選戰才裝成溫和派的樣子。

但布希政府最新提出的經濟方案，以及錢尼的能源計劃，在在顯示他們不是眞正的自由市場人士。這些計劃從供給面或需求經濟學來看都說不通，但確實給特定企業不少好處。也許某人其實是企業的候選人，而意識形態只是他的面具；他未必代表所有企業界，只是一小撮擁有特殊商業利益的企業；他只是假裝自己

是強硬的保守派，爲了贏得公職，更裝出一付溫和派的模樣。

這景象很有意思，也非常可能事實就是如此，但多數人永遠無法在電視上看到這種景象；許多人也不管證據如何確鑿，就是不相信。這也是爲什麼上述有可能是事實的原因。在盲人的世界中，獨眼又跛腳的人就是老大。

二〇〇一年十月三十一日

68. 另類眞相

多數美國人都是從電視上了解新聞。他們看到的景象溫馨感人：一個國難當頭的國家，竟然表現得臨危不亂。事實上，大部分的美國人既不屈不撓又寬宏大量。

但這並非全貌，電視沒有照到的景象，絕對不溫馨感人。全貌是政治人物及生意人表現極爲惡劣，他們更以愛國的名義來包裝自私自利，使其惡劣益發惡劣。如果讀者注意到此節，就會發現自己生活的現實世界，和電視呈現的景象截然不同。

另類眞相並未深藏不露；只要有個數據機，或者閱讀有深度的報紙。大衆通常可以在財經版面上，看到比較眞實的報導，因爲財經記者及評論家比較不會透過美化的眼光來看世界。

一次性移轉

從經濟學家的角度，最能揭露眞相的指標就是政治人物在九一一事件後，最喜歡的「一次性移轉」。這個經濟名詞是形容不因受方行動而改變的支付，因此受方會欠缺改變態度的誘因。如果這項移轉是幫助窮困的人，又不致降低他的工作意願，那就會產生理想的結果；但如果移轉的目的是讓受方做些有意義的事，例

如投資或增加人手，結果就不理想了。

國會通過法案，提供一百五十億美元的援助和貸款擔保給航空公司，被航空公司裁員的勞工卻一個子兒也沒分到。眾議院通過的「刺激景氣」方案，其中對失業勞工幾乎毫無著墨，卻對企業減免兩百五十億美元的稅金，而且回溯既往，這就是對企業的一次性移轉，大部分的企業都非常賺錢。

針對刺激景氣方案的辯論，大部分的報導都將之形容成意識形態的對立，但此事和意識形態一點關係也沒有。我所知道的經濟理論，無論左右，沒有一個會認爲國會對通用汽車八億美元的一次性移轉，將促使該公司增加投資，尤其通用汽車手上已有八十億美元的現金。

誠如查特（Jonathan Chait）所說的，像曾經擔任眾議院多數黨領袖的亞梅（Dick Armey）和狄雷，外界以往一直質疑他們的動機。他們眞的相信自由市場嗎？還是只是想劫貧濟富？現在我們知道了。

當然，這一切不完全都是一次性移轉。九一一事件以來，在國難當頭的大帽子下，政府持續開放公有土地給石油公司和伐木業者。官員宣稱，此舉完全是基於國家的安全考量；但是，對於禁止雪車進入黃石公園的法規，他們竟然也試圖翻案，眞相也就不言自明了。

布希的選擇性正軌

美國內部的實況又是如何？電視上的景象似乎是第二次世界大戰再現。雖然我們有充分正當的理由，但對於九九・九%的美國人來說，這場由受過高度訓練的專業人士所主導的戰爭，只是一場大戲。美國本土不像戰時、倒像是戰後，而有心人士很懂得利用戰時人心的本能——大家團結在國旗之下，並且要鞏固領導

中心。

當前情勢和一次大戰之後的情景極爲類似。司法部長艾夏克洛夫特（John Ashcroft）重演一九一九年的「帕爾默（譯註：當時的美國司法部長）搜捕」。當年，帕爾默大肆搜捕數以千計被懷疑是激進份子的移民；後來證明許多人未爲非作歹，有些甚至是美國公民。此外，恩龍公司的高階主管簡直傳承了龐茲老鼠會的精神。他們推動公有土地供民營企業開發利用，似乎是另外一個茶壺丘（Teapot Dome）海軍基地；後者也開放公有土地鑽油。假設這次並沒有公然的賄賂，但其中對企業的補助金額，卻擴大了許多。

美國需要的是回歸正軌；我指的不是布希政府選擇性的正軌。大家都開始逛街購物了，媒體卻還是持續報導激勵人心的故事和戰爭新聞。應該是讓美國人了解眞實全貌的時候了。

二〇〇一年十一月二十五日

69. 羅夫主義

幾個月前，有位在民主黨內人脈甚深的學術界朋友，拜託我多寫專欄捧捧布希政府。「我能捧他什麼呢？」我問。他停了好一會兒不說話（奇怪的是，「中立報導」也成了專欄必備的方向？），最後終於說了：「可不可以談談他對自由貿易的堅持？」

是哦！事實上，布希變得滿保護主義的。鋼鐵關稅及農業法案最引人注目，但都只是全貌的一部分，其他還包括針對加拿大軟木的懲罰關稅（幾乎毫無道理）、撤銷對加勒比海的貿易優惠。布希政府的確支持自由貿易的原則，除非要付出政治成本時，才會另當別論，而且無論是多小的成本。

以反恐戰爭之名

這讓我想起有一篇報導，造成華府各政治山頭說個不停：《老爺》（*Esquire*）雜誌指出，白宮幕僚長卡德（Andy Card）擔心，在休斯（Karen Hughes）的溫和派力量離開後，強硬派的羅夫會主持大局。如果過去十八個月以來的政策，只是羅夫局部操盤的結果，大家應該擔心接下來的政策走向。

羅夫的各種操盤手法中，最明顯的特色絕對不是保守主義，而是他堅信，凡是能夠增加政治優勢的事

情，政府都該去做；其中當然包括利用反恐戰爭——羅夫的確以此誇口，但也包括照顧特殊利益團體。

柯林頓一項未受到適當肯定的長處是，他在經濟政策上相當堅持理想主義。加州柏克萊大學的經濟學家狄龍（Brad DeLong），讚揚柯林頓說：「他在國際經濟政策上，願意承擔重大的政治風險，只要他認爲對國家有利。」他指的是柯林頓雖然陷入孤立無援，仍然願意不顧民意的反對，並且爭取跨黨派的認同，在一九九三年通過北美自由貿易協議（NAFTA），更於一九九五年金援墨西哥脫離金融危機的風險。我和狄龍一樣，認識這兩項決策的關鍵人物，我相信他們實至名歸：柯林頓手下這批人問心無愧，眞的認定自己在做對的事情。

柯林頓政府就是能夠堅持原則。如果柯林頓讓鋼鐵業得到關稅的保護，現在的白宮主人可能是高爾。但柯林頓政府的官員確實擔心，如果對特殊利益團體讓步，將對美國及全球經濟造成影響。

羅夫當家下的行政部門處不及此，他們並不止於貿易及農業補貼而已。卡托研究中心（Cato Institute）的分析師指出，布希和錢尼提出的能源計劃，從反環保人士的角度來看，似乎可歸類爲保守，但其中卻包含許多自由市場人士應該極度痛恨的內容：擴大政府對私有土地的權力（爲了傳輸電力），以及對能源業提供龐大的稅捐減免誘因。能源計劃只是這任政府對金主的回饋，絲毫未顧慮所謂的原則。

循著雷根的腳步

如果政府不能把持原則，誰又願意堅持到底呢？《山莊》報有一篇名爲「工會重新檢視共和黨」的文章，我看了大爲震撼。文中引述美國聯合汽車工會（UAW）發言人的話指出：工會「將超越黨派」，在

「特定議題」上檢視政治人物的立場。換句話說，他所屬的工會將會支持照顧本身利益的政治人物。

從某種程度來說，這不是新鮮事。國際貿易理事會的前任主席史登（Paula Stern），就形容雷根是「自胡佛以來，保護主義色彩最重的總統」，並且說雷根「讓有權有勢的產業，可以合法運用其政治實力，但未必是以經濟長處或法律條文來遂其心願」。這麼說來，布希無疑是循著雷根的腳步前進。

在我看來，今不如昔。我們正在見證美國邁向金權政治，這是羅斯福推行新政以來，前所未見的情形。如果《老爺》雜誌的報導可信，未來只怕會每況愈下。掀起保護主義風潮的史慕特—郝雷關稅法案（Smoot-Hawley），是否要重出江湖了呢，各位？

二〇〇二年六月十一日

70. 現實

我們可以這麼形容布希政府：別人看到問題，他們卻看到機會。

經濟低迷是推動減稅的機會，縱使減稅對振興景氣的短期效益不大，而且會對二〇一〇年的預算造成極大壓力。加州電力危機是推動阿拉斯加鑽油的好機會，縱使鑽油不會產生電力，而且要到二〇一三年才可能有油產。當美國遭到持輕型武器的滲透者攻擊時，就是採購大批重型武器及建立飛彈防禦系統的良機；也許蓋達組織會調動幾個裝甲師，對美國發動正面攻擊，或者發射洲際彈道飛彈。

假想的宏觀

老布希一度承認，自己有點欠缺「宏觀」；他兒子的顧問卻沒提這個問題，他們強烈預見美國的遠景。未來白宮的主人有權不透過司法調查，就能長期監禁他指定的人，包括美國公民：他們對現實情況反而興趣不大。

布希政府針對各項實質問題的反應，繼而推動的所有政策及計劃，很少或完全沒有觸及這些問題。問題是，他們只為了追求眼中的遠景——凡是不能滿足此目標的問題，無論是對企業治理的信心崩盤、或是中

東危機，最好視而不見，最多只是採取一些表面工夫。布希的手下顯然認定，現實世界的問題會自行解決，至少不會成爲晚間新聞，因爲晚間新聞要留給恐怖攻擊的預警消息。

但眞正的問題如果置之不理，只會盤旋不去。過去幾週，幾個問題接踵而至。雖有昨天的演說，中東政策顯然偏離正軌。美元及股市重挫，衝擊原本搖搖欲墜的經濟復甦。國鐵瀕臨全面停駛，就是因爲得不到政府的關愛。聯邦政府也快要囊空如洗，因爲衆議院共和黨不願面對現實，提高聯邦政府的舉債上限。

現在該做的事情，似乎就是白宮一再敦促反對人士要做的事：捐棄政黨偏見。布希本人是否願意，放棄自己鞏固政治地盤的努力？哪怕只是一天或兩天，可否開始做些不在他政見內的事？唉！當我沒說。

奉承永遠不嫌多

布希在俄亥俄州立大學畢業典禮上的致詞，被其助理宣稱具有狄更生（Emily Dickinson）、教宗保祿二世、亞理斯多德及西塞羅等名人的思想，但我認爲，大部分評論家都未說出重點。這位助理的說法當然不值一駁，卻讓我們看清楚一點：布希覺得這些奉承話千眞萬確。接下來我們會聽到，布希是書法大師，經常可以橫渡長江——沒人敢笑出聲。在布希發表這篇完全沒有亞理斯多德思想的演說前，有人警告俄亥俄州立大學的學生，如果膽敢奚落總統，輕則被逐出，重則會遭到逮捕。他們應有的行爲是「如雷的掌聲」。

即將掛牌運作的國土安全部，雖然備受質疑其成效，卻不會受到告密者保護法及資訊自由法的約束。

回到那些盤旋不去的問題：在經濟方面，目前有點像是一九九八年，夏季以來最危險的時刻。當時，我們的經濟決策者既聰明、又知過能改。這任政府也是如此嗎？

我先前指出，布希政府有個無過失情結：我們永遠不會犯錯。這種自大最後只會招致禍亂。這點在亞理斯多德的文章裡，倒是看得到。

二〇〇二年六月二十五日

71. 事實

別說出來，他們也許不會問。馬歇爾（Joshua Marshall）七月時，把退伍軍人事務部的一位官員備忘錄，貼在話題備忘錄的網站上（talkingpointsmemo.com）。備忘錄指出，「預算管理局對於退伍軍人的醫療保健預算，秉持保守的態度」，因此要求所屬「在轄區內，不得針對新進榮民從事任何行銷活動。」退伍軍人理應享有醫療保險，但布希政府希望有些人不知情，如此才能替政府省錢。

外界絕對想不到，一個把愛國主義高唱入雲的政府，竟然會幹出這種事情—除非你仔細觀察。因爲這類事情已經層出不窮了。

從背後捅一刀

布希上週決定，駁回國土安全五十一億美元的支出。這實在是嚴重的失職，因爲這筆預算包含加強退伍軍人醫療保健，以及提供消防人員新設備，涵蓋可在九一一事件中，拯救人命的通訊系統。你可記得在爆炸原點的一些場景，讓布希的聲望高升好幾個百分點。國際消防人員協會的總裁警告：「別一方面讚揚我們隕落的兄弟，一方面又在我們的背後捅一刀。」

還有陷入礦坑的煤礦工呢?在他們獲救後，布希向他們個人道賀：諾瓦克（Michael Novak）在線上全國文摘（National Review Online）撰文，把賓州桑莫塞特（Somerset）礦坑列爲「全球保守之都」。

但諾瓦克並沒有提到，聯邦礦坑安全及保健管理局提供了關鍵援助。如此也暴露出幾個問題：布希政府的能源計劃要求加採煤礦，卻削減礦坑安全的預算。這是更多對預算持保守的態度。

重點在於布希政府的政策，其表相與實質的落差越來越大。

布希是擅於利用合照大搞民粹的專家。他的幕僚安排各種機會，展示他與藍領階級水乳交融的模樣。但事實是，當電視鏡頭照到的時候，布希政府才會關愛藍領階級，而實際政策卻置他們於不顧。這個事實越來越紙包不住火了。

聯邦預算已經深陷赤字中，除了布希政府之外，大家都認定這個事實不會改變——不是因爲政府的支出一發不可收拾，而是去年減稅的效應，大多還沒有浮現。我的同事李奇（Frank Rich）指出，若要抵銷減稅造成的稅收流失，布希明年的每個工作天都得否決五十億美元的支出。他無法再像二○○○年的總統大選時一樣，假裝各項建設都有預算支應。爲了減稅，布希只得逐步放棄攸關小老百姓的建設方案。

難道減稅對一般老百姓不重要嗎?看情形。去年的退稅已經寄給許多家庭，但高收入家庭的所得稅退稅，則還在作業中；尤其是最高收入的族群以及取消的遺產稅。一對夫婦的所得，必須超過二十九萬七千美元，才會落在最高所得區間；只有遺產超過兩百萬美元的家庭，才必須繳納遺產稅。然而，消防人員和礦工並沒有這種待遇。

以真相反擊

換句話說，在合影留念後，布希政府忙著縮減照顧消防隊員、薪工、礦工、退伍軍人及其他「美國基層老百姓」（諾瓦克語）的福利，才能爲一小撮不那麼基層的美國人，創造減稅的空間。這不是挑撥離間，而是單純的事實，並且是越來越難以掩人耳目的事實。

這在政治上有何意義？高爾曾撰文批評布希政府的精英主義政策，當時的許多大師，包括許多民主黨政治人物，甚至是他的競選夥伴，都群起反駁他。大家都認爲，民粹主義在美國政壇起不了作用。

然而，保守派依賴的卻是民粹主義——一種虛假的民粹主義，建立在與市井小民套招式的閒聊中，以及批評自由媒體中想像出來的精英文化上。事實既然站在自由派這邊，爲何不以眞相反擊？

二〇〇二年八月二十日

72. 死鸚鵡社會

幾天前，《華盛頓郵報》的白宮特派員米爾班克（Dana Milbank），寫了一篇文章談到：對布希來說，事實是可以鑄造的。他記下「許多縱非錯誤，也啓人疑竇」的白宮聲明，主題從伊拉克的軍事力量到聯邦預算，令人看了不禁要說，布希的「言論有如天馬行空。」

過去幾天，《華爾街日報》也有報導指出：「高階官員不斷提出情報……但大多未獲證實。」中央情報局的前任反情報主管講得更白：「基本上，一些捏造的資訊已經成爲高階官員的聲明內容。」《今日美國報》（*USA Today*）報導：「情報機構的壓力日增，必須扭曲一些估計，以符合政治目的。」

看到這些委婉的說法，我就想到影集《蒙提派森》（*Monty Python*）裡那隻死鸚鵡：

他已經入土爲安了；
他的新陳代謝已成歷史；
他加入隱形的唱詩班了。

換句話說，他已經死了。

布希政府撒了漫天大謊。

我不怪記者不這麼下筆。米爾班克很勇敢，也正在付出勇敢的代價：他現在是白宮抹黑大隊的目標。

黨派總司令

這種標準反應有助於你了解，爲什麼布希仍然給人心直口快的假象。事實上，他和記憶中的政治人物一樣滑頭，也喜歡模稜兩可。你可注意到他最近宣布：即使讓海珊持續在位，並不代表放棄要他們「政權更迭」，畢竟，如果伊拉克的獨裁者遵守聯合國的條件，「本身就代表這個政權已經改變」？

最近有關布希政府不誠實的報導，主要集中在他推銷對伊拉克用兵的動作上。然而，其實他愛說謊的習慣，早在二○○○年總統大選期間就已經養成，而且在許多議題上都顯而易見：包括運用二減一等於四的算術，局部讓社會安全體系民營化；明明最有錢的一％享受到四成以上好處的減稅案，卻包裝爲造福中產階級；宣稱可作爲研究用途的幹細胞多達六十條；承諾在環保計劃中，會限制二氧化碳的排放量。

布希更把自己包裝成溫和派，「兼容並蓄，而非分化離間」。《經濟學人》雜誌二○○○年曾經爲布希背書，因爲他似乎比較能夠超越黨派之爭；如今這個雜誌封他爲「黨派總司令」。我們很容易把這些情形視爲人格問題。其實它不只是人格問題，還是布希政府說謊成性後所用的方法。

僞善的精英團體

布希政府是一個僞裝站在人民這邊的極度精英集團。內政上，他們一心只想討好一小撮人民，也就是年收入三十萬美元以上的有錢人。他們既不管環境，也不在乎比較窮困的同胞。基督教右翼人士及槍枝團體等極有勢力的特殊利益團體，當然不同意這種說法。雖然這種集團可以籌措到大筆金錢，也能在必要時發動示威，然而他們尋求的政策，與生俱來就是不討好。因此，必須重新鑄造一些事實。

目前還不清楚的是長期策略。布希雖然握有發聲筒，卻未能改變社會大衆的基本看法。九一一事件前，越來越多的老百姓已經不滿布希政府的強硬右傾作風。恐怖主義讓布希個人聲望大幅攀升，老百姓都因爲愛國情操而團結在領導者周遭，但氣勢也越來越弱了。

布希政府現在打戰爭牌，隨心揑造事實，希望利用布希九一一後的高聲望，控制行政、司法及立法三個部門。接下來呢？目前還未有跡象顯示，布希有意走向中間路線。

即使老百姓越了解他們的政策後，就越不喜歡這些政策，但布希的核心人士一定以爲，只要政府完全在掌控之中，就能擁有永遠的政治利益。最大的問題是，逐漸開始發聲的媒體在面對一黨政府時，是否會再度噤若寒蟬。

二〇〇二年十月二十五日

73. 皮特原則

皮特拒絕了一位資格更符合的人選後，對於他所選的會計監督委員會負責人的小背景，他決定不告訴證管會的其他成員。《紐約時報》記者雷巴頓（Stephen Labaton）報導，魏伯斯特（William Webster）曾經負責美國科技公司（U.S.Technologies）稽核委員會，如今這家公司和股東在打官司，因爲後者宣稱，公司管理階層騙了他們幾百萬美元。

當外部的查帳人員，對美國科技公司的財務控管產生質疑時，魏伯斯特的稽核委員會怎麼辦呢？沒錯：開除這位查帳人員。

著手調查自己

這件內幕曝光後，皮特的反應眞是再諷刺不過。「皮特著手調查自己」——有個標題就是這麼下的，眞的！皮特所屬的機關準備調查他爲什麼會挑選魏伯斯特。

同時，魏伯斯特在想什麼？沒人認爲他貪污；但是連在一家小公司都監督不好的高階主管，怎麼認定自己夠格來監督美國企業是否誠實作帳？

不過，皮特選錯人這件事，絕對不是意外。魏伯斯特之所以能夠脫穎而出，就是因爲會計業的遊說團體（皮特顯然是其中的一分子），相信他不夠格。

我們可以命名爲皮特原則。著名的彼特原則指出，企業經理人之所以失敗，是因爲他們晉升到力有未逮的層級。皮特原則告訴我們，上位者有時就是要挑選力有未逮的人。

在這個案例中，一般投資人希望政府掃蕩企業的不法勾當，而皮特假裝自己會照辦。現任政府中的主事者或者服務的對象，都是從內線人脈獲利豐厚的那些人。因此，他會挑選一些背景顯赫、但毫無關係的人選，如此才能確保他不會善盡職責、完成所託。

什麼都不懂的主管

這個原則很好用。例如，財政部長的職責是追求正當的財政及經濟政策。如果你不希望部長善盡職責，就從製造業找一位既不懂聯邦預算、又不懂總體經濟的高階主管。結果就是讓史上最高紀錄的預算剩餘，在瞬息間變成龐大的預算赤字。這位部長甚至在消費者信心重挫到九年來最低水準的前幾天，宣稱：「最新經濟的指標不錯。」

司法部長的職責在於捍衛憲法、推動法治。如果你不希望司法部長善盡職責，只要找一位不遵守法律或憲法的卸任參議員就好了，最好是不管什麼正當程序、政教分離等的人，他就會在面對國家危機時，不分青紅皀白監禁一千多名無罪的人，卻抓不到一位犯下暴行的恐怖份子，甚至讓放炭疽熱的元兇消遙法外。

同樣的原則也適用較低層級。情報及國防專家應該理性評估國家安全的威脅，以及美國軍事行動的後

果。如果不希望相關首長善盡職責，就可以交給沒有實際經驗的新保守派知識份子。中央情報局說不存在的恐怖份子聯絡網，他們絕對可以找到，也可以向國人保證，他們絕對會在人口稠密的都會區開打，然後令軍方相當緊張。

但皮特原則最適用的範圍是層峰。總統的職責在於團結全國，帶領國家走出危難。如果不希望總統善盡職責，就指派一位和藹可親的世家子弟，基於他的人脈、曾經擁有過的特權享受和事業、政治生涯。他這種人會覺得，在國家危難之際爭取黨派利益無可厚非，甚至宣稱他黨成員不顧念國家安全。

如此一來，在不到一年的時間內，舉國團結及同舟共濟的氣氛便會消失，變成日益驚慌。越來越多的美國人認爲，美國正邁向錯誤的方向。

二〇〇二年十一月一日

74. 勝利者和戰利品

第一條規則：一定要有個封面故事。布希開放八十五萬個聯邦政府職位給民間，表面上的理由是提升效率。他們說，競爭態勢有助於終結官僚體系的懶散怠惰，還可以降低成本，大家（除了一小撮待遇偏高的工會會員）的日子都會更好。

誰知道呢？零零星星的改革，也許的確會節省一點公帑。但筆者懷疑，華府的政治人物或記者眞的會相信，聯邦政府之所以把部分工作轉給民營，是出自於降低成本的考量，更何況布希政府宣稱，不需另立新法就能推動。

荒唐的民營化預估

畢竟，各級政府民營化的經驗太多了，州、聯邦及地方政府都有；以往的紀錄並不一定支持民營化可以提升效率的說法。有時候的確可以大幅削減成本，但更多的時候只是幻象。民營業者經常會以低價搶標到工程，等到政府的工作團隊解散後，再提高價格。官方預估可全盤減少二〇%或三〇%的成本，簡直是荒唐；我甚至懷疑作此預估的官員也是心知肚明。

那麼到底是怎麼回事？

首先是爲了提供政治掩護。在預算赤字已是眾目睽睽之際，布希政府得裝出要削減支出的樣子，因爲他決心要擴張，不肯重新考慮出現龐大預算剩餘時才合理的減稅案。但是能減什麼？公共支出最大宗的項目是國防及司法體系等必要支出，或者社會安全及老人醫療保險等中產階級的權利，布希政府在這些地方也不敢公然縮水。

在這種兩難局面，把聯邦政府的工作移交給民營部門，將是最完美的答案，但不是眞正的答案，尤其可能會裁撤的聯邦員工薪資，只佔總預算的二%，所以縱使依此實施，民營化所增加的效益對於整體政府的支出而言，只是杯水車薪。但布希政府高唱民營化後，會給外界一個積極任事、設法削減預算赤字的印象。

我們相信，轉移大眾對預算赤字的注意，只是民營化的附帶好處；民營化更是打破工會勢力最後一個堡壘的方法。白宮顧問羅夫的目標就在此。

新的分贜制度

幾個月前，羅夫拿他的老闆和第七任總統傑克森（Andrew Jackson）相提並論。傑克森的主要遺贈就是「分贜制度」，將聯邦政府的工作保留給政治支持者。聯邦公務官署成立的目的，就是要保護公務員不受政治壓力，徹底瓦解「分贜制度」，而布希政府卻找到脫身的方法。

我們不必臆測其後果，因爲布希的弟弟傑夫（Jeb Bush）已經在佛羅里達州先行示範了；這位佛州州長積極鼓吹民營化。《邁阿密先鋒報》仔細研究州政府的紀錄後指出：「他大膽的實驗獲得持續的成功，至少

對他和共和黨來說是如此。這項政策養活了許多承包商，這些人給予過他、共和黨人與佛州共和黨數百萬美元的政治獻金。」

針對這群承包商而言，有趣的不只是大筆政治獻金換來的大額合約，更結束了以往商界押寶兩個政黨的作法。在布希主政下的佛羅里達州，公共工程的最大贏家是未提供或提供很少政治獻金給民主黨的商家。奇怪吧？彷佛和佛羅里達州做生意的商家，必須通過忠誠測試。

我的意思是，美國要回到崔伊德（Boss Tweed）和漢納（Mark Hanna）那個時代嗎？（譯註：前者黑幫老大，後者爲工業鉅子及金融家，也是共和黨主席及參議員）。錯了！這些人還只是小兒科。當今政府在一黨掌控下，報達朋友、懲罰敵人的機會之多，是老牌政治人物想像不到的。

新的分贓制度有何極限？執政黨如何利用這套制度鎖定永遠的政治利益？繼續往下看，我相信很快就會揭曉。

二〇〇二年十一月十九日

第十一章

大陰謀？

THE
GREAT
UNRAVELING

75. 煙霧機

布洛克（David Brock）發表的《被右翼蒙蔽：前保守派的良知》（*Blinded by the Right:The conscience of an ex-conservative*）一書，對於自封爲道德捍衛者的私生活描寫得太多了。這些故事固然可以讓書多賣一些，卻可能模糊了重要訊息：「右翼大陰謀」並不是過火的比喻，而是活生生的事實；其運作方式極類似特殊利益團體的遊說。

現代政治經濟學教導我們，組織嚴謹的小團體通常會比更廣泛的公共利益佔上風。鋼鐵業如願得到關稅的保護，但消費者的損失遠超過生產者的獲利，因爲一般消費者根本不了解實情。

右派的億萬富翁

《被右翼蒙蔽》證明，同樣的邏輯也適用於非經濟議題。僱用布洛克的醜聞製造機，事實上是一個特殊利益團體，背後的金主包括一些有錢的狂人，例如控制《華盛頓時報》的統一教教主文鮮明、專門扒糞的《美國觀察家》（*American Spectator*），以及其他右翼組織背後的金主史卡夫（Richard Mellon Scaife），而且成效卓著，因爲一般新聞讀者搞不清楚狀況。

這個團體把白水案——一筆二十萬美元的虧損投資，變成一樁醜聞。縱使檢調單位花了八年、七千三百萬美元，也找不出柯林頓夫婦違法的證據。想想看，這種醜聞製造機如果拿到更勁爆的內幕，後果又會如何？例如布希年輕時，不正常的商業往來。

但是，左派陣營沒有可以等量齊觀的醜聞製造機。爲什麼？

原因之一是，右派陣營的怒氣和仇恨，在左派找不到；充其量只算是反全球化的左派，而在主流的自由派中完全不存在。其實我認識的自由派人士，通常不願涉及容易惹得一身腥的當代政治。

本質上，億萬富翁也比較可能是右派，而非左翼狂熱份子。億萬富翁或許支持自由派的理念，但他們通常想要幫助這個世界，而非推翻美國的政治體制。說得難聽一點：索羅斯（George Soros）砸下大把鈔票在海外推動民主體制時，史卡夫也花了大筆銀子，試圖破壞國內的民主體制。

他的成就斐然；史卡夫帝國的主要成員，現在都是布希政府的高階官員（文鮮明的報紙更等於是政府的內部刊物）。顯然，四處扒糞很管用：一般大衆和正當的媒體都假設無風不起浪，然而事實上，正是一些怨氣沖天的有錢人在興風作浪。

媒體很容易受騙上當。柯林頓即將離職的幕僚，在白宮塗鴉的不實故事，竟然被媒體所採信，比如最近傳聞，恩龍公司的前執行長雷伊就躲在白宮。

典型的抹黑手法

經常閱讀本專欄的讀者都知道，我不久前發現，自己也成爲抹黑的對象，而手法非常典型：右派消息

人士堅稱，一筆正常的商業交易（以我的例子來說，就是當我還是大學教授而非專欄作家時，曾經擔任恩龍公司的顧問，並沒有特別照顧恩龍的職位）涉及不當行徑；正當媒體接續這個話題，認定無風不起浪，即使在沒有人收受好處的情況下，印象已經造成，大家認爲涉案人士一定做了什麼見不得人的事（他自己都拿紅包了，怎麼還有資格批評親信資本主義呢？）。我看了布洛克的書之後，才恍然大悟。

我一向認同《石板》雜誌的諾亞（Tim Noah）的看法，他表示，布洛克的書毫無新意：「我們知道……一個財力雄厚的極右派團體，一直無所不用其極地在抹黑柯林頓。」但「我們」是誰？大部分的人並不知道。總之，他不能用過去式；這個財力雄厚的極右派團體，至今還在抹黑反對其論點的人，而太多記者甘願被他們利用。

我覺得《被右翼蒙蔽》這本書格調甚低，並且自曝其短。我想，許多人應該也有同感。

二〇〇二年三月二十九日

76. 憤怒的大衆

一位中間偏右的候選人角逐總統寶座。在理性社會中，他可以輕易當選，畢竟，他所屬的政黨一直在執政，而且相當成功；失業率下滑，經濟成長加速，前任政府造成的陰霾一掃而空。

但接下來卻一場糊塗，他的溫和立場變成負債。左派候選人攻擊他親市場的立場，獲得關鍵的支持，前者雖然不可能當選，卻把參政視爲舞台。這位候選人從每個角度來看都是好人一個，卻不擅長打選戰；照批評者的說法，他屬於「教授型」，對許多選民來說就是「高高在上、欠缺幽默感」。最重要的是，溫和派以爲高枕無憂，認爲他們的候選人一定當選，或者這場選舉不會改變現狀。

結果是極右派意外出線。這個國家心胸開放，大致上能夠容忍不同意見；但約有兩成的選民屬於基本教義派，甚至在時機好的時候也會憤憤不平。基於特殊的選舉制度，即使更多人投票支持溫和的左派，但佔少數的右派卻能當選。

讀者如果以爲我在說明高爾二〇〇〇年選後的情況，我的確有意如此；然而，我其實說的是週日法國大選出人意料的結果。現任總理喬斯平（Lionel Jospin）名列第三，位於右派的勒彭（Marie Le Pen）之後。直到最近，勒彭都被視爲已經彈盡糧絕，如今卻能意外獲勝。

美法政壇的異同處

法國政壇的大地震和美國最近政壇的發展非常類似。我先說明其中的雷同處，然後再談重大差異。

法國大選的結果透露出一個內情：法國和美國一樣，都有很多憤憤不平的人。他們雖然不是多數——勒彭得到約一七%的選票，低於裴洛於一九九二年在美國的得票率，但他們具有強烈的動機，而且如果溫和派把容忍異己的社會視爲理所當然，他們的影響力就超過他們的人數。

這些憤憤不平的人在氣什麼？不是經濟；柯林頓或喬斯平對於和平及繁榮的目標，表現得也不是特別好。反之，似乎是傳統價值在作祟。憤憤不平的右派看不慣無神論者的自由派，法國則是鎖定移民。讓兩者難以接受的是喪失確定感，他們希望回歸到更簡單的時刻，沒有擾人的人和觀念。

美法兩國憤怒的少數族群，影響力都高於他們的人數，主要是因爲左派本身的怠惰及溫和派的同情。高爾旗下有納達，喬斯平也有一幫傻乎乎的左派（兩個國際共產主義份子拿到一成的選票）。很篤定的溫和派既嘲笑他們，也不加防範。

聖經的世界觀

現在再來談重大差異。勒彭在政壇是局外人；他在週日的表現，讓他能夠參加第二輪投票，但他不會成爲法國的總理，因此他極右派的理念，短期內無法付諸實施。反之，美國的極右派受到共和黨的籠絡，甚至是後者受到前者的拉攏。美國境內具有和勒彭一樣極端理念的人，很可能把這些觀點付諸實現。

例如，衆議員狄雷上週告訴一個團體，他是奉了神的差派，要推動「聖經的世界觀」；他也準備彈劾柯林頓，部分原因是柯林頓抱持「錯誤的世界觀」。奇形怪狀的政治人物到處都有。衆議院多數黨黨鞭的一大部分觀察家都認定，狄雷是衆議院議長哈斯特（Dennis Hastert）背後眞正的首腦。

然後就是司法部長艾夏克洛夫特。

從法國的選舉結果可以看出，我們和法國的相似之處遠超過兩國願意承認的程度。兩國都一樣，政治表象之下隱藏了許多非理性怨氣，只是在我們這裡，憤憤不平的人已經在朝執政了。

二〇〇二年四月二十三日

77. 總統的強力勸說

戰爭就是和平。自由就是奴隸。無知就是力量。鮑爾（Colin Powell）和錢尼兩個人相敬如賓。布希政府不會推動社會安全體制的民營化。

直到白宮發言人佛萊契（Ari Fleischer）堅稱，鮑爾和錢尼在伊拉克事務上沒有歧見，部分記者才開始面對現實。美國廣播公司（ABC）形容這就像在說「巧克力是香草」一樣，承認「布希政府一直和部分記者之間存有誠信問題，因爲他們不斷說『上就是下』、『黑就是白』。」

但布希政府不必擔心。如果可以史爲鑑，許多記者很快就會再度卑躬屈膝。布希政府下次再堅稱巧克力就是香草時，大部分媒體由於擔心被打成自由派的偏見，也爲了「中立報導」的表相，就不會報導那個玩意兒是棕色；充其量只會報導說：部分民主黨人士宣稱那是棕色的。

歐威爾式的風格

任何人如果追蹤布希政府在經濟事務上的發言，行政團隊喜歡歐威爾風格的傾向便昭然若揭；甚至在二〇〇〇年大選期間，這些發言的主軸都是矛盾思考，也就是同時相信兩件互相矛盾的事。例如，布希推動

社會安全體系局部民營化的計劃，就建構在二減一等於四的假設上，也就是把薪資稅移轉到個人帳戶，卻還要使用這筆稅收支付退休人士的福利。

歐威爾風格除了矛盾思考外，也包含世說新語（newspeak），爲字句重新下定義，以排除非我族類的思想；社會安全再度提供一個絕佳的例子。共和黨政治顧問發現，在股市重挫及企業醜聞頻傳之際，「民營化」這個字眼帶有負面色彩。他們否認個人帳戶構成民營化的要素，強迫媒體照單全收。共和黨全國競選委員會在備忘錄中提出新策略：我們不能讓記者不正確地報導「個人帳戶」和「民營化」是二而一的東西，進而誘使民主黨在旁邊煽風點火。

個人帳戶等於民營化，這句話不對嗎？我們來評評理。根據布希的計劃，勞工個人帳戶會反映帳戶內含股票的盈虧。風險和報酬完全歸給個人，這算不算民營化？

別忙，我們可以評得更清楚一點。在推動社會安全體制轉變爲個人帳戶制方面，卡托研究中心一直是的要角。布希的計劃完全脫胎於卡托中心的研究，社會安全改革委員會的幾位成員，都和卡托關係匪淺，而且委員會中大部分的幕僚，更是直接來自卡托。卡托架設的socialsecurity.org 網站上，可以看到卡托在其中扮演的角色。

社會安全民營化研究

卡托推動個人帳戶的研究名稱是什麼？當然是社會安全民營化研究。

這讓我們又回到恐嚇這個主題。共和黨的全國競選委員會，也不認爲自己可以說服外界說：民營化不

是民營化。反正這不是他們的目的。備忘錄並沒有說明如何與社會大眾溝通，而是對記者的要求。就像馬歇爾在網站（talkingpointsmemo.com）上所說的，目的在於「恐嚇記者不要在稿件中，使用『民營化』這個字眼。」

這招恐怕很管用。事實上，已經產生效果了。馬歇爾指出，有線電視新聞網的伍洛夫（Judy Woodruff），最近在訪問眾議院的少數黨領袖蓋哈特（Richard Gephardt）時，就提到共和黨全國競選委員會的備忘錄。

可惜的是，這不只是社會安全政策的問題。政府一旦習慣指鹿爲馬，而且又認定能夠逃過外界的質疑（這任政府向來如此），就很難戒除。養成對不利事實視而不見的習慣，並且認定易於駕馭的媒體會配合順服，很快會污染到政策各個層面。沒錯，也會影響到攸關戰爭與和平的事務。

紙終究是包不住火的。如果你還在懷疑，我得確切地告訴你，無知不是力量。

二〇〇二年九月六日

78. 一切爲人民

儘管殘酷，卻是事實：明尼蘇達州在哀悼參議員威爾史東（Paul Wellstone）之際，該州許多居民接到印有墓碑的傳單。這些由一個保守商業團體發出的傳單，抨擊威爾史東在世時，支持保留遺產稅的作法。在墓碑下，傳單的部分文字是：「威爾史東不但要讓你和你的公司繳稅到至死方休……他更希望讓你來生也繳稅。」

老實說，寄出這些傳單的人（他們尤其得在用字上小心，免得這些郵費無法被列爲選舉贊助費用），不知道自己因此顯得多沒格調。換個角度來看，這篇傳單卻是很恰當的墓誌銘，提醒了大衆威爾史東的立場，以及他堅持這個立場所展現的勇氣。

真正的英雄

美國人有時候似乎忘掉勇氣的意義。說狠話不代表你是英雄，你得願意承擔風險；我說的不是肉體上的風險，雖然願意讓自己陷入肉體風險的愛國者，少之又少。我們所求於民意代表的是，願意承擔政治風險：在大是大非的原則上，勇於表達立場，縱使得罪有力的利益團體，也在所不惜。

威爾史東願意承擔這種風險。衆所皆知，他是依照自己信念投票的政治人物；他捍衛他視爲正當的理念，而非能夠幫助他連任的想法。他在許多議題上都採取帶有風險的立場；無論你是否同意他的立場，都得承認他投票反對授權對伊拉克動武的立場，實在非常勇敢。但他最前後一致的紀錄，在於經濟議題上：他勇敢地保護美國市井小民的利益，同時對抗新興財閥越來越強大的政治力量。

在金錢當家的政壇中，威爾史東的立場相當危險。他首度參選參議員時，對手的競選經費是他的七倍。根據他一位顧問的說法，他靠著一輛破破爛爛的綠色校車，竟然能夠勝選，「再度證明普通人也可以參與政治。」

要是這樣就好了。當代的美國政壇，幾乎每位政治人物都假裝自己和人民站在一起；事實上，對有錢人和大企業越卑躬屈膝的政治人物，態度越是平易近人。但眞正和人民站在一起、眞正勇於對抗威爾史東所謂「劫貧濟富」政策的人，絕對不容易：你不僅得對抗金錢的力量，更要面對持續且無恥的僞善。

由此也證明，這些傳單爲什麼最能凸顯威爾史東終身捍衛的理念。

假平民主義者滿街跑

一方面，迄今最能證明我們的政治體制都在服務有錢人的範例，要以去年聯邦政府減稅案中，納入廢除遺產稅這一項最爲觸目驚心。遺產稅只影響極少數家庭，只有一小撮精英會繳納遺產稅。事實上，甚至連支持減稅案的人在計算受惠者時，都會刻意忽略遺產稅廢除後，其造福有錢人的程度。參議員葛拉斯利上週五致函《紐約時報》時，只談所得稅；如果加計廢除遺產稅的減稅效益，他可能不得不承認，四〇%的減稅

好處，落入全國最有錢的一%家庭中。在美國出現龐大預算赤字的同時，如果要求廢除遺產稅，等於是讓富者更富，於此同時，卻刪除了中產階級及窮人的一些必要服務。

另一方面，從是否廢除遺產稅的辯論中，也可一睹美國政治僞善的一面。廢除這種被稱爲「死亡稅」的議題，不可思議地被包裝成爲老百姓謀福利。在持續且不惜重金的文宣下（反威爾史東的傳單極爲一例），數以百萬的美國人誤以爲，遺產稅主要影響到中小企業，廢除遺產稅就會造福普通老百姓。這些文宣的幕後金主是誰？猜猜看。

金錢果眞萬能。

在假平民主義者滿街跑的世代，威爾史東才是眞正和人民站在一起的。如今哲人已逝，其他人還有勇氣走他的路嗎？

二〇〇二年十月二十九日

79. 媒體戰

本週，高爾終於針對一些顯而易見的事實說話了。「最近媒體在政治議題上有點離譜，」他告訴《紐約觀察者報》說：「老實說，有些有組織的聲音都是共和黨的外圍。」

「自由媒體」的多數記者反應是尷尬地沈默以對。我不了解其中的原因，但有些事情就是不能說出口，尤其是一些顯而易見的事實。

舉個最重要的例子，福斯新聞公司的政治議程再明白不過。董事長艾爾斯（Roger Ailes）一直是布希政府的顧問。福斯的休姆（Brit Hume）甚至表示，共和黨在期中選舉的成果，應該歸功於福斯。「因爲我們的報導才有這種成果。」他告訴談話性節目主持人伊瑪斯（Don Imus）說：「大家收看我們的節目，並且從我們這裡得知該如何投票。福斯在這些事務上的影響力，無人可懷疑。」（這可能是在說反話，想想看，如果民主黨獲勝，哥倫比亞廣播公司的主播丹拉瑟，事後也把功勞攬在身上的感覺。）

但本文的目的，不是在修理福斯公司。我要提出更全面的問題：媒體的經濟利益是否會破壞客觀的新聞報導？

新聞的「公平原則」

過去五十年來，公共政策都認定，媒體偏見是潛在的問題。畢竟，全國只有三大無線電視網，廣播電台執照有限，許多城市都只有一兩家報社。針對那些能夠控制新聞輸出的人，如何才能防範他們濫用本身的權力？

答案是法規及私下自律。「公平原則」（Fairness Doctrine）強迫廣播媒體，必須對正反意見給予同樣比例的報導空間。對媒體所有權的限制，也可確保不同聲音都能發聲。外界預期主要的新聞媒體都會保持超然立場，明確區隔言論和新聞報導的界線。這套制度不見得都能運作正常，但至少設下了一些限制。

過去十五年來，大部分制度都已經蕩然無存：公平原則於一九八七年廢除，媒體所有權的限制也逐漸放寬；明年開始，聯邦通訊委員會可能會廢除其餘的大部分限制，甚至允許三大電視網互相購併。至於不可公然支持特定政黨的私下自律，也已經消失——只要你支持正確的政黨。

新聞市場的生態變革

聯邦通訊委員會表示，由於市場生態已經改變，舊有規則已經沒有必要。根據官方說法，新聞媒體（先是有線電視，然後是網路）已經提供大眾取得多元新聞來源的管道，不需要公眾指導原則。

但真的是這樣嗎？有線電視確實大幅擴大現有娛樂節目的範圍，但在新聞報導方面，卻未能提供更多來源。目前美國有五大電視新聞來源，而非以往的三個，但在其他趨勢的興起下，等於沒有增加。例如，平面

媒體的影響力持續式微；另外，五大電視新聞來源都只是一個大集團內的部門，所有新聞不外乎來自七合一的美國線上時代華納奇異狄士尼西屋新聞公司（AOLTimeWarnerGeneralElectricDisneyWestinghouseNewsCorp）。

網路對政策及新聞迷來說是件好事，任何人都可以閱讀加拿大及英國的報紙，或者從智庫下載政策分析；但大部分人既沒有時間，也沒有興趣。實際上，網路在降低五大新聞來源的影響力方面，力量有限。

簡單來說，我們所處的環境充滿利益衝突。提供了多數人新聞報導的機構，都得照顧本身的商業利益，所以勢必會誘使他們扭曲本身的報導，尤其是在迎合執政黨方面。媒體捨棄新聞不報的例子不少，例如，上個月在華府十萬人的反戰示威，無論你持何種立場，這都是一個重要的新聞事件，但主要媒體幾乎全漏掉這則新聞。

目前媒體公然的偏見，仍然受到舊原則及傳統行爲模式的約束。但這些原則很快就會被廢除，行爲模式也在我們眼前崩解。美國高度集中的媒體所造成的利益衝突，是否會威脅到民主體制？

我已經報導了這個現象，讀者可自行判斷。

二〇〇二年十一月二十九日

80. 數位強盜大亨

不當的比喻會造成錯誤的政策。每個人都在談「資訊高速公路」，但從經濟學角度來說，電信網路不能比成高速公路，而是強盜大亨時代下的鐵路業，也就是在面對公路貨運激烈競爭前的鐵路業。鐵路最後也得面對嚴苛的法令，理由很正當：他們掌握強大的市場力量，而且經常會濫用這個力量。

但是決定網際網路未來的那些人，尤其是聯邦通訊委員會主席包爾（Michael Powell），似乎不曉得這段歷史。他們對於解除管制的好處，充滿了熱切的期待，根本聽不進市場力量的危害。同時，未來的強盜大亨正在鞏固他們的城堡。

無法規可管的網際網路

直到最近，網際網路似乎具體呈現自由市場的理想；數以千計的服務供應商彼此競爭，任何人都可以造訪網站。科技部門更是自由論者實踐理想的沃土，許多科技人堅稱，他們不需要華府的協助和法規。

但撥接網路這個競爭激烈的寬廣世界，確實需要許多網路迷排斥的政府法規。市內電話服務的壟斷是自然形成的，在沒有規範的世界中，壟斷市場的電話業者可能強迫你使用他們的撥接服務。消費者之所以還

有選擇餘地，在於這些業者依法必須作爲共同的載台，提供獨立的服務供應商來使用他們的線路。

幾年前，大家都以爲寬頻市場也會是如此。一九九六年的電信法案，應該造就一個高度競爭的寬頻業，但卻功虧一簣，市場一直未能自由競爭。例如，我個人就完全沒有選擇：如果我想裝設寬頻，就只能接受有線電視公司提供的服務；就像十九世紀的農民，必須把農作物送到聯合太平洋鐵路公司（Union Pacific），否則沒有別的去處。如果我住的地方靠近電話交換機、或看得到南方的天空，也許還有其他的選擇。但美國寬頻業者可以有效競爭的地區，少之又少。

未來恐怕也會是如此。修改一九九六年法案的政治意願，已經消失了。寬頻市場很難像許多網路族視爲理所當然地，成爲自由競爭的環境。

去年三月，聯邦通訊委員會利用文字技巧，把寬頻網路定義爲「資訊服務」，而非電信事業，排除有線電視業者爲共同載台。委員會對數位用戶迴路（DSL）的服務，可能也會採類似的裁定；這種迴路利用的是市內電話的線路。結果，大部分家庭及企業接觸網路的方式，和十九世紀農民取得鐵路運輸服務的方式，幾乎一樣少。

網路業者的壟斷

其實以前和現在都還有其他選擇；只要分拆寬頻業，然後針對線路的空間，限制市內電話及有線電視業者販售給獨立網路服務供應商，就可以恢復競爭。否則我們也得接受有限的競爭，利用管理美國電話及電報公司（AT&T）一樣的方式，來管理網路服務供應商。目前我們似乎既無有效的競爭，也沒有法規。

更糟糕的是，聯邦通訊委員會逐漸解除媒體及通訊業者，對於互相持股的限制。未來，總有一天，會有一個大集團同時擁有當地的報紙、幾個電視頻道、有線電視公司及電話公司，並且提供你唯一上網的路徑。這一天也許不遠了。

結果可能是業者的收費高得離譜，但這只是最基本的問題。寬頻供應商既無有效的競爭，又無法規約束，很可能會設法讓客戶難以進入他們掌控範圍的網址，終結目前我們所知道的網際網路。此外，還要考慮到政治面向。少數媒體集團一旦能夠控制你看的東西，更能控制你能下載的東西，這會是什麼世界？

現在還有時間重新考慮；兩黨國會議員對包爾目前的政策方向，仍有疑慮。但是，時間快來不及了。

二〇〇二年十二月六日

81. 大分歧之後

外界一直質疑，歐洲和美國爲什麼突然水火不容？是文化因素嗎？還是歷史情結？我很少看到各方探討一個明顯的觀點：我們會有不同看法，是因爲我們接收到不同的新聞。

把鏡頭拉回過去。許多美國人現在會把美歐關係的僵化，怪到法國頭上，甚至有人呼籲杯葛法國產品。但法國的態度並非例外。上週六的大規模示威證實，所有主要的歐洲國家，無論政府的立場爲何，都非常不信任布希，並且質疑對伊拉克用兵的民意調查。其實支持布希的歐洲國家中，法國示威的規模最大。

美國也有大型示威；海外不信任美國的程度升高，甚至英國盟邦的最新調查，也把美國視爲全球最危險的國家，排名在北韓及伊拉克之前。

新聞塑造民衆的看法

爲什麼其他國家看待世界的方式與我們不同？大部分答案在於新聞報導。艾特曼（Eric Alterman）的新書《什麼自由媒體？》（*What Liberal Media?*）並不強調國際間的差異，但比較一下美國人與歐洲人所看的新聞報導之差別，就可以證明此點。至少和外國同業相比，美國的「自由」媒體極爲保守，甚至屬於鷹派。

我主要不是在指平面媒體。美國及英國主要的全國報紙或許有所差異，但其描述的至少是同一個事實。大部分人從電視上得知新聞，但是電視新聞的差異極大。和外國媒體的報導相比，美國有線電視台所報導的週六反戰示威，其呈現的畫面彷彿是在報導另外一個星球。

如果收看有線電視新聞，會看到什麼畫面呢？福斯新聞網週六的主播，形容紐約的示威者爲「普通的示威群衆」或「示威常客」。有線電視新聞網（CNN）的用語沒有這麼輕蔑，但其網站週日上午的標題卻是：「反戰示威，伊拉克開心」，並以巴格達作爲搭配的畫面，而非紐約或倫敦的示威群衆。

全球其他媒體都不是如此報導週六的示威，但也未必失格。幾個月來，美國兩大有線新聞網的報導方式，彷彿攻打伊拉克的決策已經敲定，甚至把教育美國大衆備戰視爲己任。

如此一來，目標觀衆分不清伊拉克政權和蓋達組織，也就不意外了。調查顯示大部分的美國人認爲，九一一事件的攻擊者部分或全部都是伊拉克人。許多美國人相信，海珊涉及九一一事件，這是連布希政府都不敢如此宣稱的。許多美國人認定，對海珊開戰的原因非常明顯，因此歐洲人不敢出兵是懦夫的象徵。

柿子只挑軟的吃

在電視上看不到同樣新聞的歐洲人，當然覺得奇怪，爲什麼伊拉克（而非北韓或蓋達組織）成爲美國的政策焦點。因此，許多人質疑美國的動機，懷疑美國都是爲了石油，或者柿子只挑軟的吃。他們不認爲反對出兵攻打伊拉克是懦夫的行爲，卻反而是勇敢的象徵，表示敢於反抗恃強凌弱的布希政府。

太平洋兩岸的媒體南轅北轍，有兩個可能的解釋：一是歐洲媒體的普遍反美情結，扭曲了新聞報導的

方向，甚至在英國這種兩大政黨領袖都支持布希的國家，也會有反對的聲浪；另外一個原因是美國的部分媒體，已經把推銷這場戰爭視爲自己的功課，任何質疑布希外交政策的人，都會被打成不愛國的人，因此才不提供任何質疑這場戰爭的報導。

到底是哪一個呢？我已經報導了這個現象，接下來可由讀者自行判斷。

二〇〇三年二月十八日

82. 影響管道

大致上，最近支持開戰的示威人潮，遠不及反戰示威，但火氣一樣大。最勁爆的一幕是，狄克西俏妞（Dixie Chicks）的主唱娜塔麗（Natalie Maines）批評布希，結果有人在路易斯安那州，以三萬三千噸的曳引機壓碎這合唱團的CD、錄音帶和其他產品，吸引了群眾圍觀。這場景似乎讓熟悉二十世紀歐洲歷史的人，聯想到……但名作家路易士（Sinclair Lewis）說過，此地不可能發生這種事。

誰在組織這些支持開戰的示威？答案是電台業界的要角，和布希政府關係密切的人。

壓碎CD的示威活動是由KRMD電台主導，後者屬於柯幕洛斯媒體（Cumulus Media）公司。這家公司擁有許多電台，並且全面禁播狄克西俏妞的音樂。全美支持開戰的示威活動，大部分是由克麗兒頻道通訊公司（Clear Channel Communications）旗下的電台主辦。這家位於聖安東尼奧的大集團，控制一千兩百多家電台，在美國廣播界的主導力越來越強。

爲美國而走

公司宣稱，這些示威活動都是以「爲美國而走」的名義主辦的，也是各電台自發的活動。但是在《沙

龍》寫過這家公司許多內幕報導的波勒特（Eric Boehlert）指出，這家公司對旗下電台中央集權式的管控，已經到了惡名昭彰的地步，也普遍受到敵視。

到目前爲止，外界對克麗兒公司的抱怨主要是它的經營手段。例如，克麗兒利用本身的實力，壓榨唱片公司和歌手；廣播音樂變得呆板無味，也要歸功於克麗兒。現在，這家公司又插手在一件造成美國分裂的政治爭議上。

一家媒體公司爲什麼要如此介入政治？或許是經營階層個人的信念使然，但克麗兒一定有很好的理由。這家公司過去幾年才崛起而壯大，主要是一九九六年的電信法，取消媒體所有權的諸多限制，他們才逐漸走向迎合執政黨。一方面，克麗兒可能感受到壓力；有人指控，克麗兒威脅樂手說，如果不配合的話，他們的作品播出時間可能會受限；還有一些政治人物有意重返管制的老路，幫助克麗兒公司的成長。另一方面，聯邦通訊委員會考慮進一步解除管制，可能會讓克麗兒可以進軍電視界。

或許交換的報酬更集中在少數項目。克麗兒在背後支持開戰示威的消息曝光後，有經驗的布希學家同聲開口說：「啊哈！」，因爲公司高層和布希在過去有過淵源。副董事長是希克斯（Tom Hicks），讀者可能不陌生。布希還是德州州長時，希克斯是德州投資管理公司大學（Utimco）的董事長，而克麗兒董事長梅斯（Lowry Mays）是大學的董事。在希克斯領導下，德州投資管理公司大學把學校大部分的捐款，交給與共和黨或布希家族關係密切的公司管理。一九九八年，希克斯購買德州遊騎兵，布希因這筆交易成爲千萬富翁。

政府與企業的大融合

此事有點蹊蹺。目前雖不明朗，但美國新寡頭政治的演化過程，很可能已經進入下一個階段。查特在《新共和》（*The New Republic*）雜誌寫道：布希政府「把政府和企業融合成一個大我。」布希政府的國內政策，幾乎每個面向都是企業利益掛帥；「數十位中階官員……目前監督一些他們先前任職的產業。」我們應該了解，這是雙向道：如果政治人物忙著施惠給支持他們的企業，企業當然也會投桃報李，例如，主辦「草根性」的示威活動。

以上種種之所以發生，就是缺乏有效的監督。在柯林頓主政期間，稍微不當的行徑就可能變成大醜聞；如今，喜歡製造醜聞的人，其焦點更放在會提出問題的記者。畢竟，難道你不知道現在正在打仗嗎？

二〇〇三年三月二十五日

第四篇

市場出差錯

PAUL KRUGMAN

不了解經濟學的人經常會以為，經濟學家分成兩大陣營：他們不是保守的自由市場派，就是自由的大政府派，絕對不會腳踏兩條船。事實上，經濟學家之間的歧見，不如傳聞那麼深。經濟學家的政治觀點通常屬於自由派，就像本人一樣，而且非常尊重自由市場的效率。

但尊重市場不是把市場視為神。市場有時候也會出差錯；過去幾年就有幾個被經濟學家稱為「市場失靈」的案例，對一般大眾造成極為不堪的衝擊。

光天化日之下的偷竊

第十二章鎖定二〇〇〇年到二〇〇一年間的加州能源危機。原本之所以解除電力市場管制，在於希望讓市場力量更不受限制，卻造成一場大災難。有人對自由市場存有偏見，反而模糊了這場災難的本質。許多人堅信（尤其是媒體大師）市場永遠是對的，政府管制永遠都不好。加州突然電價狂飆，且必須輪流停電，大部分評論家認定這都是政府惹的禍，導因於「有瑕疵的解除管制」（但他們一直不清楚是什麼瑕疵）。他們也怪罪環保人士，因為後者不准能源業建造更多產能。

我接觸這個議題時並沒有特定立場，由於具備經濟學背景，因此能夠找到真正的專家，並且了解他們的說法。我很快發現，加州能源危機並非產能不足，而是能源生產商及交易商操縱市場的結果。

起初，在證明這個理論上，我幾乎孤軍奮戰；證據雖然強而有力，卻是間接證據，而且和流行的偏見大相逕庭。後來證據逐漸浮現，加上詳細說明如何操縱市場的備忘錄，以及交易員要求電廠

關機的紀錄，甚至能夠說服非經濟學家。此刻已經很清楚，光天化日下竟敢大規模偷襲市場，幾乎沒人願意相信。

多一點智慧的法規

為什麼有人寧願相信環保份子是加州能源危機的罪魁禍首，其實卻毫無證據？事實上，這就是另外一個迷思。自由市場和環境保護之間水火不容，但激進的環保份子和激進的自由市場主義者之間，存有一個共同點：他們都相信，良好的經濟和環保價值格格不入；但這並不正確：經濟學教科書告訴我們要保護環境的諸多原因，環境破壞造成的成本和傳統金錢上的支出一樣。包括本人在內的經濟學家，經常批評目前環保政策的運作方式，但我們是在批評手段，而非目的：法規多一點智慧，不代表對環境少一點保護。

當前政府固然有時把環保政策說得很漂亮，骨子裡卻希望少一點環保法規。事實上，布希政府是個不折不扣的反環保份子，也許因為政府很多成員的大部分政治獻金，都來自開採業（石油、煤礦及伐木等）。第十三章說明布希政府的反環保政策，以及掩飾這些政策的謊言。

本篇的最後一章簡短地介紹一個大主題：其他國家在自由市場政策上的失敗。無論是否公平，大部分的國家相信：美國壓迫其他國家開放市場，然後在貨幣投機及其他市場災難衝擊後者的經濟時，不願承擔責任。我提出幾個個案研究。

第十二章

加州尖叫

THE GREAT UNRAVELING

83. 加州尖叫

加州解除電力業的管制後，只要電力能夠輸送到的地方，業者就可以販售，原意在於提供更便宜、更乾淨的電力。但是，加州在電力短缺方面，卻嚴重到州長必須關掉官方聖誕樹上的裝飾燈泡，而電力公司卻因此獲取暴利，引起操縱市場的質疑。外界也質疑解除管制這件事。這次危機更警告我們：盲目相信市場，可能會帶來的危機。

在所難免的危機

加州電力的危機，的確得歸因於電力需求突然激增，這是經濟欣欣向榮的副產品。縱使沒有解除管制，這場危機也在所難免。

然而，眞是如此嗎？想當年，獨佔市場的電力公司縱使在產能過剩的歲月，也能有一定的獲利。因此，他們會建設超過所需的產能，縱使超乎預期的高需求也能因應。在解除管制的市場中，價格不斷變動，業者知道投資過度的話，價格和獲利都會衰退，因此他們不願建新廠。需求一旦超乎預期，自然造成電力吃緊及價格飛漲。

長期來說，這點沒什麼問題。建設額外的產能耗資不小，但成本可以轉嫁給消費者；價格或許會上下波動，但消費者的平均負擔會減少。事實上，經濟學教科書指出，在供給吃緊之際電價飛漲，反而是好事，提供電力公司增加投資的誘因。讀者可能認爲，政府不該干預；電價設限只會讓問題更惡化，應該由市場競爭來解決危機。

但電力市場的競爭程度多高呢？加州電力危機會成爲政治炸彈，原因在於外界懷疑不單單產能不足，甚至有人爲炒作電價的疑慮。

業者如何操縱市場？假設現在是炎熱的七月，全州的冷氣機都開到最強冷，電力業逼近產能上限。如果部分產能突然跳線，缺電勢必造成批發電價大漲。大型電廠可以製造一些技術問題，造成部分發電機關閉。在漲價有理的情形下，反而可以增加獲利。

眞有這種事情嗎？全國經濟研究局（National Bureau of Economc Research）委託伯倫斯坦（Severin Borenstein）、布希奈爾（James Bushnell）及渥拉克（Frank Wolak）最近發表的工作報告中，提出了證據：一九九六年前的英國業者，以及一九九八到一九九九年的加州業者，都幹過這種事。

市場並非萬靈丹

讀者以爲冬天可能不會發生這種事情，因爲需求比較少。但州政府官員逐漸懷疑，加州的電力危機並不單純，州內四分之一的發電產能，因定期維修或故障而未能運轉。加州電力業者也許沒有操縱電價，但他們的確具備操縱電價的能力及誘因。要求解除管制的人爲什麼不擔心這點？他們爲什麼不質疑電力市場是否

如預期般地運作。

也許這是這場災難更大的教訓：在市場能否順暢運作方面，尚有重大疑慮之前，別急著想用市場解決所有問題。經濟分析和英國的案例，都爲加州解除管制計劃敲響了警鐘，但這些警訊未受到重視；有些人以爲，市場是解決處方藥保險及教育等各項問題的萬靈丹，對這些警告根本充耳不聞。

二〇〇〇年十二月十日

84. 如夢幻泡影

「叛國絕對不會成功，原因呢？」哈靈頓爵士（Sir John Harington）問。「因爲一旦成功，沒有人敢稱之爲叛國。」所幸，這種風險如今小得多了。現代人應該說：「解除管制絕對不會失敗，爲什麼？因爲一旦失敗，他們會說這不是眞正的解除管制。」

加州電力危機表面上是解除管制帶來的風險。自由市場的好處在於提供充分、廉價且乾淨的電力，但加州不僅面對電力吃緊、電價飆漲，甚至需求起伏不定，被迫放寬空氣品質法規。唯一的明亮之處是，包括洛杉磯在內的幾個擁有電力系統之城市。

四不像的制度

不過，越來越多人異口同聲地否認，解除管制是罪魁禍首。好管閒事的官僚體系，讓加州未能「眞正」解除管制，反而集兩種制度之惡，創造出一套四不像的制度。這種說法倒是方便：認定自由市場制度不會犯錯的人，可以繼續他們的信仰，其他州支持解除管制的陣營，也可以宣稱不會在當地發生這種事。

仔細檢討加州並未「眞正」解除管制的說法，可以發現：解除管制雖有瑕疵，但這些瑕疵不足以造成

電力危機。若要了解加州解除管制的限制，先得知道它把加州電力業分割成兩個部分。發電業者都隸屬於外州的企業，生產電力後再以批發方式賣給電力公司，後者再以零售方式賣給消費者。

加州之所以未能完全解除管制，在於批發市場的電價雖然已經不受管制，但電力公司的售價仍然受到州政府管制。換句話說，即使電力短缺讓批發電價竄升，家庭及企業仍然欠缺節約能源的誘因。管制零售電價的歷史有點奇怪；原本只是照顧電力公司的臨時措施，希望在批發電價下降時，讓後者多賺點錢。結果，零售電價僵固不動，反而讓加州更難化解危機。

如果電價不管制，情況眞的有差嗎？所有證據都顯示，要大幅減少需求、化解當前的電力吃緊，零售電價必須大幅調漲，然而在政治上不可行。事實上，聖地牙哥早在危機爆發前，就不再凍結零售電價。去年夏季，電價大漲三倍，在民怨排山倒海下，政府才被迫重新管制電價。

問題出自發電業者身上

另一個解除管制不完整之處，在於主管當局禁止電力公司與上游業者簽訂長期購電合約，迫使他們必須在短期的「現貨」市場中，購買批發電力。現貨電價飆漲，造成電力公司破產，迫使加州政府動用數十億美元公帑，才能維持不斷電。如果電力公司能以較低價格鎖住大量供電，就不會破產，但資金可能大出血。

長期合約固然可能延後危機引爆的時間，但電力是否因此會更充裕呢？有些人認爲會；如果發電業者大部分的電力都是以長期合約賣出，業者在市場就無法如此呼風喚雨，限產以拉抬現貨電價的誘因也會減少。目前，只有間接證據顯示發電業者會限電以拉抬價格，他們當然斷然否認有此行徑。如果我們接受他們

的說詞，長期合約也無法避免目前電力吃緊的狀況。

是誰當初反對長期合約呢？一九九九年，部分大型電力公司向政府要求，可以和上游發電業者簽訂長期供電合約。消費者團體原本有疑慮，後來仍表支持；但主管當局否決此議，主要是因爲有人強烈反對修法、反對開放長期供電合約。你猜對了，就是發電業者。有種似是而非的說法是，加州不是解除管制出錯的受害者，而是準社會主義政客，不肯給解除管制一個機會；實情並非如此。支持解除管制的人士不該再找藉口，應該認眞查出哪裡出了錯。

二〇〇一年二月十八日

85. 電力的代價

歡迎來到加州卡特爾（Cartel California）。獨立系統調度公司（Independent System Operator）上週的報告，多少已經正式了此事：加州電力的危機部分，得歸咎於發電業者的操縱市場。報告指控，發電業者向供應加州消費者零售電力的業者，超收電費；十個月內超收六十億美元以上。

聯邦當局幾乎一定不會重視這份報告，但我稍後再談這一點。首先，我必須先澄清這份報告的觀點。

錯失商機的發電業者

獨立系統調度公司並未指控發電業者涉及一樁大陰謀。事實上，我在本文開頭也不該使用「卡特爾」這名字。發電業者不必搞小動作，現況自然會讓每家業者很容易操縱市場。事實上，若要相信發電業者不會操縱市場，你要不就相信他們全是聖人，不然就是很糟糕的生意人，因爲他們錯失增加利潤的良機。

想想看：現在是酷暑，加州電力市場非常吃緊。你是少數出售批發電力的業者，你一定有過這種念頭：如果旗下的發電廠正好無法運作，電價會有何反應？這些業者如果付諸行動……接下來的情形，你都知道了。

加州爆發電力危機後，有關發電業者故意限制發電以拉抬電價的傳聞，絕對是無風不起浪；甚至也不是政治人物在找代罪羔羊。反之，早在加州電力危機上了報紙頭版前，經濟學家就已經針對操縱市場提出預警。部分經濟學家甚至在加州解除管制前，就示警過：英國早在美國之前就推動解除管制及民營化，但很多證據顯示，「市場力量」曾經在英國構成問題。

研究證據不斷浮現。在獨立系統調度公司發表報告前，經濟學家周斯柯（Paul Joskow）及卡恩（Edward Kahn）也發表研究指出：強烈的證據顯示，去年夏季電價大漲，大部分得歸因於「市場力量的運作」。作者並非左派人士，甚至反對解除管制。他們只是想客觀地檢視這些證據，最後得出的結論顯示，刻意減少發電以拉抬電價是加州電力危機的重要成因。

不過我們還是相信，華府會對這些證據充耳不聞。《紐約時報》週五有篇文章提及，聯邦能源管理委員會（FERC）原本應該扮演監督能源產業的角色，最近卻毫不作聲；尤其讓我震驚的是，委員會幕僚提出的報告發現，加州電力業者「具有操縱市場的能耐」；但也不能就此斷言他們眞的那麼做。就像我所說的，這些發電業者要不是聖人，就是差勁的生意人，或者兩者兼具。

減少拉抬電價的誘因

主管當局該怎麼做呢？我不看好要求發電業者支付龐大罰金的建議，因爲很難冤有頭債有主，或者證明業者的確違法。聯邦能源管理委員會能做的是，暫時爲批發電價設定上限，此舉可減輕加州的財政負擔；州政府每個月得花費十億多美元補貼購電。在一個靠「市場力量運作」的市場，爲批發價格設定上限，可能

會增加供應，因爲發電公司沒有減少生產電力、拉抬電價的誘因。

但結果不會如此。也許是自由市場的意識形態在作祟，也許是發電業者的政治影響力（許多業者的總公司設在德州）。無論是什麼理由，很難想出另一個比現任政府更不關心加州危機的政府。

如果聯邦政府漠不關心會激怒加州人，加州人的確該生氣了。

二〇〇一年五月二十四日

86. 狼眞的來了

最近接到一位我敬重的經濟學家來函，他責備我針對加州能源危機所寫的「奈德」式（Naderite）專欄。他不認爲發電業者操縱市場是關鍵因素。左派總是把第三世界的貧窮及高房租等問題，怪到貪心的資本家頭上；他覺得我的論點也有這種感覺。左派已經很多次高喊「狼來了」，有理智的人早就見怪不怪了。

但現在狼眞的來了，掠食的本性已經重創美國人口最多的州，卻沒人相信。

沒錯，縱使加州當初未曾解除管制，今年夏季也會電力吃緊；縱使批發電力市場是充分競爭的環境，電價也會在需求攀抵尖峰時大漲，納稅人或消費者還是得付出數十億美元給發電業者。

現在證據確鑿，加州電力市場既無充分的競爭，任由發電業者「操縱體系」便成了危機擴大的元兇。加州長期以來，一直處於電力吃緊的狀態；無論需求高低，批發電價始終居高不下。突然停電後，電力市場的供給甚至在需求偏低、理應有許多過剩產能時都很吃緊，讓業者大賺其錢。

發電業者生病請假的真假

史丹福大學經濟學家渥拉克指出，電廠停機就像員工打電話到公司請病假。公司不確定他是眞的生病，還是找藉口休假一天，只能透過間接證據求證。渥拉克憑著間接證據認定，「發電業者利用強迫停機的方式，減少市場上的供電」。越來越多研究人員也持同感。

我們由此來探討聯邦能源管理委員會（FERC）的最新動作。委員會週三顯然決定提供加州若干援助，訂出加州電價的上限。我用「顯然」這兩個字是因爲，越仔細檢討這項方案，就越覺得它毫無助益。方案是以二比一通過的，馬賽（William Massey）是向來同情管制電價的委員，卻以這項方案毫無作用而投下反對票。

FERC的方案有何不妥？首先，只在緊急狀況下才規定電價的上限，卻忘記縱使非緊急時，電價也已經漲到匪夷所思的水準。總之，這項方案似乎認定電力市場處於完全競爭狀態，實際上卻絕對不是。

百萬瓦洗電

其次，緊急狀況下的電價上限，也充滿漏洞了，被渥拉克稱爲「百萬瓦洗電」（megawatt laundering）：把電力賣給未受電價管制的關係企業（例如，不受電價管制的鄰州進口電力），然後再賣回加州電力市場。加州大學能源研究所的伯倫斯坦說，由於電價上限是以效率最低的電廠發電成本計算，因此發電業者存有降低生產效率的誘因：「我預測，以往沒沒無聞的電廠會突然重新運轉，效率自然十分低落。」

一般認爲，這項方案是空包彈。外界確曾提出過一些認眞解決危機的方案；渥拉克今年秋天提出的方案，就廣受專家接受，但FERC完全置之不理。

說得客氣一點是FERC還在狀況外，仍然不相信這次狼眞的來了；說得毒舌一點則是，上週的行動註定失敗。線上發行的《麥德利報告》（*The Mdeley Report*），把FERC的方案稱爲「動作很大、卻無實質內容……布希政府很高明的緩兵之計，以規避可能的政治後遺症。」

無論是什麼原因，基本事實是FERC和布希政府還沒提供加州任何重大的援助。

二〇〇〇年十一月十二日

87. 加州來電

柔弱的加州人一方面討論著省電大作戰，一方面對能源大廠敵意甚深，今年夏天註定會在一片漆黑中汗出如雨。但夏天已經降臨，供電大致還算充裕，電價也算合理。事實上，去年此刻，每百萬瓦小時的電力批發價爲七百五十美元，如今不到一百美元，有時甚至低於五十美元。

大家似乎都不願談論這個好消息，深怕說了一些太樂觀的話，運氣就會逆轉；現況眞的可能惡化。預期和目前尚可的景象落差之大，似乎需要解釋一下。

加州電力市場改善，最大的原因之一是節約能源奏效。計入夏季溫度後，加州消費者今夏消耗的電力比預期減少五%到一○%。另一個原因是天然氣大幅降價，而天然氣佔發電成本很大的比重。這個主題稍後再談。

神秘失蹤的電力

最重要的因素卻是加州的發電廠重新開始運轉。三月時，家家戶戶關掉冷氣，應該會有多餘的發電產能，但約一萬五千百萬瓦的電力卻神秘失蹤，佔加州電力總產能的三分之一。如今未運轉的產能不到四千百

萬瓦。

加州的發電廠爲什麼重新開始運轉？爲什麼在加州迫切需要電力時，這些發電廠未能重新運轉，電價遠高於目前的水準？

許多經濟學家現在也接受那個令人不快的答案：發電業者故意不全產能發電以拉抬電價。直到最近，外界只能掌握操縱市場的間接證據；但有家發電業者的前任員工出面作證，我們已掌握到直接證據了。

業者爲什麼不再操縱市場？發電業者現在和州政府簽訂長期合約，大部分的電力都是根據這種合約賣到市場上，大幅減少拉抬電價的誘因；但最主要的原因應該是在輿論密切監督下，聯邦主管當局決定訂定電價上限，發電業者才知所節制。

天然氣的因素也一樣。艾爾帕索（El Paso）天然氣公司控制一條輸送天然氣給加州的重要管線，去年租賃很大一部分的產能給旗下的行銷公司。外界指責，這家行銷公司故意減少對加州的供給，拉抬天然氣價格。公司雖然否認，但本月初租約到期後，加州天然氣價格突然陡降了五〇%。

最黑暗的時刻似乎比預期更快結束。乾旱或熱浪仍然可能造成輪流停電，但時間站在加州這一邊；幾週內會有新的發電廠重新運轉，未來十八個月會有更多。

個人美德

最大的輸家當然是錢尼，好消息也會讓一些人受害；錢尼是布希能源方案的設計師。還記得錢尼認定節約能源只是「個人美德」時，當時他流露出的那種輕蔑表情嗎？而且還大加撻伐那些認爲價格管制有用的

人。如今似乎已有轉機，部分原因是節約能源，部分則是拜電價管制之賜，政府可能干預也嚇阻發電業者操縱市場。

換句話說，一向很自豪本身強勢作爲的錢尼，其實卻未能抓住眞象。眞正的現實主義者是那些傻瓜，他們以爲加州可能透過節約能源及控告發電業者，就能解決危機。

二〇〇一年六月二十七日

88. 離譜的恩龍

神要毀滅人，先讓他登上美國《商業週刊》的封面。當我們看到二月十二日出刊的《商業週刊》，以史吉齡（Jeffrey Skilling）的照片爲封面，我們就知道恩龍公司和其新任執行長要倒大楣了。果不其然，史吉齡週二以「個人因素」請辭。第二天，他坦承最重要的個人因素就是今年一月以來，恩龍股價下挫五〇%。

這只是另外一個大期望後的失望，最近這種故事未免太頻繁了吧！不，恩龍案的意義不止如此。總公司位於休士頓的恩龍，企圖推動一件大工程，就是凡事都「金融化」（恩龍的用語），也就是把任何事物都以股票選擇權的方式來交易。

上達天聽的恩龍

這個工程和財經有關，也涉及政治；這家公司毫無顧忌地使用它在政治上的人脈。布希入主白宮，恩龍是背後的主要推手，此後更容易上達天聽。

但是，金融化的工程似乎越來越離譜了。

恩龍原本只是一家天然氣管線公司，和同業一樣受到法令的約束。一九八〇年代中期，天然氣市場自

由化。當時的執行長雷伊準備接替史吉齡，他看到發展的大好良機。

在他推動轉型後，恩龍從天然氣傳輸業搖身一變，成爲買賣天然氣合約的業者；《商業周刊》形容恩龍「與其說像聯合愛迪生（Consolidated Edison），不如說更像高盛公司（Goldman Sach）。天然氣市場解除管制後，恩龍成爲主要的造市者；由於解除管制成效卓著，天然氣逐漸成爲美國主要的燃料，恩龍的新角色獲利頗豐。

在天然氣之後，電力市場也要解除管制。這股自由化風潮吹遍了美國，美國也成爲批發電力的主要仲介商。恩龍很快便開拓新的疆土：自來水、光纖電纜的頻寬、資料儲存，甚至廣告版面。

接著卻開始出錯了。由於政府不願把自來水事業交到看不見的那隻手，恩龍決定放棄。電力市場自由化原本應該可以成功，但在加州卻荒腔走板，更令外界失去信心。

堅信自由化的人指出，二○○○年到二○○一年的電力危機，讓全體納稅人付出數百億美元給發電業者；恩龍也拿了不少，卻不能就此判定自由化不對，要怪就怪不讓市場正常運作的政治人物。但這種論調的說服力不夠，因爲它並不正確。加州電力危機眞正的教訓是，獨佔及操縱市場的威脅是促成政府管制的先決因素，如今仍是未決的實質問題。

以加州爲前車之鑑

各州及地方政府有了加州的前車之鑑，未來在解除管制上，勢必更能小心謹慎，甚至有重新管制電力市場的動作。恩龍得靠不斷找到新的加州，股價才能有所表現，然而在重新管制的風潮下，機會更少了。

恩龍送進白宮的人還在位，但他們未能從加州電力危機學到教訓。布希政府有時的確未能堅守自由市場的原則，例如，他們相信能源生產者需要政府龐大的補貼，縱使電力吃緊只是假象（《巴隆》週刊最近的封面故事，就在警告能源過剩。）

除此之外，政府對於市場絕對不受管制的信念，還算堅持。聯邦能源管制委員會（在加州未能善盡職責的監督單位）的新任主席是德州人，和能源業關係密切。政府仍然相信，從學校的教育券到社會福利，幾乎任何事物都適用「金融化」。

但這絕對大錯特錯。我希望，我們不需要一連串災難才教會我們：市場有其限制。

二○○一年八月十七日

89. 抽菸的胖男孩

有個老笑話是：農民聽到鷄舍傳來可疑的聲音。「誰在那裡？」他大叫。「除了我們這些鷄之外，沒有別人。」偷鷄賊回答。農民不疑有他，回去睡了。

聯邦主管當局在加州電力危機的態度，差不多就是如此。我一年多來一直強調，如今有強烈的證據顯示，操縱市場在加州危機扮演關鍵角色。發電業者有動機、有手段，也有機會拉抬電價，甚而批發電價飆漲到正常水準的五十倍，但加州許多發電產能仍然閒置未用，這不是操縱市場是什麼。

但從布希以降的聯邦政府官員，除了空口說些宣揚自由市場的白話之外，對加州一點幫助都沒有。聯邦能源管理委員會原本應該監督能源市場，卻未發現弊病。基本上，聯邦能源管理委員會詢問業者是否操縱市場。「誰，我們嗎？」他們回答，結果就是這樣。委員會發表的研究中，我最喜歡的一篇指出，發電業者有能力動用「市場力量」，而且從中獲利，但沒有證據顯示他們有此行徑。這些電力業者一定是好人！

幾天前曝光的恩龍備忘錄之所以代表確鑿的罪證，在於其中的確顯示：這些能源業者的高階主管待遇是多麼豐厚。恩龍也的確操縱市場，連公司的計劃都自作聰明地取了一些諸如「胖小子」、「死星」及「黑道當家」這種代號。誰說作生意不好玩？

不肯相信小孩變壞的父母

聯邦能源管理委員會雖然擺明了視而不見（我們現在知道，布希政府等於允許恩龍挑選委員會成員），加州有位官員說：「聯邦能源管理委員會就像不肯相信自己小孩已經學壞的父母。備忘錄就像孩子背包裡找出來的日記，上面寫著：我搶了菸酒店。」

外界如果把恩龍公司視爲個案，將造成極大風險。不對，恩龍只是交易商，而非電力生產商，對電價的影響力有限。故事的全貌包括若干生產商也操縱市場，相關的間接證據不勝枚舉。如果罪證確鑿的備忘錄未曝光，你會想到什麼？恩龍公司的故事顯示，企業要掩飾罪行極爲容易，尤其是主管當局站在他們那一邊的時候。如果恩龍未申請破產，外界永遠不會聽過胖小子及死星。

還有一個特別的角度。我可能誤會陸軍部長懷特了。他曾經擔任恩龍能源服務部門的負責人，我認爲這個部門揑造獲利、拉抬恩龍公司股價。這個部門還有另外一個角色：揑造虛假的能源交易，爲恩龍的獲利灌水，犧牲了加州的福祉。懷特爲什麼還在位？

讓我眞正困擾的並非能源公司的態度，甚至不是布希政府的態度，雖然布希政府坐視加州被剝削三百億美元左右後，還不知廉恥地利用加州的危機，推銷自己毫無關係的能源方案。（如今，這項能源方案當然和反恐戰爭有關。）

都不是，眞正讓我不舒服的是許多政經評論人士的立場；加州能源危機未揭露解除管制可能帶來的風險，以及擁抱自由市場的危險。他們認爲，加州制定一套「有瑕疵」的制度是咎由自取，但「有瑕疵」是很

空洞的名詞。事實上，這套制度主要的瑕疵在於未能防範有人操縱市場。

我相信，絕對有人會執意不理會這點。爲什麼要讓事實粉碎一套漂亮且利於政治運作的理論呢？

二〇〇二年五月十日

90. 光天化日

「你是少數出售批發電力的業者。你一定有過這種念頭：如果旗下的發電廠正好無法運作，電價會有何反應？這些業者如果付諸行動……接下來的情形你都知道了。」

這是我在二〇〇一年五月寫過的一段話，當時正値加州電力危機最嚴重的時候。當時我訪談過的專家，不僅密切追蹤這個情勢，而且保持開放心態。這些經濟學家都認定，發電業者故意造成電力吃緊。但直到過去幾週，在一連串確鑿的報告和判斷後，社會大眾才逐漸接受擺明的事實。

加州電力危機眞正奇怪之處在此：有人竟然能在光天化日之下，搶走三百億美元？

沒錯，很難抓出操縱市場的行徑。史丹福大學的渥拉克把能源公司比喻成打電話請病假的員工：除非抓到他裝病，否則很難證明他偷懶。

但證據越來越多。先有恩龍公司的備忘錄，然後是加州公用事業委員會認定，加州二〇〇〇年十一月到二〇〇一年五月的大部分停電，並非因爲發電產能不足，而是主要的發電公司刻意不讓產能運轉。最近聯邦能源管理委員會裁定，艾帕索公司利用控制主要管線之便，製造天然氣吃緊的假象。

共和黨的大金主

能源公司爲什麼認爲可以逃過外界的追究？

可能的原因之一是，他們是共和黨的大金主。部分分析師認爲，能源公司已經買通聯邦政府，不受法令約束，才會如此膽大妄爲，任意操縱市場。提出陰謀論的人指出，加州電力危機始於二〇〇〇年總統大選之後，在民主黨控制參議院後結束。

聯邦主管當局當然會視而不見、充耳不聞，更不會把犯罪證據透露給州政府。許多論者認爲，聯邦能源管理委員會對艾帕索公司的裁定，只是漂白而已。此外，AES／威廉斯公司被控關閉發電機組，強迫電力部門以超高價向公司其他部門購電。二〇〇一年四月，聯邦能源管理委員會和威廉斯公司達成和解，後者退還超額利潤，但不必繳納罰金，委員會則封存證據。上週，哥倫比亞廣播公司的新聞報導指出：聯邦主管當局握有發電控制室的錄影帶，證明威廉斯能源公司的交易員要求發電廠操作人員停機。政府在秘密和解後，封存這些錄影帶。至今拒絕公開。

如果此事爲眞，聯邦能源管理委員會至少在電力危機期間，抓到一家違法的電力公司，當時也是加州政府懇求委員會採取行動的時刻，委員會卻扣住證據。不過，此事並未受到全國太大的關注。

加州電力危機一向不是熱門的話題。危機高峰期間，大部分評論人士一味責怪愛管閒事的官僚體系，而非從中牟利的企業。危機結束時，整個事件也突然變成舊聞。

隱藏事實的當局

或許美國太相信自由市場機制，因此不願討論市場反而出差錯的狀況。但外界對這場危機的漠視，以及有意淹滅事實的企圖，還是讓我很納悶。畢竟，這是強盜大亨時代以來，扭曲市場力量最明目張膽的一次，聯邦當局竟然坐視不管。

如果聯邦能源管理委員會在加州電力危機，竟然可以變得無能，我們還能期待其他機關嗎？從內政部、林務署到環保署，原本的遊說人士如今都位居要津，他們絕對不願意爲以往及未來的老闆，惹事生非。

我們對加州危機的經驗視而不見，只會貽害自己。但事已至此，恐怕也無力回天了。

二〇〇二年九月二十四日

91. 權力的幻象

他們以爲自己是意志堅強的務實派，那些不相信的人都是笨頭笨腦、只知抱怨的普通人。質疑他們前提的人得閉嘴，雖然政府內部的部分分析師，也期期以爲不可行。他們超有自信，但他們一說就錯，而且錯得離譜。

不，我說的不是戰爭，我在說錢尼二○○一年領導的能源小組，還有一些討厭的案例。目前有些專家還在傷腦筋，錢尼卻樂觀地預估，當地人會以「迎王師」的心態接待美國大兵；他的判斷爲什麼這麼離譜。加州電力危機的新報告提醒我們，錢尼在其他事務上一樣信心滿滿、一樣錯誤百出。

二○○一年春季，加州大停電。除了停電，也有限電，電價更是大幅飆漲。危機期間，錢尼領導的小組也召開會議，並得出結論：電力危機是好管閒事的官僚體系和討厭的環保份子惹的禍，他們不讓大企業爲所當爲。解決之道？廢除環保法規，補貼能源產業數十億美元。

錢尼更不屑地表示，節約能源只是「個人美德」，斥責要求管制電價的加州官員，並且指出：操縱市場是危機惡化的根源。老實說，媒體及政壇幾乎人人認同錢尼最後一個觀點；我也因爲自己看對了，而沾沾自喜。

現在我們知道，錢尼全部說錯了。

人爲操縱電力吃緊

事實上，加州電力危機和環保法令限制一點關係都沒有，反而和操縱市場息息相關。二〇〇一年，只有間接證據顯示業者操縱市場。如今聯邦能源管理委員會發表新報告，說明操縱市場是普遍的現象，並且提出大量的直接證據，包括電話錄音、電子郵件及備忘錄。別懷疑：加州電力吃緊大多是人爲造成，禍首就是企圖拉抬電價和本身獲利的電力公司。

哦，危機結束的因素呢？主要因素包括節約能源及電價管制。長期產能不足的問題呢？需要廢除環保法規及提供企業大量補貼嗎？錢尼發表報告的幾個月內，證券分析師調降電力公司的股價評等，就是因爲業界可能面臨長期的產能過剩。

簡單來說，錢尼和那些意志堅強的務實派，只是在畫大餅；報告中描繪的美麗世界和現實毫無關係。他們怎麼會錯得這麼離譜？

答案之一是，錢尼召募到小組裡的成員，都是和他想法接近的人：除了能源業界的高階主管外，他不曾諮詢過其他人。因此這個小組就是軍方所謂的「近親放大」（incestuous amplification）；根據《詹氏防衛週刊》（*Jane's Defense Weekly*）的定義，「戰事中，只聽從和本身想法亦步亦趨之人的意見，雖然強化了既定信念，卻容易造成誤判的環境。」

官員的道德問題

另外一個答案是，錢尼爲解決電力危機所討教的對象，正是促成這場危機的企業；他可能是基於利益。但他是在開玩笑嗎？

由於布希政府刻意掩蓋眞相，我們恐怕永遠不知道這個小組到底做了什麼。跨黨派的審訊署原本應該擔任內部監察，起初也擺出要追查到底的模樣，但在期中選舉後，根據《山莊》通訊指出，國會共和黨接觸這個單位的首長，以刪除預算相脅，並且要求後者停止調查。

最後就是道德問題。過去兩年，錢尼和其他高級官員一再出錯：在能源議題、經濟議題及預算議題。然而，政治勢力使他們不會受到後遺症的拖累。包括這些人及美國，都未從他們的錯誤學習，如此一來，只會造成未來更嚴重的錯誤。

二〇〇三年三月二十八日

第十三章

煙霧和鏡子

THE GREAT UNRAVELING

92. 未修正的事實

汽油價格再度攀升，布希政府又把話題轉向它開採及燃燒的能源策略。仔細觀察汽油吃緊的原因，其實不節約能源才是我們最主要的錯誤，也應該是能源策略的主軸。

重要的事情先談：今年汽油價格大漲，和原油供貨吃緊毫無關係。縱使我們已經開採阿拉斯加寒帶草原下的油藏，佛羅里達州外海海底也都是鑽油孔，恐怕還是在劫難逃。目前的限制在於美國提煉原油爲汽油產能不足。

煉油產能爲何不足？過去二十年來，美國未曾興建過一座煉油廠，錢尼也強調過這點；但他也暗示，這是環保人士的錯，他們阻撓業者蓋廠。一定是這樣的，不是嗎？

產能過剩的產業

錯了。環保法規確實阻礙現有煉油廠的生產。但問題與其說是法令嚴格，不如說是法令不同步：每個地區都有個別的法令。中西部各州堅持汽油包括玉米提煉的乙醇，分散了全國的生產。不過，石油業二十年來不蓋新廠是因爲不需要。事實上，直到去年，煉油業仍是產能過剩的產業。

事情經過如下：一九七〇年代能源危機後，美國老百姓開始節約能源；並非錢尼看不起的「個人美德」，而是他們想省錢。汽車變得越來越省油。同時，石油業也受制於「煉油產能緩增」的現象，雖然未建新廠，但透過局部改善，煉油產能逐漸增加。結果就是產能過剩及壓縮到毛利，直到一九九〇年代。

最後，由於柯林頓執政後期景氣大好，在需求暴增下，產能才會吃緊。不過，美國人又愛上高耗油的大型車才是主因，這也由於受到汽油便宜的激勵。比起整體消費者物價，一九九八年的汽油價格創下美國史上最低水準，比一九八一年便宜了六成。美國人開始大買大型休旅車，然後突然發現煉油產能不夠。儘管法令禁止興建新的煉油廠，卻不會讓煉油業者氣餒，他們只覺得意外。

誰要節約能源

讀者必須先了解這個背景，才能分析錢尼最近的談話。你得先假設我們所在的國家，有一股強大的政治勢力反對生產能源，而且希望我們重返黑暗時代。「如果只談節約能源，」錢尼在演說中指出：「就是規避難題……這不是一個健全、完整能源政策的基礎。」在另外一場演說中，他質疑有些人「告訴美國民衆，你必須活在黑暗中，關掉所有電燈。」照錢尼的說法，我們會面臨能源吃緊，是因爲極端強調節約能源的人士，不准我們建設煉油產能。

我們從布希政府那裡，聽過太多這種不實的謬論，還需要我再講一次嗎？我請錢尼舉證說明，哪些有權有勢的人「只談節約能源」？更別提誰會告訴美國民衆必須活在黑暗中。事實上，過去十年來，沒有一位重量級的政治人物曾經說過節約能源。

我們需要多興建一些煉油廠，還有發電廠、輸油管等基礎設施。把當前的能源危機怪罪到太強調節約能源，簡直是荒唐。就是因爲我們的政治人物不敢高喊節約能源，我們才陷入困境。

二〇〇一年三月九日

93. 燒吧！寶貝，燒吧！

誰知道錢尼竟然會有這種幽默感？

他說節約能源充其量只是「個人美德」後，已經讓我們捧腹大笑；但政府週四發表的能源報告，更讓我們笑個不停。錢尼提出一些似是而非的節約能源措施，最突出的是購買油電混血車的人，可以享受稅負優惠。

假如你聽不懂這個笑話：總統大選期間，布希的口頭禪就是取笑高爾的政見。你猜對了！就是購買油電混血車的人，可以享受稅負優惠；由此凸顯他的對手才具平庸。如今，錢尼竟然以此作爲節約能源的主要措施，豈不諷刺。

滿腦子的重金屬

在大選期間錯估布希和錢尼的媒體專家，現在又看錯了。我們知道，布希在選戰期間使用的溫和言論，並非出自眞心誠意；推銷減稅案所用的自由派論點，也一樣不是肺腑之言。這些傢伙不相信自由市場：他們滿腦子就是重金屬。煉油廠！輸油管！核能電廠！全是這些玩意兒！

錢尼和同僚爲了證明自己熱愛鋼管，還不厭其煩地虛構一場能源危機。他們也突然認定，自由市場根本不管用。「估計顯示，」報告指出：「未來二十年，美國石油消耗會成長三三%。」誰的估計？我們從來未被告知，但這個數字很恐怖。到一九九九年爲止的二十年內，石油消費只成長不到五%。我能想到的是，錢尼這幫人把過去幾年來，美國人以休旅車代替普通轎車所增加的消耗燃料，全都算了進去。他們的意思是，美國的能源政策應該以這個趨勢，亦即要以可能持續數十年爲基礎來擬定。

未必如此。事實上，縱使能源消耗量增加，也不致於如此。現在駕駛普通汽車的美國人，必須改開休旅車；目前擁有休旅車的人，必須開始開坦克車。結果美國的能源消耗量，才會像錢尼所說地大幅攀升。

錢尼的數字

錢尼爲什麼會得出這種數字？毫無疑問，他希望嚇唬老百姓，以放寬環保法規，但不止如此；錢尼的方案還或明或暗地，提供能源生產商許多補貼。傾向自由派的卡托研究中心，把這項方案稱爲「華府所有能源業遊說團體的一場大饗宴。」很奇怪，不是嗎？如果你是低薪勞工或者能源消費者，自由市場是神聖不可侵犯的，卻必須由政府提供你援助，這可是很糟糕的事情。能源生產商竟然需要政府額外的鼓勵，才能做好分內工作。

事實上，他們當然並非如此。錢尼喜歡大談特談一件事：我們未來的二十年中，每週都得興建一座發電廠，而這項艱鉅的工程需要華府大力協助才能完成。但電價的大漲，已經刺激到發電業者大興土木，未來幾年每週會增加三到四座的發電廠。有些人開玩笑地說，如果發電業者要達到錢尼的目標，必須減緩建廠的

速度。

布希政府確實沒有搞清楚狀況。政府宣稱，我們面臨長期的能源危機，而且沒有立竿見影的解答。事實是長期來說，不論錢尼是否提出企業補貼，供需的力量都能自然解決我們的能源需求。我們需要的是解決當前價格高漲，以及業者享受暴利的策略。但我們恐怕難以如願，至少華府是不可能讓我們如願的。

二〇〇一年五月二十日

94. 對石油輸出國家組織的痛苦感同身受

布希前幾天論及經濟事務時，說了一些有意思的話。不，我是說眞的。他沒有提到減稅可以解決你的痛苦等老生常談，而是脫稿演出，卻眞正反應出他的思緒和感受；甚至可以說，這番話暴露出他的靈魂。原來他的靈魂（也許是他的心思），屬於任何國籍的賣油郎。

油國組織最近準備每天減產一百萬桶原油，有人請教布希的想法。當時差不多也是能源部估計，如果開始開採阿拉斯加原油，美國原油日產量可達高峰，但要到二〇一五年左右。油國組織減產是爲了維持油價在高檔，不受全球需求衰退的影響，似乎違反美國的利益。

爲油國操縱油價背書

但布希的發言卻是同情油國組織的立場；他似乎對油國組織的痛苦感同身受。「市場的穩定至關重要。我聽到油國組織會員國表示，減產是爲了確保市場的穩定和可預測。」他說。外界也許以爲他在爲油國操縱油價背書，或也許以爲布希只是在講客套話；白宮發言人費萊契又補充說：「總統認爲穩定很重要，低油價可以帶來穩定，適中的油價也可以帶來穩定。」

去年總統大選時，布希也說過，會迫使油國組織「打開水龍頭。」難道油國組織認為布希的這番話，代表他同意減產嗎？根據路透公司訪談的石油分析師所言，布希顯然支持油國維繫高油價的談話，「讓許多油國部長大為振奮」。

很好玩，不是嗎？加州為了高電價大吐苦水之際，也讓我們曉得了不能違背供需法則。但是，正當外國原油生產者密謀將油價維持在高檔之際，布希政府不但表態支持，甚至認同卡特爾符合消費者利益的荒誕理論。

布希政府遇到石油議題就會放棄原則，這已經不是第一次了。眾議院上週通過的能源法案，不僅不顧對環境的衝擊，也缺乏節約能源的措施；提高燃料效率標準所節省的石油，遠高於四處開採。

除非你是賣油郎

最令人匪夷所思的是，這項法案包含對能源生產商三百多億美元的補貼，以及稅負優惠；更何況政府財政目前非常窘迫，共和黨都在緊張地等候新的預算預估，而且華府上下都認定，減稅案已經打消可預見未來的預算剩餘。

布希政府的許多原則，似乎都包含特別條款，而一旦觸及石油議題，原則必有例外。布希政府告訴我們應該相信自由市場，並且接受供需變化會導致價格起伏的事實；除非這些人正好是賣油郎。布希政府告訴大家：應該要自給自足，不該期待聯邦政府的補貼；除非這些人正好是賣油郎。布希政府告訴各國，美國會為本身利益挺身而出，我們的政府不在乎挑戰他們的敏感之處；除非這些國家正好是賣油郎。

布希天眞地以爲，油國組織的動機純正高尚。然而，他們才不是爲了市場穩定，他們只是要鈔票——你的鈔票。他們的動作也不是在幫助全球經濟；反之，經濟學家認爲油價下跌，才是降低全球經濟衰退的因素之一。油國組織減產的決定不利全球，但布希似乎支持他們的決定。這項決定也不利於美國老百姓；當然，除非你是賣油郎。

二〇〇一年八月五日

95. 代用的氣候政策

精明的消費者知道，產品說明多加一個字，差別就很大，而且很少是正面的。我要先向維薇塔（Velveeta）乳酪的專家說抱歉，但大部分的人眞的不認爲「乳酪食品」可能取代一般的乳酪。

布希政府昨天宣稱，若要降低「溫室氣體密度」一八%，此舉似乎要減少溫室氣體的排放，而燃燒石油製品所排放出的二氧化碳，會導致全球暖化。事實上，許多新聞報導就是以此作爲標題，但加了一個字就差很多。布希政府幾乎沒有訂出新目標，而其他同時宣布的政策，不但範圍微不足道，幾乎也沒有效果。

溫室氣體密度

什麼是溫室氣體密度？以排放的溫室氣體除以國內生產毛額。布希政府表示，未來十年將把這項比率減少一八%，但大部分的預測顯示，未來十年國內生產毛額會成長三〇%，因此，這段期間溫室氣體的排放量，反而會顯著增加。

把排放量成長率壓低在經濟成長率之下，不是比較能夠因應氣候變化嗎？不是，因爲還是會發生。事實上，布希政府縱使不採取任何政策，也能夠達成降低溫室氣體密度的目標。這是好消息，畢竟政府從未提

出眞正的政策。

溫室氣體密度總會下降的原因很複雜，但基本邏輯很簡單：我們逐漸成爲後工業社會，知識和服務業的成長比傳統產業快。移轉位元所耗費的能源，絕對低於移轉一片金屬，而新經濟每一美元的國內生產毛額，其所耗費的碳，遠低於舊經濟。

但舊經濟未死，新經濟也仍然耗用可觀的能源，尤其上班族通勤距離長，又駕駛休旅車。隨著經濟發展，溫室氣體密度應該會下降，但溫室氣體排放量對地球的傷害，將會持續升高。

布希政府的目標到底是什麼？什麼都沒有。

昨天描述的政策，主要是對環保活動的稅負優惠，例如安裝太陽能，或者從垃圾場蒐集沼氣，不值得分析其詳細的內容，例如爲什麼以稅負優惠爲政策工具，（哦！我忘了，減稅是萬靈丹）關鍵在於優惠太小。未來五年提撥四十六億美元，相當於每位美國人每天不到一美分。你眞的認爲，如此可以大幅改變我們使用能源的方式嗎？或者如此即可因應對地球的威脅？

政府演出的戲碼

這還是計劃中實質的部分，另外一部分包括「登記」：企業得以申報本身排放的溫室氣體。如果排放量減少，他們也不會獲得獎勵，只是未來的政府會比較開心。眞正的問題是，一個無意在氣候變化這個議題上著墨的政府，爲什麼要演這場戲。

答案當然是，這任政府在環保議題上和社會大眾不同調。然而，政府如果不關心地球前途的形象，可

能會失掉民心。

爲了解決這個潛在的政治威脅，布希政府誇大環保法規的經濟成本。錢尼去年春天不懷好意地暗示，環保法規造成煉油產能減少；布希現在又告訴我們，京都議定書會消滅幾百萬個工作機會。同時，布希政府又擺出環保主義的假象，宣布一些好聽、但內容空洞的政策。

消費者要注意了。布希政府昨天提出的是加工過的氣候變化政策食品，和眞正的食物差別很大。

二〇〇二年二月十五日

96. 兩千英畝

根據筆者計算，我的工作空間只佔幾平方英寸。你可能不相信，但我的算法已爲大衆所接受；至少支持在北極圈國家野生動物保護區開採原油的人，應該接受這種算法。

面對外界質疑在美國最後一塊野生區開採石油，內政部長諾頓（Gale Norton）上週重申政府的制式反應：在一百九十萬英畝的保護區中，受到影響的土地只有兩千英畝。」這個數字來自布希—錢尼能源方案的衆議院版，承諾「生產及支援設施涵蓋的土地面積」，不會超過兩千英畝。眞是讓人安心的景象：一小塊開發中的孤土，失落在廣闊的北極圈。

令人安心的假象

但這幅景象不是眞的。開發不可能侷限在一小塊孤土。根據美國地質調查，保護區的油藏分散在許多不同地點，鑽油井也得分布在整個沿岸平原。連接這些油井的道路不算在兩千英畝之內，因爲它們不是「生產及支援設施」。「涵蓋的土地面積」之定義非常狹隘。許多駐點上橫跨地面的油管，只有駐點所在的地面才會被列入，油管下的土地則不算在「涵蓋」範圍。

現在，你知道我的工作空間爲什麼這麼小了吧！根據上述定義，我「影響」的土地只限於有東西在上面的地板面積：桌腳及椅腳的底部、我的鞋底。辦公室其他地區都算空地。

除了開採石油對馴鹿的衝擊外，我們還學到其他教訓。政府利用靠不住的廣告，希望推銷「開採及消費」的能源策略。事實上，追踪這個議題的人看不出：爲什麼有人要對國防部分析假情資的計劃大驚小怪。和現在的政策有何不同？

早在開放北極保護區開採石油前，布希政府就針對全球暖化提出過一個空洞的政策計劃。政府針對其能源方案還說過什麼不實在的話？頭一個就是：在北極保護區開採石油屬於國家安全議題，終止我們對進口石油的依賴。事實上，以能源資訊行政局最樂觀的預估，北極保護區在開採十年後，每天只能生產六十萬到九十萬桶原油，遠不及美國目前每天進口的一千一百萬桶。

還有一種荒謬的說法宣稱，北極保護區開採的石油可以創造數十萬個就業機會。這是根據一項十年之久的研究，研究出資人是石油業公會。

公然的謊言

在布希政府推銷能源方案的手段中，最匪夷所思的是，把能源吃緊和環境保護扯上關係。現在我們知道，這些都是公然的謊言。

例如，錢尼去年春季表示，美國自一九七〇年代以來未曾興建煉油廠，並且歸咎於環保法令的限制。我在去年五月寫過一篇專欄指出，此事與環保毫無關係，而是業界產能過剩，才未建煉油廠。我不知道的

是，環保署幕僚幾週前嚴詞批評過錢尼的能源報告草案，他們也提出同一論點。報告的定稿並未再花費太多篇幅說明，清淨空氣法規導致汽油供貨吃緊，但仍然影射其中的關聯。

目前，有警覺心的國民可以看穿這些技倆。例如，上網找美國地質調查對北極圈油藏的看法。但我一直擔心，政府不知哪天會關閉這些網站。在司法部長艾夏克洛夫的新規定中，各機關不能隨時公布資訊；甚至在有法律依據時，可以拒絕公布資訊的要求。一個對環保非常敏感的地區，其中的油藏資訊對恐怖份子可能相當管用——誰曉得呢？

二〇〇二年三月一日

97. 空氣不好的日子

布希在地球日那天，特地到曠野中照了像，並且推銷他的「淨空」計劃。民主黨立刻出言相譏，指責他成了污染利益的工具。

布希政府的空氣品質方案，是否有值得一提之處？答案是肯定的，但好事只是試驗性質，而且不夠多；壞事卻有急迫性，而且政府下定決心要推動。

目前控制空氣污染的法規急需全面檢討。一九七○年代，空氣淸淨法訂下嚴格法規，但只針對「新的」污染源，不會追溯現有的發電廠、工廠。因爲假以時日，這些老舊、易生污染的工廠自然會關門。

結果可以想見。污染者繼續維持這些舊廠房，就是因爲它們不受新法約束。事實上，企業爲了擴充產能，投入新資金到現有的發電廠和工廠，卻不建新廠。

柯林頓政府試圖掃蕩這些作法，控告這些利用舊廠房、製造新污染源的公司。污染者當然痛恨「新的污染源檢討」，因此提供布希數百萬美元的競選經費。

總量管制及交易機制並進

應該有更有效的方法吧！沒錯。這套方法稱爲總量管制與交易機制並進。在這套制度下，現有污染源獲得政府許可，可以排放特定數量的污染物，也可以把這些許可賣給其他企業；如此可誘使舊廠減少污染，才能把許可賣給他人獲利。「總量管制及交易機制並進」的規定已經適用部分污染物，主要是發電廠排放的二氧化硫，而且成效卓著。政府再逐漸減少許可的數量，長期減少污染物。

布希的空氣污染計劃中，實質的部分就是「總量管制及交易機制並進」，對象包括二化硫、氧化氮及水銀。外界有什麼好抱怨的？太多了。

首先，這項計劃不懷好意地，並未納入全球暖化的主要殺手——二氧化碳。除了違反布希的競選承諾外，也爲未來的政策蒙上一層陰影。環保專家告訴我，同步減少二氧化碳的排放量，要比事後再管制的花費少，因爲許多投資決策已經完成了。布希政府在全球暖化問題上袖手，壓縮未來政府的施政空間。

第二，比起環保署專家私下認定的適中水準，布希方案容許的污染是前者的兩倍。根據環保署內部文件，再減少五〇%污染的成本非常小。但布希政府寧願不去要求業界承擔這麼小的成本。

最後也是最重要的，布希政府的「淨空」方案只是畫大餅，他們還沒有提出法案，進行的腳步似乎也慢條斯理。同時，政府卻快馬加鞭地廢除新污染源檢討，爲背後金主節省數十億美元的環保費用，而整體環境卻得付出代價（尤其是東北部位於下風的幾個州）。廢除新污染源檢討後，布希政府等於爲自己的反污染方案扯後腿。在會造成污染的企業受到監視的情形下，當然支持比較不麻煩的新制度。現在他們和國會的盟

友，絕對希望保持現狀。

快樂得不得了的能源業者

環保署的士氣當然大受打擊，調查危險廢棄物的專門委員和一群官員，辭職以表抗議。幕僚們覺得未獲上級的支持。民事執法部門主管謝佛（Eric Schaeffer）最近辭職，他說：「環保署現在坐在後座，甚至是坐在保險桿上，能源產業卻快樂得不得了。」

布希提出的是一個溫和的防制污染方案，難道你不知道現在在打仗嗎？製造大量污染的業者，其龐大的政治獻金並沒有白花；他們拿到了一個免費通行證。

二〇〇二年四月二十六日

98. 布希惹火上身

逮捕嫌疑犯！布希的「健康森林」計劃，很像仿照政府標準作業的程序而寫的打油詩。你看，環保份子造成森林大火，如果我們不插手，善良的企業會解決這個問題。

我是否太苛責了？不會，實情比表面上看到的更糟。「健康森林」不只是廢除環境保護，也是擴大企業福利。

史墨基熊

大家都同意，森林的大敵就是代表森林消防隊員的史墨基熊（Smokey bear），立意良善，卻適得其反。經過多少世代的打火，累積一些高度易燃的小樹和小灌木，這就是引發野火的危險種子。對於部分(非全部)的美國森林，這種政策已經積重難返；在人口日增及都市範圍擴張下，部分森林太接近人口密集區，不容發生大火。

顯然，應該設法消除森林內的火源。但怎麼做？布希認爲不花錢就能達到目標：開放業者多多伐木，既可取得珍貴資源，又可降低火災風險。

但需要剷除的小樹和灌木卻沒有商業價值。從伐木業觀點來看，珍貴的成熟大樹（逃過以往森林大火的樹）通常距離人口稠密區很遠。布希政府的提議是，伐木業不必清除應該移走的林木，反而獲得授權去砍伐一些不該被砍的林木。這代表這個方案要花錢了，而且附帶三個嚴重的後遺症。

嚴重的後遺症

第一，政府與業者眞會如此交換嗎？還是伐木業者只是取其所好、棄其所惡？負責執行的林務署，多次被國會審計署點名說，他們不僅管理不善，而且缺乏責任感。這個單位目前是由曾任伐木業遊說代表的人主管，很符合布希政府的風格。（二〇〇〇年總統大選期間，林木業八二%的政治獻金捐給共和黨）縱使不是事事懷疑的人，也會質疑伐木業者是否會信守承諾。

第二，砍伐老樹和清除小灌木這兩件事，根本是風馬牛不相干的政策。假設紐約市長彭博宣布，廢棄物管理公司（Waste Management Inc.）將免費收取曼哈頓的垃圾，但可以因此有權在史塔頓島（Staten Island）傾倒有毒廢棄物；史塔頓島的居民一定會抗議。曼哈頓要清除垃圾，就該付費，至於紐約市政府要標售在他處傾倒廢棄物的權利，又是另外一回事。同理，聯邦政府希望清除人口稠密地區的小灌木，就該付費；如果要標售砍伐老樹的權利，兩者應該毫不相干。

由此帶到最後一點：事實上，政府標售伐木權給業者並不賺錢。根據審計署的計算，林務署標售伐木權所耗費的經費，高於標售權利所得。差多少錢呢？你竟然會問！去年布希政府就不再公布這項資訊了。總之，標售伐木權的收益，只佔開放國有林地砍伐所編列之預算的幾分之一，其中包括幾億美元的聯邦補貼，

尤其是修築道路。換句話說，撇開環保議題不談，爲了吸引伐木公司淸除灌木，就因此提供他們在他處伐木的權利，最後可能比直接僱工來淸除灌木，更花納稅人的錢。

就像政府的能源政策一樣，在自由市場的大帽子下，布希的「健康森林」只是增加對特定企業的補貼。意外吧！

最後一點：如果布希政府能夠提出一項計劃，不致打擊環保、提供富人和企業財務優惠，以及降低公共監督，縱使只有一次，也是再好不過了。

二〇〇二年八月二十七日

第十四章

海外災難

THE
GREAT
UNRAVELING

99. 香港的痛苦教訓

別張揚，我想出了一套萬無一失的金融操作絕招。首先，我找幾位億萬富翁級的投機客朋友，不動聲色地放空微軟公司股票。然後我們散布謠言說，微軟老闆蓋茲已經信奉印度哈瑞奎師那（Hare Krishna）或其他宗教。結果微軟股價重挫，我們賺進幾億美元。

換個角度想，也許這不是什麼絕招。第一，我其實沒什麼億萬富翁的投機朋友。縱使有，還有一個小問題：證管會可能會請我喝咖啡，接下來可能是客氣但堅定地，請我到最少警戒的監獄過幾年好日子。

計劃得修正一下。不衝著一家企業，目標放在一個小國家。我們在這個國家的股市放空，然後在外匯市場賣出該國貨幣，造成該國貨幣貶值。該國央行一定會升息，造成當地股市重挫；我們下半輩子都是有錢人了。

香港不再自由

還有一些小麻煩。我還是需要一些億萬富翁的朋友。最大的問題是，我太晚才想到這招。有些投機客早就想到，而且付諸行動了；至少香港金融管理局是這麼認為，管理局也指控部分放空的投資人，蓄意打擊

香港經濟。金融管理局因此注入資金到香港股市，粉碎空頭的野心，然後乾脆禁止放空大型股票，就這樣。

這裡先倒帶一下。香港政府一向以其自由放任的態度聞名。在香港從事投機，不必覺得對不起別人。金融管理局的政策，原本是不干預：成立貨幣基金，港幣與美元之間建立聯繫匯率，港幣也以百分之百的美元作為發行準備，幾乎等於現代的中央銀行重新建立金本位制。對於美國的保守人士來說，香港證明了一國政府只需要提供有償付能力的貨幣，並且保障財產權，其他事情都可以交給民營部門。

因此，當香港當局對投機客宣戰時，全球支持自由放任經濟理論的人士，無不大為震撼。不干預市場的神聖原則呢？

我無法證實或否認，投機客對香港懷有陰謀。不過，許多經濟學家同意，有些時一國貨幣可能會遭到「自圓其說式的投機攻擊」，也就是因為投資人的信心崩潰，導致原本安全無慮的貨幣被迫貶值，而貨幣貶值後，反過頭來證明信心已經瓦解了。在這種情形下，放空貨幣的投機客的確可以賺進大把銀子，進而觸動這種自圓其說式的攻擊。

香港既不想貶值港幣，以免危及信譽，也不希望在經濟衰退及惡化之際，提高利率；完全符合投機客攻擊目標的特徵。稍早前，亞洲提出陰謀論的聲音，主要來自馬來西亞總理馬哈迪這類反西方人士，這次發出這種論調的人，卻是香港金融管理局主席任志剛這種技術官僚。

全球相通的資本主義

如果任志剛如此確定背後確有陰謀，為什麼不把證據交給主管當局，請他們傳喚禍首偵訊？答案是，

哪有什麼主管當局？如果我設局放空美國企業的股票，那是違反美國法律。但如果是紐約的避險基金攻擊海外的金融市場，那麼到底誰有管轄權？很難講。我們對於香港或阿根廷，當然是比對微軟更有惻隱之心。針對企業的投機行爲有法律規範，對付一個國家的同樣行徑卻無法可管，也是這個故事的教訓。過去幾年來經濟動盪不安，如果有一主軸，應該就是這個：資本市場是全球相通的，但是支持及管理資本市場的機構，仍然是單一國家各自爲政。很難想像會有眞正全球性的主管當局，起訴一位在倫敦工作、卻操縱中國大陸市場的美國交易員。在我們尚未想出解決之道前，金融市場的日子一定不好過。

一九九八年九月二十八日《財星雜誌》

100. 與阿根廷同泣

阿根廷暴動的畫面，在我們的電視螢幕上閃動，美國境內少有人難忘。這只是另外一個遙遠小國的一場危機，我們對這個國家一無所知。這個國家既遙遠，也像阿富汗一樣不會影響到我們的生活。

我不是隨便比較。此地大部分人都認爲，這只是另外一個常見的拉丁美洲危機；他們總是處在危機中，不是嗎？但在世界的眼中，阿根廷的經濟政策露出濃濃的「華盛頓製」。這些政策的失敗固然是阿根廷的災難，但也是美國外交政策的災難。

擁抱美國的阿根延

這個故事對拉丁美洲人來說，必須這樣看待：阿根廷比其他開發中國家，更相信美國推銷的「新自由主義」（neoliberalism）；廢除關稅、國營企業民營化、歡迎跨國企業進駐、阿根廷披索釘住美元。華爾街興高采烈，資金源源不絕地湧入；一時之間，自由市場經濟似乎管用，擁護者也爭相邀功。

但是問題來了。一九九七年亞洲金融風暴會在拉丁美洲重演，絕對不令人意外，起初，阿根廷受創程度似乎不如鄰邦。等到巴西景氣反彈，阿根廷的經濟衰退卻揮之不去。

我可以長篇大論解釋阿根廷的低迷景氣：與其說是自由市場闖的禍，不如說是貨幣政策造的孽。但阿根廷分不清楚，加上華爾街和華府的諄諄教誨：自由市場和可兌換貨幣是一體的兩面。

此外，經濟不振時，國際貨幣基金（全球很多人都視其爲美國財政部的分部，還頗有一些道理）實在一無是處。國際貨幣基金的幕僚早就知道，一披索兌一美元的政策行不通，他們也可以指點阿根廷如何避開貨幣陷阱，並且在阿根廷領袖行所當行之後，提供政治上的擔保。可惜，國際貨幣基金官員就像中世紀的醫生一樣，堅持爲病人放血，卻在病人因放血而更虛弱之際，重覆這個動作——開出的藥方就是緊縮兩個字，直到藥石罔效爲止。

阿根廷已經出了大亂子，有些觀察家甚至把它比成威瑪共和。拉丁美洲並不認爲，美國可以事不關己地袖手旁觀。

我不知道多少美國人（包括決策精英在內）了解這種心態。當初鼓勵阿根廷採取這種危險政策的人，現在忙著改寫歷史，把責任推給受害者。總之，我們既無自知之明，別人也視我們糟糕透頂。皮尤研究中心（Pew Research Center）調查「意見領袖」發現，五二%的美國人認爲外國人喜歡美國，因爲美國「做了很多好事」；然而，只有二一%的外國人和一二%的拉丁美洲人有同感。

走上回頭路

接下來怎麼辦？阿根廷反敗爲勝的最佳希望是逐步貶值貨幣，同時把美元債務轉換爲以披索計價，但這個希望遙不可及。

阿根廷新政府可能會走上回頭路：祭出外匯管制及出口配額，不對世界市場開放；他們如果回到以往，出現了反美言論，我們也別太意外。

容我做一預測：這些開倒車的政策應該管用，因爲會暫時改善經濟現況，就像類似政策在一九三〇年代的作用一樣。不對世界市場開放，不利長期經濟成長，阿根廷就是最好的見證。但凱因斯說過，長期來說，大家都死了。

布希今年四月曾經宣稱，美洲自由貿易區是重大的外交政策目標，「將在自由的半球營造一個繁榮世代。」如果這個目標眞的重要，我們才剛剛經歷了大挫敗。別爲阿根廷哭泣，要和它一起掉眼淚。

二〇〇二年一月一日

101. 拉丁美洲即將失守

包括筆者在內的許多人都同意，查維茲（Hugo Chavez）不是現在需要的總統。不過，他卻是阿根廷人民選出的總統，符合自由、公平原則，也合乎憲法。不論西半球所有的民主國家有多不喜歡查維茲，還是會抨擊上週攻擊他的政變。

我應該說，除了某個國家以外的所有民主國家。

英國廣播公司有以下的報導：美國官員並未譴責試圖推翻民選總統的政變，反而把這場危機怪罪到查維茲頭上。他們「顯然對結果相當滿意」，雖然臨時政府接著廢止立法、司法及憲法。政變失敗後，他們應該不甚滿意。英國廣播公司再度發言：查維茲總統重新視事……讓華府顯得灰頭土臉。美國國家安全顧問萊斯（Condoleezza Rice）竟然提醒查維茲要「尊重憲法程序」。

只要符合美國的利益

整個事件最糟糕的一環是，我們背離了自身的民主原則；「民有、民治、民享」之後，不應該是「只要符合美國的利益。」

縱使從現實政治的角度來看，我們對待阿根廷政變的寬容態度，也顯得愚蠢不堪。拉丁美洲傳統的政治循環，是民粹主義與軍事獨裁的交互替代。如能打破這個循環，應該符合美國利益。如果我們的鄰邦政情穩定，攸關美國的貿易、安全、毒品等各項問題，應該都能迎刃而解。

但是，如何才能穩定拉丁美洲的政情？一九九〇年代似乎找出了一套公式，不妨稱爲世界新秩序。經濟改革終結了民粹主義的蠢動，政治改革消除了獨裁的風險；一半是出自本身主動，一半是美國的鼓勵。大部分的拉丁美洲國家，確實在一九九〇年代同步推動了經濟及政治改革。

實際成果好壞參半。在經濟層面，原本期望最初就能達到最高的目標，結果卻不如預期。拉丁美洲並沒有出現經濟奇蹟，反倒爆發經濟危機。阿根廷的危機只是最近的一個。我們充其量只能說，這些危機的受害者以墨西哥最爲顯著，而他們似乎已經再度站穩腳步（柯林頓政府出了不少力），並且朝向穩定、但溫和的經濟路途成長。

經濟危機並未撼動這個地區。一九九五年的墨西哥危機、一九九九年的巴西危機，甚至阿根廷目前的危機，都未讓這些國家淪入激進份子或強人手中，因爲政治改革的進程比外界預期得理想。拉丁美洲已經成爲民主政體的區域，這些民主政體似乎也活力充沛。

美國也許希望拉丁美洲的安定，是建構在繁榮的經濟基礎之上；但最後拜民主之賜，拉丁美洲雖有經濟危機，仍然能夠保持穩定，否則情況可能會更糟。

支持右派的獨裁者

這又讓我們想起阿根廷。依照傳統分類，查維茲是民粹主義，但他的政策既無成效、又反覆無常，而他仍然是由公平選舉中脫穎而出的。這個地區才正要開始了解民主合法性的重要，所以此刻推翻查維茲，對美國又有什麼好處？沒錯，他曾經說過許多反美言論，在美國外交上一直是麻煩人物。但他並不構成嚴重的威脅。

但我們彷彿在提醒世人，以往的美國支持任何右派的獨裁者。

如此一來，我們等於和一群無能的陰謀者結盟。查維茲和許多阿根廷人疏離，工會全面罷工，接下來的示威導致他短暫下台。但是政變後的短命政府，卻引進大企業和有錢人的代表，難怪政變會失敗。

縱使政變成功，我們的態度也很愚蠢。我們已經有了一個很好的開始，亦即這個半球基於共通的民主價值，所營造出來對於彼此的信任。我們爲什麼要輕易放棄？

二〇〇二年四月十六日

102. 淪喪的大陸

布希政府宣稱支持自由貿易、反對紓困，但週三再度食言而肥。不到兩週前，財政部長歐尼爾引發一起外交事件；他說對巴西的金援，最後都進到「瑞士銀行的帳戶」，造成巴西貨幣大幅貶值。如今在歐尼爾的祝福下，國際貨幣基金史無前例地同意貸款三百億美元給巴西。我猜這是好消息，領導階層終於面對兩個不愉快的事實：一股威脅美國利益的氣氛正在醞釀，推動與柯林頓政府背道而馳的政策未必明智。如果巴西未能獲得貸款，已經與一九九七年亞洲金融風暴相提並論的南美洲金融危機，很快就會惡化。我卻有不祥的感覺。我先談國際貨幣基金的貸款，再解釋我的疑慮。好消息是巴西現任的政府非常負責。以往，國際貨幣基金的貸款不是借給不課稅的政府（俄羅斯），就是堅守離譜匯率的政府（阿根廷）。

爲什麼還會爆發危機？十月即將舉行大選，身爲卡多索欽定接班人的現任總統韓瑞克（Fernando Henrique），其支持度遠遠落後兩位中間偏右的候選人。在投資人緊張的情況下，形成貨幣危機史上常見的惡性循環：擔心政府無法償債，造成貨幣重貶、利率飛漲。由於大部分債務若不是以美元計價，就是釘住短期利率，於是無法償付的危機更爲眞實。歐尼爾的發言不可原諒，因爲它等於是火上加油。國際貨幣基金的貸款希望能夠扭轉乾坤，結果是歐尼爾的失言可能讓巴西多借到一百億美元。

我爲什麼會七上八下？理由之一是紓困的對象。哥倫比亞廣播公司市場觀察網站的艾德曼（Paul

Erdman），撰文讚揚政府「對巴西紓困的同時，也解救了花旗銀行和艦隊波士頓銀行。暴露在巴西的風險，接近兩百億美元。要不是要籌措競選經費，外界根本不會注意到此節。」更重要的是，如果以超越短期穩定金融來看，不禁令人好奇結果會如何。在爆發金融風暴前，亞洲經濟表現優異，紓困是協助他們重返正軌的方式。但左派在巴西及拉丁美洲的其他地區，已有死灰復燃的跡象：我們保證拉丁美洲一座玫瑰花園；然而在危機爆發前，許多人只看到玫瑰花刺。

小心輸光籌碼

十年前，美國信誓旦旦地告訴拉丁美洲國家，如果向外國貨物及資金開放本身市場，並且推動國營企業民營，他們的經濟成長會大幅攀升。然而，承諾並未實現，阿根廷成了一場災難。墨西哥和巴西在幾個月前，都還被視爲成功的典範；這兩個國家人民的平均所得，如今僅略高於一九八〇年。由於貧富差距快速擴大，大部分的人比二十年前更加貧窮。社會大衆厭倦緊縮政策和市場紀律，也就不足爲奇了吧？

改革爲什麼不如預期？這個問題既難回答、又令人不安。我相信許多美國的共識；照加州柏克萊大學的狄龍所說，現在是我檢討信仰的時候了；我越來越不相信美國提供他國的建議。拉丁美洲的政治領袖希望少點自由市場的熱情，多照顧勞工和窮人，我們必須體諒。對我來說，美國應該非常小心，不該存有花錢是大爺的心態。解巴西於倒懸，不代表我們可以再度對拉丁美洲人頤指氣使。我們在南方鄰邦的信用已經大不如前，如果變本加厲，恐怕會輸光所有籌碼。

二〇〇二年八月九日

第五篇

更寬廣的觀點

PAUL
KRUGMAN

本書大部分在探討美國近幾年出的差錯。這固然是個大題目，但只是更宏觀論述的一部分。美國人畢竟只佔全球人口的五%，現行政策所造成的困擾總會消失。本篇的目的是從較遠的角度，提供更寬廣的觀點。

從人的角度來看，全球化這個全括性的名詞，代表世界貿易日增、不同國家金融市場之間的聯繫日深，以及世界變得更小，也是二十一世紀的大課題，更是我在學術生涯中的研究重點。第十五章的標題來自我的父母，他們送給我一件汗衫，前面印有「全球笨伯」的字樣。我問他們為什麼送我這件衣服，他們說，每次我參加學術會議時，他們會問我會議主題，我都回答：「哦！都是一些全球笨伯，你曉得的。」現在你知道我學術生涯的真相了。

大致上，我是支持全球化的：對於那些批評當前美國政治情勢的人，我若是和其中我認同的人相比，我更支持全球化。事實上，就是因為我支持自由貿易的論述，才讓反全球化大將奈達和一些自由派刊物，對我產生敵意。然而我不改其志：第十五章的大部分都在探討自由貿易、對貧窮國家的好處，以及部分知名反全球化論述的剛愎自用。光有貿易不夠：援助貧窮國家是我們在世為人的責任，也是美國規避的責任。

第十六章是另外一種寬廣的角度。主題是經濟學家和經濟學，包括有關那些協助我們了解取用之道，以及這些經濟學家如何從事他們的工作。這些文章讀起來，比本書的其他部分令人開心一

點，甚至我對經濟學家托賓的紀念辭，都是對一個豐富人生的禮讚。我最遙不可及的希望就是，未來我所寫過的種種狗屁倒灶的事，都會被人遺忘，而這些經濟學家的作品卻能永垂不朽。

第十五章

全球笨伯

THE
GREAT
UNRAVELING

103. 世界貿易組織的敵人：反世貿組織的詭辯

一張圖片如果等於一千個字，《紐約時報》包含十幾張圖片的跨頁報導，就等於千言萬語了。「轉捩點方案」（Turning Point Project）是一群反對全球化的聯盟，尤其反對世界貿易組織。他們十一月十五日所刊登的廣告，比單純文字更能道出激勵他們種種作爲的動機。其實他們傳達的訊息，超過這群人的企盼。

廣告見報幾天後，世貿組織部長級會議即將在西雅圖舉行。世貿組織相對於左派神話，就像聯合國之於民兵運動：全球密謀對抗正直良善的重鎮。根據這種似是而非的想法，「超級神秘」的世貿組織成爲太上政府，強迫各國屈服於跨國企業的旨意。它摧毀了地方文化，上述廣告的標題是「全球單一文化」；它破壞了環境；恣意粗暴地對待民主體制，強迫政府廢除與其邪惡目的抵觸的法令。

右手給、左手收

和大部分成功的都會傳說一樣，上述說法也有一些事實根據。全球從一九三○年代開始，逐漸邁向自由貿易，當時小羅斯福（Franklin Roosevelt）提出貿易協定方案（Trade Agreements Program），主要依賴國際磋商：如果你降低關稅，我也會降低關稅。但各國政府經常右手給、左手收；一方面降低關稅，一方面利

用其他手段禁止進口品。（歐洲聯盟境內當然是自由貿易，但英國的牛隻似乎不安全。）若要讓協定能夠運作，必須依賴一些準司法程序，以判定哪些國內的措施其實就是貿易壁壘，違反條約。世貿組織的前身是關稅及貿易總協定（General Agreement on Tariffs and Trade），但程序緩不濟急，而且繁瑣麻煩。如今速度更快、也更果決。部分決定當然會受到挑戰：美國禁止可能導致海豚死亡的鮪魚進口，是否是僞裝的貿易壁壘？但世貿組織推翻各國法令的權力，只限於維護現有協定的精神。它不能強迫懷疑全球化好處的國家，進一步對外國貿易及投資開放。如果大部分國家積極、或至少願意參與全球化，那是因爲他們認定全球化符合他們的利益。

他們大致上沒有錯。過去一個世紀以來，每個經濟發展的成功範例，都透過全球化；貧窮國家逐步提升自我，變得更體面，至少生活水準已經大幅提升。換句話說，若要替世界市場代工生產，就不要只想到自給自足。按照第一世界的標準，許多替全球市場生產的勞工待遇極差。但是，若要斷言他們是因爲全球化而變得窮困，你得先排除時空的對比；也就是說，你得忘記這些勞工在找到爲世界市場代工的工作前，生活更窮困，並且還得忘記一個事實：那些無法進入全球市場的人更窮困。有人宣稱，全球化對各地勞工都不利，一九九七至一九九九年的金融風暴，的確提供這些人一些子彈，但這場危機並非沒完沒了。解決未來類似危機的手段，一定包括監督短期的資本流動，而非全面放棄全球化。縱使馬來西亞也持續歡迎外來的長期投資，並且對製造業出口深信不疑。

至於環境呢？爲了供應全球市場，當然砍伐了一些森林。有些不在乎環保的國家，縱使沒有跨國企業的助紂爲虐，也能對森林造成重大傷害，東歐就是很好的例子。第三世界對環境最明顯的掠奪，和世貿組織

毫無關係。東南亞長期因爲森林大火而陷入煙雲中，罪魁禍首是爭地若渴的當地人；巴西推動內向式的開發，才造成亞馬遜雨林的萎縮。整體來說，世界經濟的整合，可以讓各國行動受到國際監督，這可能才是一股提升、而非貶抑環保政策的力量。

總之，這些都是枝節問題，因爲上述廣告說得很清楚，反對全球化的人士在工資或環境上所能做的有限。除了遭砍伐樹木的樹根及排水口的照片外，以下是「轉捩點方案」展現出來的全球化恐怖：高速公路交流道、停滿車輛的停車場、大塞車、郊區集合住宅、插滿碟型天線的公寓、充滿電腦螢幕的辦公室、熙來攘往街道上的上班族、高樓大廈、滿是雞隻的「工廠式農場」、超級市場的走道、麥當勞的拱門。

每張照片都有旁白：這是洛杉磯還是開羅？這是印度還是倫敦？

> 這些景象有什麼恐怖之處？廣告這麼寫著：幾十年前，我們離開家鄉，到其他地方去：建築物不同、景觀不同、語言、服裝、價值觀也都不同。當時我們可以宣稱文化多樣性。但在經濟全球化的浪潮下，多樣性在快速消失中。

這話說得沒錯；觀光客難道靈魂已死，寧願造訪現代，而非過往的法國鄉村、墨西哥市或堪薩斯市？但這個世界不是爲了啓發觀光客而存在，應該是爲了造福日常生活中普通人而存在。「轉捩點方案」的義憤填膺，在此變得有點奇怪。

全球化的渴望

這些照片呈現出全球化的恐怖，但對於世界上大多數的人來說，這些都代表他們的渴望，以及他們夢寐以求的事物，而非威脅。塞車及醜陋的交流道是很討厭，但大部分人欣然接受，以換取擁有汽車的自由（或者有錢能夠購買一輛）。集合住宅或公寓也許不好看，但和鄉村茅屋或都會小房子相比，已經是天堂了。在高樓大廈裡穿西裝、坐在電腦前工作，總比在稻田裡彎腰好，而且，沒人強迫你一定要吃麥當勞。

當然，對一個人有利的事，如果所有人都效法，也未必是好事。擁有一幢附帶花園的大房子固然不錯，但整個鄉間密密麻麻都是房子也不好受，如果大家少佔據一些空間，可能對大家都好一點。文化上的選擇也一樣：波士頓的居民若是喜歡加拿大天后級的女歌手，確實不利當地歌手及作曲家的事業。當地電台如果訂有文化內容的規範，恐怕對所有人都有好處。但集體行為和目空一切的干預，還是有明顯的界線，尤其是文化事務；我們究竟是在提醒社會一些預料之外的後遺症，還是只是不接受個人的品味？

從《紐約時報》的廣告可以很清楚發現，「轉捩點方案」以及其呈現的運動，是偏向目空一切的干預。他們雖然高談自由和民主，主要需求卻是不讓個人滿足所需；政府可隨意（而且受到鼓勵）否決個人開車、在大樓上班、吃起司堡、收看衛星電視的權利。為什麼？因為大家如果能夠保留傳統的「語言、服裝及價值觀」，理應更快樂。西班牙人如果還是全身黑色，讓心胸狹窄的神職人員主導他們的生活，應該比較開心。如果大農場的主人還是喝薄荷鷄尾酒、穿著白西裝、受到佃農的尊敬，美國南部的老百姓會比較高興……而不是住在這個「無聊」的現代世代；馬德里和巴黎沒什麼兩樣，亞特蘭大又像是紐約。

不過，馬德里和亞特蘭大的市民，雖然也會惋惜傳統的消逝，但我相信他們還是寧願擁抱現代。你知道嗎？我認爲其他地區的人都有權做同樣的抉擇。

一九九九年十一月二十四日《石板雜誌》

104. 聖者與利潤

「聖者在證明無辜前，」歐威爾寫道：「應該一直被認定有罪。」我不認爲他在談普通的僞善，許多人認爲苦行者還是會有一些不欲人知的秘密。更重要的是，除了血氣肉慾外，還有其他誘惑。棄絕小樂的人，反而可能更容易偏執、陷入狂熱，也會爲了追求完美而犧牲善性。換句話說，小心爲了與衆不同，而失掉了人味。

有些評論人士，把反全球化大將奈達所屬的組織帳戶秘密，拿來大做文章。他因演講收入及股市投資成爲千萬富翁，也成爲話柄，甚至牽涉到他的平常生活，可能不如外界所想的那麼刻苦耐勞。但奈達的同情者應該擔心的不是他的惡（如果有的話），而是他的善，以及他把這些德性推廣到其他人身上的決心。

奈達起初並非極端主義者。反之，當他一九六〇年代聲名鵲起時，反倒是他相對溫和態度令人驚訝。主流的激進主義者通常會高喊革命，他卻呼籲製造更安全的汽車。由於他的激進路線比較務實及實際，才會造成深遠的影響，消費者保護運動也才會正確地尊他爲父，讓美國變得更好；奈達甚至對美國當前的經濟繁榮也有貢獻。如果日本也和我們一樣，不相信「對通用汽車有益的事情，對美國也有益」，或許就能避開當前的經濟泥淖。

變調的奈

但務實的激進派不知怎地憑空消失了。過去幾十年來，奈達和所屬組織追求的主張，和他原始的人道目標漸行漸遠。

大家都知道，奈達強烈反對全球貿易協定。但較不爲人知的是，他也強力反對廢除對非洲出口產品設限的法案，而非洲人自然歡迎這項法案。奈達擔心，「跨國企業進入當地經濟後會帶壞」非洲企業（大部分非洲國家都樂於吸引外資）。基於同樣的疑慮，奈達也譴責南非終結種族隔離制度的新憲法，因爲就像所有市場經濟的定律，企業會因此享有和個人一樣的法律位階。

再看一個比較靠近本國的例子，尤其是靠近我的家鄉。我的關節炎對於成藥已經沒有反應後，我改採一種包含炎痛喜康（Feldene）的消炎藥。奈達旗下的「公民」組織，試圖阻擋輝瑞（Pfizer）在一九八〇年代引進炎痛喜康。儘管醫藥專家一致認爲，這種藥品利大於弊，但這個組織在一九九五年時，曾試圖使這種藥成爲禁藥。

如果要從這些主張中，理出一個前後一貫的主軸，就可發現他們似乎不是保護消費者，而是全面的反商情結。奈達顯然認定，對通用汽車或輝瑞或其他企業有益的事，一定對全世界有害。爲了不讓企業受益，他願意積極防止貧窮國家把產品賣到美國、防止病患取得提高生活品質的藥品、防止一位和企業界處得來的溫和派成爲總統。

逾越分際的反商情緒

奈達的反商情緒，有時候會逾越分際。前衆議院議長金瑞契（Newt Gingrich）離開國會後，首度發表的重要演說中指出，把可倫班恩高中（Columbine）槍擊事件歸咎於自由派人士，會引起外界的反感。但就是金瑞契發言的前幾天，奈達發表了一篇文章，其中寫道：這起慘劇歸咎於企業的影響力。

奈達還說，如果他當選總統，他不會繼續任命葛林史班繼續擔任聯邦準備理事會主席，他要再教育葛林斯班。聽到這番話會不寒而慄的人，難道只有我一個？

許多有意投票支持奈達的人，可能認為他還是一九六〇年代那位溫和、人道的激進份子。他們應該了解，無論基於什麼理由（你的心理學和我一樣好），他已經今非昔比了。

二〇〇〇年七月二十三日

105. 勞工對抗勞工

一九二〇年代，南非共產黨提出這樣的口號：「全球勞工大團結，支持白人南非！」這句話聽起來似乎不那麼矛盾；後來推動種族隔離政策的政治運動，原本就有強烈的民粹成分，甚至緣自於社會主義。南非共產黨努力提升在南非白人（Afrikaner）的勞工經濟地位，以免受到國際資本的掠奪。可惜，這項運動改善白人勞工權益的方法，主要是防止資本家提供工作給非白人，後者因爲極度貧窮，願意接受低薪工作。

阻絕其他國家勞工的工作機會

美國勞工運動的口號，並沒有這種明目張膽。也許美國的勞工領袖並不承認，他們越來越聲嘶力竭地反對進口，其實就是以阻絕其他國家勞工的工作機會爲手段，改善美國勞工的生活。全美貨車司機工會（Teamster）的總裁何發（James P. Hoffa）宣稱：「不應該要求美國的勞工，和薪資難以溫飽的外國勞工競爭。」他也在《紐約時報》的言論版發表類似主張，意圖昭然若揭。以第三世界勞工生產力之低、所屬國家缺乏基礎建設、經濟發展普遍落後的情況下，如果堅持讓這些勞工領取美國人認定之足以溫飽的薪資，等於是讓他們因爲要求過高的薪資，而自動放棄這份工作。這絕非意外：任何無法讓外國勞工因薪資過高而退出

市場的政策，對本地勞工毫無助益。

悲哀的是，勞工不可避免地會走到這個道德上的死胡同。美國勞工運動大可認定，美國勞工受到不公平的待遇。依照正常標準，藍領階級目前的實質薪資低於二十五年前。你大可質疑這個統計數字，但藍領階級並未完全分享到美國經濟成長的果實，應該是毋庸質疑的。政府政策未設法消除報酬的不平均，反而強化它：稅負的累進性質不增反減，窮人才唸得起的公立學校品質惡化。

經濟學家出自善意，可以列表說明如何幫助美國的勞工階級：全國醫療保險；依照薪資所得的稅負優惠，搭配的更多、更好的薪資補貼等。但如果我是勞工領袖，也會看不起我這種專家式的天眞。你我都知道，這種建議是天馬行空，儘管在今天的美國，左派已經全力避免讓稅負優惠制度偏袒有錢人。勞工運動的影響力已經不如二十年前，無法扭轉政治潮流。

勞工領袖該怎麼辦？打一場可能會贏的仗：限制與他所代表之勞工競爭的進口產品。選民可能不知道，這種保護直接傷害他們的荷包，好處卻有限。經由計算後得知，縱使全面禁止第三世界的製造產品進口，藍領階級的薪資只會增加三%或四%，但誰會去算呢？如果這個目標不夠偉大（如果是中國邪惡的政權），勞工團體小而不容忽視的遊說力量，就可能會建功。

勞工領袖的保護主義

換句話說，勞方覺得必須禁絕海外更窮苦勞工的機會，以幫助美國的勞工；當然，他們否認在幹這種事。如果我是勞工領袖，恐怕也會支持保護主義。但是，了解這種政治策略，甚至接受這是必要之惡，並不

代表必須同意這種行徑。

我們都喜歡簡單的道德標準；企業貪婪是唯一的敵人，何發這種人是爲全球各地的勞工爭取權益。自由派人士很難承認，擁有崇高傳統的美國勞工運動，現在竟然在反對全球大部分窮人的利益。

然而，事實的確如此。

二〇〇〇年五月二十一日

106. 小氣鬼症候群

「哼！騙人。」美國財政部長喊了這麼一句話。好吧！歐尼爾並沒有說：「哼！」但上週有關增加對窮國援助的提案，遭到他極不以爲然的抨擊。他所持的理由是，他「在另有承諾前會先檢討援助成效」，而這當然也是騙人的。

事實上，我們已經知道哪些援助會有效果。沒有人期待對外援助能夠創造奇蹟，讓莫三比克在一夕之間變成瑞典。只要不是很多的經費，應該就能達成一些比較適中的目標，例如每年防止幾百萬人感染瘧疾和肺結核。

強化窮人的健康服務

世界衛生組織的一個理事會才發表的報告中，就提到這個觀點，也就是呼籲先進國家提供資源，支持世衛組織的計劃，以「強化全球窮人取得必要的健康服務」。這項計劃提供許多窮國負擔不起的基本服務：治療肺結核的抗生素、控制瘧疾的殺蟲蚊帳等。先進國家只需負擔相當於他們所得約〇・一％的費用，每年就能幫助至少八百萬條生命。

這不是天馬行空的理想。報告引述這個理事會負責人、哈佛大學教授薩克斯（Jeffrey Sachs）指出：「講到務實和憤世嫉俗，我不會輸給別人，尤其難以改變現狀的原因這麼多。」薩克斯知道，很難說服先進國家提撥這筆錢，美國尤其難以接受這個想法。但這也是不同領導人會有不同結果的案例之一。

目前，美國是西方世界中的小氣鬼，也是全球最不大方的富裕國家。世衛組織報告中所提出的表格之一顯示，在先進國家對外援助佔國民生產毛額的比重方面，美國名落孫山，遠低於葡萄牙和希臘這些比較貧窮的國家。世衛組織要求捐輸的經費，是美國目前援外預算的兩倍，並非金額太高，而是比較基期太低：每位美國公民每天約一毛錢。

提高一倍美國的援外預算，似乎是癡人說夢。眞的嗎？我們也許是一個小氣國家，但這個國家不全是小氣鬼。美國人非常大方，他們並不知道能夠接受的對外援助金額，反而遠高於政府。在回答援外經費應佔聯邦預算多少比重時，美國人通常回答一成—，這可是目前比重的二十倍。

可惜選民受到了誤導。他們認爲，援外經費佔聯邦預算的比重，應該降到一○%；他們還認爲，美國對外金援如此之多，外國人爲什麼還沒有感念之意？換句話說，美國人還活在過去：馬歇爾計劃已經結束五十多年了，他們卻沒注意到。

重點在於，我們喜歡認定自己很大方。換句話說，美國政府如果眞想接受世衛組織的建議，應該不難取得老百姓的支持。政府只要運用強力勸說的方式告訴大眾，美國大方好施的自我形象和現實的差距即可。

世界道德領袖的主張

這麼麻煩幹嘛？你可能認為美國幫助世界上的窮人，或許存有自私的目的。薩克斯所屬的理事會指出，改善貧窮國家的醫療保健後，會有龐大的附加價值。疾病是經濟成長的重大障礙，開發中國家的經濟如能成長，會使這個世界變得更富裕、更安全。

讀者也可以說，降低美國言行不一的程度，有助於我們自認是世界道德領袖的主張。

此處關鍵當然是在道德層面。一筆美國人幾乎不在意的小錢：每位公民每天一毛錢，就能拯救千百萬人的性命。值此聖誕佳節，我們難道能說，不該送出這個禮物嗎？

二〇〇一年十二月二十五日

107. 廉價之心

可憐的波諾（Bono）；他陷入進退兩難，無法自拔。

波諾是搖滾樂團U2的主唱。他和財政部長歐尼爾一同訪問非洲，成了發展經濟學史上最奇怪的企劃案之一。由於波諾保持風度，外界還看不出兩個人私下的緊張關係，但在週一，波諾終於忍不住了。

兩個人曾經拜訪烏干達的一個村落，當地的一口新井，大幅改善村民的健康。歐尼爾根據這點和其他發展計劃得出結論：若要大幅改善生活品質，並不需要花大錢，因此美國不需要大幅增加對外援助。順便一提，美國目前對外援助的金額，約佔國內生產毛額的○・一一%；加拿大及歐洲主要國家的比重，約爲我們的三倍。布希政府擬議的「千禧年基金」（Millennium Fund），會將這個比重提高到○・一三%。

送歐尼爾眼鏡和耳朵

波諾對歐尼爾的發言氣壞了，他認爲，這口井「正好代表我們需要大筆資金援助窮國發展經濟，如果部長慮不及此，我們得送他眼鏡和耳朵。」

反駁歐尼爾最簡單的方式，可能是世界衛生組織去年的一項建議：提供貧窮國家抗生素及殺蟲用蚊帳

等基本物品。如果美國支持這項計劃，世衛組織估計，每年可挽救八百萬條人命。美國每年得捐款一百億美元，相當於每位美國人每天付出一毛錢，也是美國目前援外經費的一倍。救人一命（即使是非洲人），可是要花錢的。

但歐尼爾眞的對非洲的需要視而不見、充耳不聞嗎？或許不是。他自己也是進退維谷，夾在搖滾歌手和華府之間。他想表現出關心全球貧窮問題的模樣，但華府還有其他優先的施政目標。

從布希政府冷冷地拒絕世衛組織的提案，和兩黨迫切希望永久廢除遺產稅的對比，即可凸顯華府的優先目標。値得一提的是，反對課徵遺產稅的人，甚至不從降低遺產稅益於美國整體經濟的角度，來爭取支持。反之，他們希望動之以情，讓我們也感受到被課遺產稅的人的痛苦。哭招果然奏效；國會打消保留遺產稅的提案，甚至打消提高課稅扣除額到五百萬美元的提案。

遺產稅的存廢

我們先算一算。課稅扣除額爲五百萬美元的遺產稅，只會影響到一小撮極爲有錢的家庭：一九九九年，只有三千三百筆遺產的應稅金額，超過五百萬美元。這些遺產平均爲一千六百萬美元。如果超過五百萬的部分，都依照二〇〇一年的稅率課稅，繳納遺產稅後的家庭平均還有一千萬美元；我不認爲這些家庭會開始過苦日子。政府每年可課到兩百億美元的稅收，但他們不同意。他們認爲遺產稅非廢除不可。

這才是我們優先的施政目標。面對一個每年可以拯救八百萬條人命的提案，其中許多是孩童，我們卻因經費而遲疑不決。但是談到放棄相當於前者所需經費的兩倍稅收時（讓三千三百個幸運家庭留下一千六百

萬美元，而非一千萬美元的遺產），我們卻顯得果斷明快。我們絕不棄繼承人於不顧。

回頭再談波諾和歐尼爾的非洲行。搖滾歌手一定希望，美國高層官員只是無知，而不是麻木不仁；他們只是不了解窮國的眞實狀況，以及外來援助的效益。帶著歐尼爾親身經歷當地的窮困和金援的助益後，波諾希望能夠激發這些號稱有憐憫之心的保守派一些同情心。

可惜他到現在還沒做到。

二〇〇二年五月三十一日

108. 美國違法亂紀

雷根執政期間，筆者曾在經濟顧問委員會擔任幕僚一年，因此對政府制定經濟決策的過程，有如大夢初醒。但有個正面的意外發現是，美國官員非常嚴肅地看待國際貿易協議。

雷根政府雖然口口聲聲支持自由貿易，其實很願意為了政治利益保護本國產業；最著名的例子就是日本進口到美國的汽車，「自願」設限。干預貿易的措施，必須符合關稅及貿易總協定（GATT）的規範（GATT的規定已經併入世界貿易組織）。一直到柯林頓下台，政府官員都規規矩矩地遵守這點。無論短期可以獲得多少的政治利益，大家都知道尺度所在。

換句話說，當時有一批負責任的人，在執行美國的國際經濟政策。

蔑視國際法規的美國

布希政府對進口鋼鐵課徵高關稅後，上述狀況就變調了。單純從經濟的角度來看，鋼鐵關稅沒什麼大不了。但此舉顯示，美國蔑視國際法規的程度，前所未見。

最立即的威脅是其他國家的反擊；歐洲聯盟揚言會開徵報復性關稅，日本、巴西、南韓及中國大陸也

表示將跟進（布希的確已經讓全世界團結在一起，至少在這個議題上）。但有位貿易專家告訴我，美國蔑視國際法規的最大危險，不在於外國的報復，而是有樣學樣：我們都不遵守貿易協議了，誰要遵守？

我們爲什麼需要貿易協議？關稅和進口配額對國內消費者造成的成本，幾乎一定大於兩者對國內生產商產生的利益。如果我們沒有貿易協議，保護主義勢必抬頭。消費者不了解在鋼鐵關稅或砂糖配額下，他們會是受害者，但鋼鐵業及製糖業知道自己得了便宜。

我們能夠大致維持自由貿易的原因是，在美國的領導下，全球發展出一套制度，讓出口商的利益和其他不希望與進口產品競爭的產業利益，互相抗衡。每個國家都同意接受其他國家的出口產品，以換取進入其他國家市場的權力。在貿易談判的術語中，接受這類協議的各方彼此「讓步」；但這些讓步的眞正目的，在於保護自己不受不當本能的傷害。

短視的政治利益

這套制度的前提是，一旦達成協議就要遵守。一國一旦同意開放鋼鐵品進口，就不應該只爲了國內政治情勢的轉變而毀約。貿易協議雖有「保障條款」，允許在特殊條件下課徵臨時關稅，但其條件極爲嚴苛。

鋼鐵業顯然不符合這些條件。美國最近的鋼鐵進口數量不增反減，布希政府仍然決定提供鋼鐵業保護，這等於是對外宣稱（在其他領域亦然）：我們不適用這些規矩。

布希政府堅稱，此舉只是在維護美國利益。美國貿易代表佐立克（Robert Zoellick）一向支持自由貿易，最近似乎也不再堅持立場了。他表示：「美國不會成爲這些人的冤大頭。」如果你認爲這是符合國家利

益，我想你可能也相信：恐怖份子將要攻擊布魯克林大橋。

眞正的原因當然是短視的政治利益。這種政治利益讓布希政府堵住加勒比海的貿易管道，只爲了幫助一位南卡羅來納州的國會議員。在鋼鐵關稅的案例中，白宮政治顧問羅夫拿西維吉尼亞州三張選舉人票，和六十多年的世界貿易體系相比，孰輕孰重不問可知。

布希認爲，快速立法授權的貿易條款，有助於他與外國磋商新的貿易協議。但如果我們不遵守舊的貿易協議，簽訂新協議又有何意義？

二〇〇二年五月二十四日

109. 白種人的負擔

白宮政治顧問羅夫在推崇前任總統時，我們應該洗耳恭聽。例如，羅夫最近表示，布希是傑克森（Andrew Jackson）第二。布希要求國會同意，國土安全部不受告密者保護法及資訊自由法的約束。當初會實行這些法令，就是因爲厭惡聯邦政府把職位保留給政治支持者的習慣，而這套「分贓制度」的始作俑者正是傑克森。

帝國主義的野心氣息

羅夫原先的模範是第二十五任總統麥金利（William McKinley）。九一一事件發生前，我們以爲羅夫只是崇拜麥金利的國內政治策略。但是，麥金利也是一位在海外建立帝國的總統。華府上空絕對聞得到一股帝國主義的野心氣息。

新的布希主義當然是基於崇高的道德目標，但對於可能成爲日後威脅的國家，美國會設法「移轉政權」。麥金利時代的帝國主義者也認爲，自己在道德方面站得住腳。美國對西班牙宣戰，也是基於正當的理由；因爲西班牙以殘酷手段統治殖民地，儘管並未威脅到美國。美國戰艦緬因號被炸沈，但沒有證據顯示是

西班牙主使得。依照麥金利的說法，美國在戰爭期間奪取西班牙殖民地菲律賓的目的是「教育菲律賓人，並且提升、教化及傳揚基督教義給菲律賓人。」

撇開道德不談，一個世紀前美國的追求「天命擴張」，和現在的全球使命感有異曲同工之妙，也給了我們許多教訓。

第一，美、西戰爭的經驗應該提醒我們，傳統軍事上的快速勝利，未必代表故事到此結束。由於美國科技水準領先西班牙，杜威將軍（George Dewey）能夠不傷一兵一卒，就摧毀了馬尼拉灣的西班牙艦隊。美國以高科技乾淨俐落地打敗西班牙，然而壓制菲律賓的反抗時，卻變成異常血腥，造成數十萬名平民喪生。

第二，美國海外殖民的經驗提醒我們，別太認眞看待大戰略理論。當時把殖民地視爲戰略資產，但到頭來，控制菲律賓是否讓美國更強大，委實很難說。我們現在相信，對流氓國家採取軍事行動，可以保護我們不受恐怖主義的攻擊。但我們鎖定的流氓國家似乎未涉及九一一事件；如何決定哪個政權必須轉移？

殖民地的好處

最後，我們別忘記，十九世紀末西方建立帝國時所用的經濟主義：殖民地可以提供寶貴的市場和原料，後來證明根本就是胡說八道。取得及捍衛殖民帝國的成本，遠遠超過所獲得的利益，這點幾乎毫無例外。如今，媒體專家告訴我們，對伊拉克開戰會壓制油價，甚至帶來豐厚的利益。這場戰爭對油價的影響難料，但戰爭、佔領及重建伊拉克的成本（我們總不會炸完伊拉克就落跑，不是嗎？），卻一點也不難預料。美國絕對不能以伊拉克的原油收入支付戰費，除非我們願意向世人坦承，我們是不折不扣的帝國主義。

其實，美國十九世紀的帝國主義只是轉移焦點。我們很難不相信，布希主義也是在轉移焦點，讓大眾不去重視國家安全機構的失職、經濟沈淪、預算災難及與盟邦關係惡化等實質問題。

二〇〇二年九月二十四日

第十六章

經濟學與經濟學家

THE GREAT UNRAVELING

110. 供給、需求與英國食物

我們美國人喜歡吹噓，一九九○年代美國經濟的否極泰來，但根據我過去幾週實地考察的結果，英國才是眞正否極泰來的先進國家。一九八○年代初期，我開始定期前往英國，當時的倫敦是一個破舊、蕭條的城市，英國的工業區有如廢墟，到處都是關閉的工廠，以及領取失業救濟金的大排長龍。如今，倫敦一片繁華，數以千計的歐洲年輕人以不同的語言交談，尤其是法國人；大家都橫渡英吉利海峽，到此爭取家鄉沒有的工作機會。英國如何否極泰來是一個絕佳的問題；新上台的工黨是否能夠持盈保泰，又是另一回事了。

但我不打算回答這兩個問題，因爲我心裡想的是食物。我不是寫《追憶似水年華》的普魯斯特（Marcel Proust），我也不知道什麼是馬得拉蛋糕，但英國飲食習慣的改變，已經讓一位經濟學家開始思想生活、宇宙、消費社會的本質之類的事情。

英國現今的光輝

對於還記得英國昔日光輝的人來說，現在英國最令人著迷的就是食物。以往英國食物讓人不敢恭維：油膩膩的魚和薯片、黏兮兮的豬肉派、喝起來像洗碗水的咖啡。現在英國人的手藝不但好得多，傳統難吃的

食物還很不容易找得到。怎麼回事？

針對第一個問題來看，應該是說以往的英國烹飪爲何那麼糟，罪魁禍首很可能是早期的工業化和都會化。數百萬人快速離開土地，也離開了傳統的食材；更糟糕的是，當時都會食物的供應技術仍然很原始。維多利亞時代的倫敦人口已經超過一百萬人，但大部分食物的運輸仍然靠四輪馬車。一般人被迫以罐頭食品（豆糊）、醃製肉品（豬肉派）、不需冷藏的根莖類蔬菜（例如馬鈴薯，才會有薯條）替代，尤其是中產階級的餐飲。

可是在冷凍火車車箱及船隻、冷凍食品（總比罐頭食品好）、新鮮魚蔬可以空運的相繼問世後，英國料理爲什麼仍然未改善？這就要談到經濟學了，也是傳統經濟學理論的極限。答案應該是：等到都會英國人能夠吃得像樣一點的時候，他們已經分不清好壞了。欣賞美食是後天學來的素養，但一九七五年左右的典型英國人，因爲從沒嚐過美食，要求自然也不高。在消費者不要求美食的情況下，當然也不會得到美食。縱使有些人可能喜歡吃得好一點，但其人數不足以形成關鍵的多數。

接著情況改變了。部分原因是移民（早期移民比較會接受英國的標準。我記得一九八三年去過倫敦一家頗貴的義大利餐館；想吃現做義大利麵的客人，還得先打電話預約），更重要的是社會日益富裕，加上海外旅遊的經驗（嚐過鵝肝的人怎麼還會把香腸當成寶？），後來形成一股自發的趨勢。英國人嚐過好滋味後，商店及餐館也開始供應這些好料理，讓更多人能夠培養文明的味蕾。

自由市場經濟的不平衡

這些和經濟學有什麼關係？市場制度的重點就在於服務消費者、供應我們所需，以及盡可能擴大我們的集體福祉。從英國料理的沿革可知，甚至在飲食這種基本的事物上，自由市場經濟也可能長期陷在不良的平衡中；市場要是從不供應好東西，消費者也就沒有需求，更無法形成足夠的市場。

反之，好的平衡也可能遭到破壞。假設一個擁有美食的國家，遭到廉價食物的入侵，你可能認爲人人有權吃愛吃的食物，但也因此使得傳統食品的市場萎縮。結果，大家不僅越來越難找到傳統料理，也越來越難懂得欣賞，衆人的品味因此全往下沈淪。當甜甜圈逐漸取代牛角麵包時，讓許多鄰邦大爲震驚，而英國往往覺得鄰邦的歇斯底里有點莫名其妙。當法國人發現，世界杯足球賽的官方指定食物竟然是麥當勞時，不僅驚惶莫名，還因此譁然一片。然而，法國人的疑慮並非完全荒唐。

比起科索沃的種族淨化及日圓重挫，這本來就是小問題，但它確能提供思考的片鱗半爪。

一九九八年七月二十日《財星雜誌》

111. 加拿大：偏遠之地也能拿到諾貝爾獎

也該是時候了。我們研究國際貨幣理論的這群人，十年來一直覺得奇怪，孟岱爾（Robert Mundell）何時才能拿到諾貝爾經濟學獎呢？孟岱爾的研究是這個領域的核心，非常「創新」（一個濫用卻眞的適用他的名詞）。許多具有爭議的主題，爭辯雙方竟然都是以他的觀念爲基礎。外行人可能不了解孟岱爾和他得獎的意義。

孟岱爾的與衆不同

《華爾街日報》言論版宣稱，這是「供給面」的經濟學獎。言論版主編巴特利（Robert Bartley），近年來急於爲學術理論定調。柯林頓八年執政下的經濟擴張，讓雷根「七年好光景」顯得寒酸。供給面英雄萬尼斯基（Jude Wanniski）越來越瘋狂，《華爾街日報》也變得飢不擇食。巴特利二十五年前就看好孟岱爾，但諾貝爾委員會在得獎賀詞上，並沒有提及孟岱爾在這段期間的著作。贏得諾貝爾獎的是年輕時的孟岱爾，他的理論仍然主導著經濟學教科書。

如果這不是供給面諾貝爾，是什麼？要不要把它視爲加拿大諾貝爾？

我不確定爲何所有人普遍認爲，加拿大的政策議題很無聊。「值得一提的加拿大進取心」，在最無聊的標題競賽中勝出，很好笑吧！也許和加拿大人的說話方式有關？但是在國際貨幣事務上，加拿大一直是非常有趣的案例：加拿大違背趨勢，以實例證明當時傳統想法的虛有其表。有些英國人堅持非要加入歐洲貨幣聯盟（European Monetary Union），否則英國將自取滅亡，然而我認爲，加拿大擁有獨立的加元仍然經濟昌盛，便是反駁這種想法的最佳例證。年輕的加拿大經濟學家孟岱爾，在一九六○年代發表最有影響力的研究。有人認爲是加拿大的與衆不同，激發他跳出傳統的思維。

以下是一九六○年的世界：幾乎所有國家都採取固定匯率制，本國貨幣釘住美元。國際資本流動大幅受限，部分導因於政府的法令限制，部分則是因爲大家對一九三○年代還餘悸猶存。大部分研究國際貨幣制度的經濟學家，口頭上或心裡都認定：在可預見的未來，大致就是這套制度了。

但加拿大與衆不同。加拿大與美國的邊界綿長，若要控制其中的資本流動，其實很不切實際，而且美國投資人最放心把錢放在加拿大。以這種不受管制的資本流動來看，加拿大若要採納固定匯率制，就得完全放棄本身主導的貨幣政策。

加拿大不願成爲美國聯邦準備理事會的附庸，從一九四九年到一九六二年期間，加拿大做了一個獨特的決策：讓加元隨著美元浮動。目前，我們視資本四處流動及匯率起伏爲常態，但在當時簡直匪夷所思，至少就加拿大人來說。

也許是加拿大的特殊情況使然，孟岱爾才會想研究：一個資本隨著國內外利率差距而自由流動的經濟體內，其貨幣及財政的政策該如何運作，這也是他對經濟學理論的三大貢獻之一。他的答案是，這得視此國

家如何處理其匯率而定。如果該國堅持本國貨幣的匯價，必須和其他國家的貨幣維持一個常數關係，該國的貨幣政策便等於毫無作用。只有讓匯率浮動，才能恢復貨幣政策的功效。

不可能的三合一

孟代爾後來提出「不可能的三合一」（impossible trinity）概念：自由資本流動、固定匯率、有效的貨幣政策不可能同時存在；一個國家只能從三選其二。一個國家可以採取固定匯率制，又不致閹割中央銀行，但必須控制資本流動（像當前的中國大陸）；或者維持自由的資本流動，而且掌握貨幣政策的自主性，但必須讓匯率浮動（如英國或加拿大）；或者讓資本自由流動且穩定住匯率，但必須放棄調整利率，以便因應通貨膨脹或經濟衰退（如今天的阿根廷，或大部分的歐洲國家）。

像加拿大這種國家，由於資本管制不太重要，他們又有何選擇？他們應該明示或暗示放棄加元，改採美元本位制？或者應該冒險讓美元／加元的匯率浮動，以換取穩定國內經濟的積極能力？如何定義「最適通貨區域」（Optimum Currency Area）的辯論，已經沒完沒了，而孟代爾爲其定調時，特別強調：最適通貨區域的特色，爲其勞工的內部流動力普遍偏高，也就是勞工從經濟低迷地區，轉往經濟昌盛區的能力和意願較高。（孟代爾積極推動歐洲實行單一貨幣，但歐洲顯然未能滿足這個條件）

孟代爾當初說明以及試圖解決這些議題時，他的觀點是那麼的前衛，實在令人難以想像。如果在孟代爾在聲譽最高峰時，查看當時的國際貨幣文獻，就會了解自己走在同輩之前十五到二十年。他們當時還是從管制的世界思考，讓資金流向有關當局要求的時空。然而，孟代爾竟然能想像出一個資金自由流動、且能贏

得最大報酬的世界。當時，只有加拿大拜強大鄰邦之賜，才能活在他想像的這個世界裡；如今我們都在其中。如果你在閱讀國際經濟學的教科書，例如本人和歐伯斯特費德（Maurice Obstfeld）合著的那一本，你就會發現：有關貨幣那半本書，大致都是根據孟岱爾一九六〇年代初期寫的報告。

這位《華爾街日報》視爲供給面大師的經濟學家，究竟是什麼樣的人物？經濟學家的確會隨著年齡增長，而改變本身的風格及觀點，孟岱爾又比大部分的經濟學家改得更多。他早期的報告清新且極簡；面對變化多端、無法掌控的現代國際總體經濟學，展現出卓越的先見之明。一九七〇年代初期以後，孟岱爾的作品似乎漫無邊際，甚至拉拉雜雜，還經常隨著金本位制走，失去那種確切的渴望（他說過一些算得上支持供給面經濟學的話）。早熟的理論家預期到一九九〇年代；年長的政治家傾聽一八九〇年代。

你可以選擇要去喜歡哪一個孟岱爾；諾貝爾委員會顯然推崇年輕的那位——那位勇於打破傳統，認定加拿大是未來的經濟體，而且一語成眞的經濟學家。

一九九九年十月十九日《石板》

112. 誰想得到呢？瑞典模式竟然管用

直到最近，每當有人問說，我想看到什麼樣的社會時，我都會提出一個老掉牙的答案：一九八〇年夏季的瑞典。為什麼是瑞典？因為我是一個散漫的自由派，瑞典傳統上是所謂的「中間路線」。這個市場經濟的稜角，已經被政府優厚的福利計劃磨平。那又為什麼是夏天？在六月裡一個陽光普照的日子，瑞典首都斯德哥爾摩號稱是全世界最美的城市，在冬天仍然可以看到彌足珍貴的一點點天光。為什麼是一九八〇年？因為到了一九九〇年代初期，瑞典這種體制已經快要瓦解了。原本是各國模範的瑞典社會，感染了歐洲硬化症（Eurosclerosis）；經濟成長低迷，失業率超過八％，瑞典這個福利國家似乎快要破產了。到了一九九三年，政府預算赤字高達國內生產毛額的一二％。

瑞典體制崩潰，樂壞了保守陣營。卡托研究中心於一九九一年發表的報告中，就興高采烈地宣稱：「有人認為，高稅率及政府大幅干預會妨礙經濟成長，瑞典似乎在挑戰這個論點……如今很少人會認為瑞典的制度值得模仿。」

瑞典人的反敗爲勝

但是，他們看過最近的瑞典嗎？我最近造訪斯德哥爾摩，照樣震懾於這個城市的美，同時也訝異它經濟發展的蓬勃。統計數字證實了我的第一印象：自一九九三年以來，瑞典經濟突飛猛進；大部分預估今年的經濟成長率可接近四%。失業率穩定下滑，許多人預測，明年可降到五%以下。以瑞典極高的勞動參與率而言，這項成就更加傲人（瑞典和美國一樣，四分之三位於就業年齡成年人都有工作，歐洲大陸的比率則不到三分之二）。政府的預算也出現剩餘。

瑞典人如何反敗爲勝？他們是否採取和雷根一樣的經濟政策，引進低稅率及贏家全拿的市場？一句話，沒有。瑞典只是略微削減福利措施，並且取消一些稅制上的反誘因（以往邊際稅率可以超過一○○%）。去年，瑞典的總稅收高達國內生產毛額的六三%。瑞典的社會福利仍然相當優厚，社會安全網也相當綿密。美國的稅負只佔國內生產毛額的三四%，如果你認爲那對經濟是一大拖累，那麼瑞典的經濟似乎應該奄奄一息了，而非生氣勃勃。

瑞典人對於自己是否做對了，倒不是很有把握。瑞典的「新經濟」公式和美國很類似：容易接受現代資訊科技，加上適宜的貨幣政策，讓經濟充分發揮高成長的潛力。

鮭魚和水煮馬鈴薯

先談科技。沒人知道斯堪的那維亞半島和數位科技，爲什麼就像鮭魚和水煮馬鈴薯一樣，都是絕配。

美國人以爲自己掌控網路，但根據大部分的評估標準，Linux和諾基亞（Nokia）所在的芬蘭，才是全球網路密度最高的國家，挪威和瑞典也相去不遠。有人說，這和北歐的教育普及、以英語爲母語、電話費便宜都有關係；也有人說，反正在冬天的漫漫長夜裡，他們也無事可做。

但光靠較高的生產力並不夠：面對經濟體系內的高潛力，也得要有足夠的需求才行；瑞典人在這方面的運氣不錯。回想一九九二年的谷底期間，當時瑞典官員認定若要重振經濟榮景，他們就必須參與歐洲邁向單一貨幣的進程。即使瑞典並非歐洲貨幣體系的正式會員國，其行爲卻如出一轍。瑞典在失業率高漲的情況下，硬是把瑞典克朗釘住德國馬克。如果貨幣貶值，勢必會導致通貨膨脹直線上升。英國在一九九二年九月貶值英鎊後，投機客攻擊克朗，迫使瑞典貶值貨幣，卻正好滿足經濟所需。

當然，瑞典的未來絕非萬無一失。爲了因應全球化及高稅率，部分瑞典企業把總公司移往海外，例如，易利信（Ericsson）的總公司就設在倫敦。但瑞典的故事告訴我們，只要是好的社會，有時在結束經濟不景氣方面，也可以是第一名。

一九九九年一月二十五日《財星雜誌》

113. 兩個賴利

假設布希眞的靠有經驗的戰士和無所事事之徒，入主了白宮，他是否會實現「團結各方，不會撕裂美國」的諾言？大選夜之後，他的態度就不是一個好兆頭；布希的意思似乎是大家團結在他身旁，讓他隨心所欲。但還有其他比較不顯著的指標，透露出布希上任後的可能的行徑，一樣不太妙；尤其是他挑選經濟顧問的標準。

不妨稱爲「兩個賴利」：一個是財政部長桑莫斯，也是柯林頓政府最主要的經濟學家；另外一個是林賽，布希競選總部的首席經濟顧問；如果布希進入橢圓形辦公室，外界普遍預期他會擔任要角。

兩個人大致的背景非常雷同。他們都在哈佛大學教過書；雷根時代都曾在經濟顧問委員會任職；兩人出道時都是研究稅制問題。

桑莫斯和林賽的南轅北轍

但在仔細觀察後，卻可以發現兩人的南轅北轍。

桑莫斯在加入柯林頓政府前，曾在學術圈有過光輝燦爛的一刻。他在專業期刊發表過幾十篇論文，成

爲美國頂尖的經濟學者之一。他也在一九九三年贏得克拉克獎章，也是他非政治生涯的最高峰；四十歲以下的經濟學家都希望得到這個獎項，因爲此獎項甚至比諾貝爾經濟學獎還難得到。

林賽的仕途就完全不同。結束雷根政府三年的差事後，他到哈佛大學教書，但心思卻不在學校；他發表的學術論文不多，反而寫了一本稱讚雷根減稅的書。他在一九八九年離開學術圈，到老布希的白宮任職；老布希一九九一年任命他爲聯邦準備理事會理事，外界還以爲會是一位共和黨籍的經濟學家出線。他現在在一家保守陣營的智庫任職。

上述比較不在於說明桑莫斯比林賽聰明；桑莫斯才華洋溢，但林賽也不是傻瓜。上述比較也不只是在於說明，林賽是有黨派之見的理論家；重點在於柯林頓會求教於超然的專業經濟學家，而且無論此人的政治立場如何，都可以在決策上扮演要角。老布希找到的經濟學家，其職業生涯完全配合他的政治立場。說得更明白一點，林賽的事業完全依靠布希家族的照顧。

因此許多共和黨籍的經濟學家，會超越本身的政治立場發言，但布希卻特別鍾愛林賽。我認爲，布希並非狂熱的理論家，但林賽比柯林頓任內的任何一位經濟學家，都更具有黨派之見。由此可以看出，布希重視忠誠更勝於專業，也許他偏好一些個人財富幾乎他息息相關的智囊。

效忠表親

政治分析師艾利斯（John Ellis）因爲在福斯新聞的不當角色，因此壞了名聲；他不僅提供布希秘密的民意調查數據，似乎也是福斯新聞過早宣布布希當選的幕後主角。他曾經公布宣布：「我效忠表親，德州州長

布希。我對他的忠誠超過至親以外的任何人。」大部分的人聽到這番話都會不好意思，布希卻覺得受之無愧。

或許這可以解釋爲何布希在選後，願意讓手下運用任何說辭、利用各種政治優勢，來確保他的勝選，而且絲毫不擔心沾污了總統寶座。布希的核心幕僚中，誰敢告訴他要接受敗選的可能性？

這實在不是好兆頭。我們很快會有一位總統，他不僅得到較少的一般選民票，還經過一番紛擾才贏得較多的選舉人票。他必須展現前所未有的謙卑和審慎，以便避免撕裂國家，然而，他的周遭將被諂媚逢迎的小人所包圍。

二〇〇〇年十一月十九日

114. 記念托賓

托賓是耶魯大學的教授、諾貝爾獎得主以及甘迺迪總統的顧問，而於昨天逝世。他是一位偉大的經濟學者，也是無與倫比的好人。對筆者來說，他的逝世象徵一個時代的消逝。那段歲月的經濟論辯，比起今日更厚道，也率直得多。

托賓是影響力深遠的經濟學家之一，許多人從來沒有聽過他，卻遵循他的理論。他也是公衆人物，一度成爲鼓吹自由市場凱因斯主義的大將。這套理論認爲，市場是好事，但如果政府隨時能在市場過火時出手干預，市場會運作得更好。托賓也是第一代新民主黨人；諷刺的是，他一些溫和的主張後來被極右和極左人士綁架。

托賓發揚光大的作爲

托賓是引進凱因斯革命到美國的經濟學家之一。在那場革命之前，經濟學理論夾在自由放任的宿命論和政府強力干預之間，沒有中間地帶。由於各方經常把經濟大蕭條歸咎於自由放任的政策，因此自由市場的經濟學很難存活。

凱因斯徹底改變這一切：他建議，透過深思熟慮地運用貨幣及財政政策，自由市場的制度可以避免未來再度發生經濟衰退。托賓又加了什麼？基本上，他讓粗糙、機械的凱因斯主義在一九四〇年代盛行，並且改造成更精緻的政策主張，鎖定投資人在平衡風險、報酬及流動性的取捨。

一九六〇年代，托賓憑著這套精緻的凱因斯主義，和支持貨幣學派的傅利曼（Milton Friedman），在學術理論上針鋒相對。傅利曼堅持貨幣供給的改變，可以解釋經濟上所有的起伏，可惜這套理論經不起時間的考驗。托賓認爲，資產價格是經濟波動的主要推手，重要性與時俱進（傅利曼本身也是偉大的經濟學家，但是他的名聲如今建立在其他工作上）。托賓最被人知的主張，可能是兩個政策觀念。依照他自己的說法，他曾被政治理念和他不容的人綁架。

第一，甘迺迪減稅幕後的理論大師正是托賓，這項政策造就了一九六〇年代的經濟繁榮。諷刺的是，當前卻是強硬的保守陣營鼓吹減稅，他們認定減稅是萬靈丹，而托賓卻不能苟同。事實上，我上週還與他同在一個研究小組，他強烈認爲，當前情勢應該是增加國內支出，而非減稅。

第二，托賓早在一九七二年就建議政府，開徵小額的外匯交易稅，以壓抑容易造成市場動盪的外匯投機活動。他認爲，外匯交易稅有助於促進自由貿易，各國因此能夠確信，即使開放本身市場，並不會暴露在「熱錢」流動的風險下。但諷刺的是，「托賓稅」卻成了反對自由貿易人士的最愛，尤其是法國的「課徵金融交易稅以助公民協會」。就像托賓所說的，「最大的掌聲來自錯誤的那一邊。」

我爲什麼覺得托賓的逝世是一個時代的結束？從開國元勳漢彌爾頓（Alexander Hamilton）獨自爲政府籌策以來，甘迺迪時代的經濟顧問委員會，應該是歷年來美國政府最傑出的經濟人才大集合，包括托賓在內

的三位委員，日後全都獲得諾貝爾經濟學獎。今天政府內部可能出現這種夢幻組合嗎？

對觀念的深信不移

我很懷疑。托賓任職華府時，一流的經濟學家不必受到嚴格的政治忠誠測驗，他們也無法想像，工作內容竟然會包括說些違心之論的話。我還需要多講嗎？

我昨天與托賓的工作夥伴——耶魯大學教授布蘭納德（William Brainard）通話。他稱許托賓「對觀念的力量深信不移」。但是如今，這種信念越來越難以維繫，許多有政治力量支撐的錯誤觀念，已經主導了我們的論述。

我懷念托賓；我哀悼的不只是哲人已遠，而是一個時代的消逝。在那段歲月中，天性正派體面的經濟學者，足以豐富、甚至影響國家的政策。

二〇〇二年三月十二日

NEXT 117

克魯曼談未來經濟

作者—保羅・克魯曼
譯者—齊思賢
審訂—毛維凌
主編—周翠如
編輯—林芳潤
活動企劃—查美鳳
美術編輯—林麗華、許立人
董事長
發行人—孫思照
總經理—莫昭平
總編輯—林馨琴
出版者—時報文化出版企業股份有限公司
10803台北市和平西路三段二四〇號三樓
發行專線—（〇二）二三〇六—六八四二
讀者服務專線—〇八〇〇—二三一—七〇五・（〇二）二三〇四—七一〇三
讀者服務傳眞—（〇二）二三〇四—六八五八
郵撥—一九三四四七二四 時報文化出版公司
信箱—台北郵政七九～九九信箱
時報悅讀網—http://www.readingtimes.com.tw
電子郵件信箱—big@readingtimes.com.tw
印刷—偉聖印刷有限公司
初版一刷—二〇〇三年十二月一日
初版十一刷—二〇〇九年四月十日
定價—新台幣四二〇元
⊙行政院新聞局局版北市業字第八〇號

國家圖書館出版品預行編目資料

克魯曼談未來經濟／克魯曼作；齊思賢譯．--
初版．-- 臺北市：時報文化，2003〔民92〕
面； 公分．-- （Next叢書；117）
譯自：The great unraveling : losing our way in the new century
ISBN 957-13-4014-6（平裝）

1. 經濟發展 — 美國 2. 經濟政策 — 美國

552.52 92019982

ISBN 957-13-4014-6
Printed in Taiwan

CONTENTS 目錄

關於
next

這個系列，希望提醒兩點：

1. 當我們埋首一角，汲汲於清理過去的包袱之際，
不要忽略世界正在如何變形，如何遠離我們而去。
2. 當我們自行其是，卻慌亂於前所未見的難題和變動
之際，不要忘記別人已經發展出的規則與答案。

我們希望這個系列有助於面對未來。
我們也希望這個系列有助於整理過去。

克魯曼談未來經濟

保羅・克魯曼 著
齊思賢 譯

The Great Unraveling
A Next Book/December 2003

ISBN 957-13-4014-6 Chinese Language Edition

Next Books are published by China Times Publishing Company, an affiliate of China Times Daily. China imes Publishing Company, 5th Fl., 240, Hoping West Road Sec.3, Taipei, Taiwan.

PRINTED IN TAIWAN

The Great Unraveling

Losing Our Way in the New Century

by Paul Krugman